소시오드라마와
집단 트라우마

Sociodrama and Collective Trauma

소시오드라마와 집단 트라우마

피터 펠릭스 켈러만 지음 / 박우진 옮김

Σ 시그마프레스

소시오드라마와 집단 트라우마

발행일 | 2016년 4월 1일 1쇄 발행

저자 | 피터 펠릭스 켈러만
역자 | 박우진
발행인 | 강학경
발행처 | (주)시그마프레스
디자인 | 이상화
편집 | 이지선

등록번호 | 제10-2642호
주소 | 서울시 영등포구 양평로 22길 21 선유도코오롱디지털타워 A401~403호
전자우편 | sigma@spress.co.kr
홈페이지 | http://www.sigmapress.co.kr
전화 | (02)323-4845, (02)2062-5184~8
팩스 | (02)323-4197

ISBN | 978-89-6866-676-6

Sociodrama and Collective Trauma

＊ 책값은 책 뒤표지에 있습니다.

이 도서의 국립중앙도서관 출판예정도서목록(CIP)은 서지정보유통지원시스템 홈페이지(http://seoji.nl.go.kr)와 국가자료공동목록시스템(http://www.nl.go.kr/kolisnet)에서 이용하실 수 있습니다.(CIP제어번호: CIP2016007855)

차례

추천사

정신건강의 문제를 다루는 임상실천 현장에서 드라마의 기법이 잘 활용되고 있는데, 정신보건사회복지 실천 영역에서는 소시오드라마 기법이 특히 유용하게 활용된다. 왜냐하면 소시오드라마는 사이코드라마와는 달리 문제의 공유된 측면을 표면에 두고 개인적인 사적 관계는 배경에 두어 한 개인의 사회적 가능 수행의 문제, 즉 사회 적응 문제를 다루기 때문이다. 따라서 소시오드라마 연출가들은 집단 간의 갈등을 재연하고 여러 집단의 대표자들에게 서로의 역할을 바꾸게 함으로써 인간의 사회행동을 이해시키고 새로운 사회질서를 초래할 관점을 발전시켜 전체로서의 집단에 적응해 나가도록 돕고 있다.

그러나 소시오드라마의 기법은 정신보건 전문요원이라 할지라도 소수의 제한된 전문가들 사이에서만 통용되고 있으며, 이에 관한 문헌도 많지 않고 해박한 지식을 겸비하고 있는 전문가도 드문 편이다. 이 책을 번역한 박우진 박사는 임상실천 현장에서 소시오드라마의 기법을 잘 활용하는 국내 몇 안 되는 전문가 중 한 사람이다. 이번에 소시오드라마에 관한 이 책을 번역하여 국내에 소개함으로써 연구자료가 풍부하지 않는 이 분야에 또 하나의 기여를 하게 되었다는 점에서 이 책의 출판을 환영한다.

이 책의 원저자는 인간행동의 심리적, 사회적, 정치적, 문화적, 역사적인 결정요인들을 강조함에 있어서 치료적인 것만이 아니라 사회정치적인 관점을 제공하려고 했다. 즉 전쟁, 테러 폭파, 그리고 자연재해와 같이 주요 상처가 되는 사건들은 개인의 고통의 영역을 넘어서 보편적이고 공유된 영역으로 들어가는 집단 트라우마이다. 이 책에서는 이 트라우마 생존자들에게 개인적인 지지를 해 주고 또 지역사회 스트레스를 완화해 주려는 상호보완적인 노력을 강조하였다.

이 책은 정신보건사회복지 실천 현장에서 드라마 기법을 활용하여 원조적 개입을 하고자 하는 임상실천 전문가뿐 아니라 이에 관한 연구를 하고자 하는 학도들에게도 매우 소중한 자료가 될 것으로 믿어 의심하지 않기에 일독할 것을 적극 추천한다.

2016년 3월

유수현 박사

전 숭실대교수
한국정신보건사회복지학회장
한국정신보건전문요원협회장

정신과 의사로서 나는 매일 마음의 상처, 즉 트라우마로 고통받는 사람들을 만나 이야기를 듣고, 그들이 마음의 상처를 이겨 내고 보다 더 나은 삶을 살아가도록 돕는 일을 하는 사람입니다. 나는 매번 내담자들이 들려주는 상처받은 삶의 이야기를 들을 때마다 '참 우리 인간이라는 존재가 얼마나 취약한 존재인가?' 하는 사실을 새삼 깨닫게 됩니다. 일상에서 흔하게 일어나는 사건, 사고, 이별, 배신, 실패, 실직, 위협 등으로 우리의 삶은 너무나도 쉽게, 일순간에, 위기의 덫에 걸려들고 절망의 늪에 빠지는 것 같습니다. 불안, 공포, 무기력감, 권태, 자기비하, 자해, 원망, 분노폭발, 중독, 우울증, 공황발작은 모두 절망의 늪에 빠진 이들의 삶에서 흔하게 나타나는 증상입니다.

이러한 고통을 받는 사람의 회복을 돕는 과정은 사실 결코 쉽지 않습니다. 인내심을 갖고 그들의 고통스러운 이야기를 들으며 공감하기도 해야 하고, 때로는 아주 구체적인 문제해결책을 제시해야 하기도 하며, 또 때로는 절대 포기하지 말라고 끈질기게 설득도 해야 하고, 어떤 때는 그들에게 결핍된 따뜻한 부모 역할을 해야 하기도 합니다. 모든 사람의 트라우마에 일률적으로 효과를 볼 수 있는 한 가지 처방전은 존재할 수 없기에 회복을 위해 할 수 있는 모든 방법을 동원해야 합니다. 모든 사람의 삶이 제각각 다르기 때문에 그들의 치유과정 또한 전부 다를 수밖에 없는 것이죠.

소시오드라마는 전쟁이나 재난, 자연재해와 집단 트라우마로 인해 한꺼번에 많은 사람이 외상 후 스트레스 장애를 겪게 될 때 도움을 줄 수 있는 매우 효과적인 집단 치료 중 하나로 알려져 있습니다. 소시오드라마를 통한 집단 작업은 집단 구성원 내에서 고통을 공유하면서 긴밀한 유대감을 형성하고, 더 나아가 미래를 위한 전략을 형성하는 데 서로를 지원하면서 도움을 줄 수 있습니다. 트라우마가 피해자 개개인을 고립시킨다면, 집단 작업은 피해자 개개인에게 소속감을 재경험하게 해 줍니다. 트라우마가 수치심을 느끼게 한다면, 집단 작업은 서로가 상대방의 증인이 되어 특별한 경험을 서로 공유하고 인정하게 해 줍니다. 트라우마가 피해자를 격하시킨다면, 집단 작업은 서로에게 존중감을 경험하게 합니다. 트라우마가 피해자의 인격을 부정한다면, 집단 작업은 피해자들의 인격을 회복시켜 줍니다. 트라우마는 세상과 연결하는 끈을 파괴하여 깊은 고립감과 소외감을 경험하게 하지만, 집단 작업은 다른 사람과 연결되어 있다는 공동체 의식과 자기 가치감을 경험하게 해 줍니다. 집단 작업을 통해 서로 하나가 되는 연결감을 느낀 구성원들은 트라우마로 인한 공포와 절망에 대항할 수 있는 가장 강력한 힘, 자원, 보호막을 경험하게 됩니다.

특히 소시오드라마를 통한 집단 작업은 이러한 경험을 즉각적이고 강렬하게 집단 구성원에게 일어나게 합니다. 이 책에 기술된 소시오드라마의 여러 다양한 기법은 외상 후 스트레스 장애로 인한 고통을 감소시키고 사람과 사람 사이의 소통을 개선할 수 있는 효율적인 해결책을 제시하고 있습니다. 물론 이러한 방법들은 결코 고정된 절대불변의 규칙이 아니라 가장 일반적이고 공통적이며 유연성 있는 원칙일 것입니다. 이 책을 통해 많은 치료자들이 끊임없는 도전정신과 참신한 창의성을 발전시켜 나가길 바랍니다.

김준기
서울 EMDR 트라우마 센터

역자 서문

최근 트라우마(trauma), 웰빙(well-being), 그리고 힐링(healing)이라는 단어는 텔레비전, 잡지, 뉴스 등을 포함하여 사람과 사람 사이의 이야기 속에 회자되며 유행처럼 번지며 사용되고 있다. 사실 이러한 내용을 들으면 가슴이 답답하고 안타까워지기도 한다. 얼마나 정신건강과 상처가 세상을 뒤덮고 있으며 무감각하고 잘 망각되어 잊혀지지는 않는지 세상과 내 마음이 두렵기도 하다. 각박한 세상 속에서 물질 만능주의와 사회구조적 모순이 극에 달하고 있다고 생각된다.

트라우마는 막대한 손상, 고통, 혼란을 야기할 수 있는 심각한 신체적 상해 혹은 정서적 충격을 총칭하는 단어이며 교통사고부터 시작하여 인간관계 속에서의 갈등, 상실, 끔찍한 사건, 전쟁, 자연재해, 테러 행위 등을 포함한다. 미국심리학회(APA)에서는 트라우마를 일반적으로 강렬한 불안감, 공포감, 무력감 등이 동반되는 다양한 종류의 극단적인 스트레스 상황이라 말하며 이런 상황에 처하게 되면 대부분 심각한 고통을 겪게 된다.

2014년 4월 16일 세월호 참사는 국민 전체의 정신건강을 마비시켰고 이전에도 삼풍백화점 붕괴 사건, 성수대교 붕괴 사건, 대구 지하철 참사 사건 등에서 살아났던 수많은 개인 및 집단 트라우마 생존자들이 이 시대를 살아가고 있다. 전에 대구 지하철 참사 사건을 겪은 생존자를 위해 소시오드라마를 연출한 적이 있는데, 생존자는 10년이 지난 지금도 정신과 치료를 받고 있으며 여전히 트라우마에 시달리고 있다.

소시오드라마(sociodrama)는 집단 내의 집단 구성원과의 관계, 집단의 공통된 갈등과 이슈, 사회적인 문제를 심층적으로 다루는 행위화 기법이다. 1921년 비엔나에서 전쟁 후 혼란한 사회를 재조명하고 해결하기 위해 어릿광대로 분장한 왕을 등장시키고, 빈 의자를 사용하여 관객이 왕의 역할을 탐색하도록 한 것이 시초이다. 소시오드라마는 주인공과 집단 구성원들이 함께 중심이 되어 주인공의 삶 전체를 자발성과 창조성을 바탕으로 이끌며 집단 심층에 작용하여 집단 구성원들의 행위에 의해 집단 내에서 집단과 함께 상호작용한다.

사이코드라마는 개인의 심리적 · 정서적 문제 해결에 초점을 두고, 소시오드라마는 집단의 공통적인 문제에 초점을 두기 때문에 개인의 사적인 면과 문제가 드러나지 않으므로 편안하고 안전한 상황에서 집단 구성원들이 역할 연기에 집중하고 몰입할 수 있다는 강점이 있다.

이 책은 소시오드라마 교재가 거의 없는 현 한국의 실정에서 개인 및 집단 트라우마 생존자개입을 위한 다양한 분야별 소시오드라마 이론과 사례를 소개하고 있다. 더불어 소시오드라마 이론, 집단 트라우마, 사회치료, 위기 소시오드라마, 정치적 소시오드라마, 다양성 소시오드라마, 소시오드라마에서의 갈등 전환, 전쟁 후 치유 및 화해, 회고 및 전망 등으로 분류하여 심층적인 사례, 개입과 기술을 함께 다루고 있다.

이 책을 번역하는 데 역자의 바쁜 사정으로 오랜 시일이 걸렸다. 다소 미흡하거나 부족한 부분이 있다면 역자의 탓으로 돌리기를 바라며 좀 더 좋은 번역서로 만나기를 기대한다.

이 책이 나오기까지 도움을 주신 하나님의 은혜와 사랑에 감사를 드린다. 또한 늦게 까지 기다려 주신 (주)시그마프레스 사장님과 언제든지 편안하게 교정과 편집을 도와주신 이지선 선생님께도 감사를 전한다. 언제나 사랑하는 부모님과 동생, 그리고 부족한 역서에 추천의 글을 써 주신 존경하는 숭실대학교 사회복지학부 명예교수 유수현 교수님, 정신건강과 트라우마의 전문가이자 대가이신 마음과 마음의 김준기 선생님, 인간적이시고 삶의 모델이 되어 주는 국립 공주병원 이영문 원장님께 감사를 드린다.

소시오드라마가 트라우마 생존자를 위한
작은 치유가 되기를 바라며

2016년 3월
역자 박우진

들어가는 글

문명 속의 불만(*Civilization and Its Discontents*)이라는 책에서 프로이트(1930)는 다음과 같이 썼다.

> 우리는 세 방향에서 오는 고통으로 위협받고 있다. 부패되고 소멸될 운명이며 심지어 경고의 신호로서 고통과 불안 없이는 살 수도 없는 우리 자신의 몸으로부터의 고통, 파괴의 압도적이고 무자비한 힘을 가지고 우리에 대항하여 날뛰는 외부 세계로부터의 고통, 마지막으로 다른 사람과의 관계로부터 오는 고통이다. 이 마지막 원천에서 오는 고통은 다른 어떤 것보다도 우리에게 더 고통스러울 것이다. (Freud 1930, p. 77)

그리고 프로이트가 주목한 인간관계에서 오는 고통은 다양하다.

인간에 의해서 또 다른 사람에 대해 가해지는 그러한 상처로부터 오는 고통은 오랫동안 남아 있다. 그것은 개인적이기만 한 것이 아니라 집단적이기도 한 트라우마를 이끈다.

이 책의 목적은 트라우마의 그러한 집단 징후를 기술하는 것이며 전쟁과 자연재해의 후유증과 투쟁하는 집단에게 소시오드라마를 어떻게 사용할 것인가를 기술하는 것이다. 그러나 다른 무엇보다도 그것은 생각과 관심을 나누려는 노력이다. 생각과 관심은 전 세계 여러 지역의 사이코드라마와 소시오드라마 집단을 이끌면서 30년 이상을 걸쳐 수집된 것들이다. 많은 수의 다양한 트라우마 생존자들과 함께 일하면서 나는 내가 만났던 개인과 집단들을 초월하는 하나의 패턴을 뚜렷하게 인식하기 시작했다. 예를 들어, 한 여성은 최근에 3명의 친한 친구들을 암으로 어떻게 잃었는지 설명했다. 사이코드라마에서 집단 구성원들은 보통 때와 같이 그 세 친구의 역할을 맡았다. 그 여성은 3명의 친구들을 무대 위에 나란히 세웠다. 함께 앉아 있는 3명의 여성을 보았을 때, 그리고 그 여성이 차례로 각각에게 작별 인사하는 것을 들었을 때, 나는 개인적인 상실과 암으로 인한 이 소수의 희생자들뿐만 아니라 암을 비롯한 다른 치명적인 질병에 의한 수천 명의 유사한 희생자들을 또한 보았다. 그리고 나는 사랑하는 사람들의 죽음을 애도하는 모든 가족과 친구들의 공유된 고통을 느꼈다. 희생사들과 이 가상적인 참만남을 추구하면서 그들이 내가 대답할 수 없는 질문을 하는 것을 들었다. "왜 우리는 이 병으로 죽어야 하나요?", "이것은 예방될 수도 있었을까요?", "우리들의 공통점은 무엇이죠?" 나는 생각했다. 만약에 충분히 주의 깊게 그것들을 바라볼 수 있다면 그들의 공통된 비밀을 발견할 수 있고 더 이상의 사상자들을 예방할 수 있으리라.

세계를 두루 거친 여행과 이스라엘에서의 작업 도처에서 나는 그러한 과거의 유령들을 보았다. 그리고 그들은 유사한 질문을 한다. "우리는 왜 죽어야 하나요?", "이것은 예방될 수 있었을까요?", "우리들의 공통점이 무엇인가요?" 나는 사이코드라마 회기에서 개인사를 이야기하는 수많은 트라우마 생존자들을 통해서 이 희생자들을 만난다. 그리고 우리는 소시오드라마에 그들을 다시 초대한다. 우리는 일어났던 일을 말하도록 그들을 격려한다. 다시 말하자면 그들은 공유된 트라우마에 대하여 말하고 그것이 정말 불가피했는지 또는 예방될 수 있었는지를 묻는다. 나는 종종 내 자신에게 물어 왔다. 그러한 이야기를 듣는 것에 열중하는지 혹은 단순한 대리로서 상처를 받는 것인지. 아마도 나는 내 자신의 무의식적인 두려움 또는 내 자신의 끝나지 않은 슬픔을 이 사람에게 투사하고 있을지도 모른다. 또한 아마도 단순히 사람들의 고통에 너무 민감한 것인지도 모른다. 이유야 어떻든 간에 나는 깨닫게 되었다. 내 직업 안에는 트라우마, 전쟁, 테러, 자연재해 그리고 인간의 고통에 대한 테마의 한가운데 공통분모가 있다는 것을.

자연재해의 결과로서 인간의 고통은 더 이상 먼 현상이 아니다. 반대로 그 고통은 우리 대부분이 직접적, 간접적으로 접해 온 것이다. 우리 중 많은 사람은 엄청난 비극을 경험했고 반면에 다른 사람들은 영향을 받아 온 사람들을 안다. 오늘날 전 세계 매스컴의 보도로 우리 모두는 멀리서부터 끊임없는 자연재해들을 보았고 큰 재앙이 일어난 이후 자연재해 지역들을 가끔씩 방문했다. 그러므로 우리는 재해의 특징들과 세부적인 것들, 이수한 것들 이상이 되었다. 우리 중 몇몇 사람들에 있어서 그러한 사건은 어떤 심오한 의미를 전달하기 시작했고 어떤 숨겨진 중요성을 지니기 시작했다. 이 감추어진 의미를 드러내는 것은 미래 소시오드라마 회기의 목적이다.

Focus on Psychodrama(1992)라는 나의 첫 번째 책은 사이코드라마 근본의 치료적인 면들에 대한 체계적인 분석을 서술했다. 케이트 휴진스와 공동 편집한 *Psychodrama with Trauma Survivors*(2000)라는 두 번째 책은 고문, 전쟁 관련 트라우마, 사별, 중독, 성적 학대의 생존자들과 함께한 사이코드라마의 활용을 기술했다. 그다음에 쓴 논문(Kellermann 2001a, 2001b, 2001c, 2001d)에서는 유태인 대학살 트라우마의 장기적

인 영향과 다음 세대로의 전달을 다루었다. 이 논문들은 나의 임상경험과 학술적 연구경험에 근거하고 있는데, 이는 유태인 대학살 생존자들과 그 아이들을 위해 세워진 치료센터에서 임상심리학자로서 일하면서 얻은 것이다.

이 책은 이전 작업들의 논리적인 연속이다. 이것은 또한 개인 간의 갈등과 조정(Kellermann 1996), 소시오드라마(Kellermann 1998)에 관해 이전에 출판된 두 논문의 주요 개정판이자 연장이다. 둘 다 집단 분석에 발표되었고 승인하에 여기에 재판하였다. 그러나 인간행동의 심리적, 사회적, 정치적, 문화적, 역사적인 결정요인들을 강조함에 있어서 이 책은 치료적인 것만이 아니라 사회정치적이기도 한 관점을 제공하려 시도한다. 그러므로 아마도 이것은 또한 관점에서 예방적이다. 즉 개인적인 트라우마 생존자들에게 심리치료를 제공하는 것만을 계속하는 것보다는 이러한 사건이 처음에 어떻게 발생되었는지 또한 그 사건을 사회 현상으로 다룰 수 있는 방식을 연구하는 것이 점점 더 중요하다는 것을 깨달았다.

전쟁, 테러, 폭파, 자연재해와 같은 주요 트라우마가 되는 사건들은 개인의 고통의 영역을 넘어서서 보편적이고 공유된 영역으로 들어간다. 개인적인 트라우마 생존자들을 지지해 주고 지역사회의 스트레스를 완화하려는 노력은 상호보완적이다. 전 세계에 걸친 주요 테러 공격은 우리에게 모두가 이 세계 안에 함께 있다는 것을 가르치기 때문이다. 트라우마의 공유된 원천이 언급되지 않은 채로 있는 한 어느 누구를 위해서도 완벽한 치료라는 것은 있을 수 없다. 결국에 공유된 트라우마는 개인의 삶에서 고립된 사건으로 치유될 수 없기 때문이다. 적절한 조사와 해결을 위해서는 집단 세팅이 필요하다.

이러한 집단 세팅은 다음과 같은 사실을 분명하게 해 준다. 즉 사람들이 개인적인 경험, 내적 갈등, 성격 발달에 의해서만이 아닌 처참한 외부의 사회정치적인 현실(우리 모두에게 공통된 현실)에 의해서도 영향을 받는다. 사회적인 정보나 지식이 없는 상태에서 일하기를 선호하거나 외부세계에 무지한 정신치료사들은 내담자가 비정상적인 상황들에 대해 정상적인 방식으로 단지 반응하는 것뿐이라는 사실을 인정하는 것을 간과한다. 이러한 위험의 한 실례로 오코너(1989)는 불안의 증상을 가진 한 젊은 여성의 이야기를 전한다. 그녀는 제2차 세계대전 전에 유럽에 도움을 청하여 프리다 프롬 라이히만에게 갔다. 그리하여 그 치료자는 전쟁 직전에 미국으로 떠났다. 정신분석 치료 동안 환자는 점차적으로 두려움을 극복했고, 3년 후에 치료는 성공적으로 종결되었다. 그러나 몇 주 후 유태인이었던 그 젊은 여성은 게슈타포(독일 비밀경찰)에게 체포되었고 포로수용소로 보내졌다.

이것은 많은 심리치료자들이 받아들이기 어려운 교훈이다. 스프래그(1998)가 지적한 것 같이 모든 치유자 또는 치료자는 머지않아 환자들을 회복하도록 도운 다음 처음에 그들을 아프게 만들었던 상황 속으로 그들을 되돌려 보내야 한다는 것과 같은 모순을 받아들인다. 다행스럽게도 오늘날의 집단 치료자들은 일반적으로 그들 나라의 사회정치적인 현실에 깊이 관여하고 있고 집단에 관한 외부요인의 영향을 끊임없이 강조한다(예 : Hearst 1993; Hopper 2002). 그들 자신에 관하여 또는 소수의 다른 사람들에 관하여 오로지 개인에게만 초점을 맞추는 것보다는 일반 사람들과 일반 사회에 대한 한 무리 사람들의 관계를 염두에 두면서 집단 치료자들은 종종 집단 간 현상과 '전체로서의 집단' 현상에 대하여 세계적인 관점을 갖는다.

일반 사회에 대해서 집단을 전체로서 보는 방식을 탐구하기 위한, 매우 효과가 있으나 비교적 알려지지 않은 방식이 바로 소시오드라마 이다. 소시오드라마에서 사람들은 사회적인 관심을 다른 사람과 공유 하기 위해 초대된다. 게다가 그들은 일반 시민의 탄력성을 강화시킬 수 있는 지역사회의 지지망을 발달시키도록 격려받는다. 우리가 희망 하는 것은 소시오드라마가 왜 인간이 만든 폭력이 일어나는가를 더 잘 이해하도록 도와주고 사람들과 사회 간의 갈등을 조정할 수 있는 더 효과적인 방법을 찾도록 해 줄 것이라는 점이다.

최근까지 이와 같은 책은 특정한 학문적 영역 내에서 범주화하기가 어려웠다. 이것은 사회학, 임상심리학, 문화인류학, 정치과학, 역사로 부터의 현상을 망라한다. 오사마 빈라덴이 그 모든 것을 바꾸어 놓았 다. 2001년 9월 11일에 일어난 테러리스트들의 공격은 우리에게 오늘 날의 전 세계적 충돌을 이해하기 위해 다각적인 접근이 필요하다고 가 르쳐 주었다. 필요한 것은 대체적으로 세계적 인간 공동체의 정서적인 상처들을 치유하는 것이기 때문에 그러한 다각적인 접근은 다음 두 가 지 영역에서 더 나아야만 한다. 우선 첫째는 우리로 하여금 미래의 재 난에 대비하고 또 방지하기 위하여 역사로부터 배우는 것이고, 둘째는 많은 생존자들과 다양한 수준의 미시사회학적, 거시사회학적 측면을 다루는 것이다.

우리는 또한 갈등 변화, 평화 구축 그리고 미래의 갈등에 대한 준비 와 예방을 다루기 위해 많은 종류의 접근을 필요로 한다. 그 효과는 다 양한 하위 분야 사이에 경계선을 흐리게 한다. 집단과 함께 작업하는 임상심리학자들은 사회정치적인 세팅 안에서 진단과 치료상의 기술을 적용할 수 있다. 사회심리학자들은 현 시대의 세계적 갈등에 사회 영향, 리더십, 대중매체에 대한 지식을 제공할 수 있다. 사회학자들은 개인, 집단, 사회의 사회 생활과 그들 사이의 상호작용에 대한 축적된 데이터를 더할 수 있다. 역사가들은 이 모든 것을 인간 사회의 과거 기록에 대한 관점 안으로 주입할 수 있다. 인류학자들은 문화 사이의 적절한 비교를 할 수 있다. 정치학자들은 이 방대한 자료를 정치시스템과 행동, 국가 간의 관계 그리고 공공정책에 대한 분석으로 통합하려고 시도할 수 있으며, 개입을 위해 적절하고 효과적인 접근을 제안하려고 시도할 수 있다. 최상적으로 소시오드라마는 이 모든 것에 축적된 지식을 더할 수 있고 이 모든 연구 분야를 활용한다. 게다가 소시오드라마는 도덕, 경제, 정부, 종교, 법 등 어떤 임의의 소시오드라마 집단에 문제가 되는 주제로 적절한 것은 무엇이든 간에 반영한다. 이 모든 요소는 매우 밀접한 관계이기 때문에 초점을 오로지 한 수준에만 두는 관점은 한계가 있고 불완전하다.

이것은 아마도 누군가 시도해야만 하는 것보다 더 힘든 일이다. 많은 소시오드라마 연출가들이 갖고 있지 않다고 고통스럽게 인식하는 지식의 범위를 포함하기 때문이다. 그들은 심리적인 트라우마의 전문가적인 지식과 심리치료사로서 임상적 경험을 갖고 있지만 그 밖에 조사를 위한 관련 분야에는 충분히 알지 못하는 것이 항상 많을 것이다.

이 한계에 대하여 소시오드라마 연출가는 다양한 테마와 이슈에 관해 어떤 불평과 부담도 주장할 수 없다. '그들 시대의 아이들'로서 그들은 주어진 현실에 깊이 관련되는 존재에 직면한다. 개인은 자신의 국적, 사회계급, 가치, 정치적 신념, 문화적인 배경에서 벗어날 수 없다. 물론 이것은 즉시 명백해지며 소시오드라마 중에 끼어들 것이다. 따라서 소시오드라마 연출가는 이론이 관점의 일부분이며 그들이 살고 있는 사회적 주위 환경의 일부분이라는 것을 인정하지 않을 수 없다. 따라서 전체적으로 볼 때 소시오드라마에서 표현되는 것은 무엇이든 간에 객관적으로 '좋다/나쁘다', '사실이다/사실이 아니다', '옳다/그르다'라고 말할 수 없다. 우리가 확신할 수 있는 유일한 것은 발언되는 모든 것이 어떤 개인적인 평가와 선입적 애호 그리고 상당한 편견을 포함한다는 것이다. 그러므로 소시오드라마를 진행하면서 열린 마음을 유지하고 그리고 다양한 역사적 관점의 프리즘으로부터 회기를 규칙적으로 재평가하려는 시도가 중요하다.

이러한 다원적인 태도는 모레노를 포함한 대집단 리더들과 많은 소시오드라마 연출가들이 특정 나라의 민족주의적이고 자만한 대표자이기보다는 세계 시민이 되려고 하는 열망을 가지는 주요 이유이다. 특정 나라 또는 문화적 국수주의와 직접적으로 특별한 관계를 맺지 않는 것은 매우 다양한 국적의 사람이나 소수 부족과 더 쉽게 동일시하게 하고 일종의 다원적인 정체성을 채택하게 할 것이다.

이러한 연합적인 개인에 대한 다원론적인, 아마도 치우친 관점으로부터 나는 이 책의 저자인 나에 대해서 기본적인 정보를 제공하려고 한다. 많은 부분이 다양한 이름에 의해서 요약될 수 있다. 그 이름들은 주어졌거나 나중에 취득되었으며 또한 살아 왔고 작업했던 여러 나라에서 내가 선택해 온 다양한 문화적인 역할을 요약한다.

Nama karana 또는 '아이에게 이름 주기(세례명 주기 등)'는 전 세계 문화에서 중요하고 대개 신성한 의식이다. 그것은 아버지의 아들 또는 딸이 되는 것으로서, 아이를 인정하고 수용하는 통과 의례이다. 의식이 행해지고 아버지가 아이를 받아들여서 이름을 주기까지 아이는 가족이나 부족에게 충분히 받아들여지지 않는다. 누군가에게 이름을 준

다는 것은 그들이 외부세계에 대하여 누구인가를 그들에게 말하는 것 같다. 그것은 또한 가족이 살고 있는 특별한 사회 속으로 아이가 좀 더 쉽게 통합되는 것을 돕는 사회적 표지이다. 아마도 그것의 많은 부분은 동화의 간단한 원리에 근거하며, 아이가 지역 부족과 가까운 공동체에 받아들여지고 뿌리내리는 것을 돕는다. 이에 반하여 삶의 후반부에 이름을 얻는 것은 자아경계와 개별화의 활동이면서 다양하고 추가적인 문화적인 역할을 채택하려는 노력일 수 있다.

나의 조부모는 동유럽과 중유럽에서 온 유태인이었고 나는 오스트리아-헝가리 제국시대에 살았던 증조부님의 이름을 따라서 '마커스'라는 이름을 받았다. 제2차 세계대전 이후 대학살에서 살아남은 나의 부모님은 스웨덴으로 도피하여 안전한 피난처를 찾았고 나는 거기서 태어나고 자랐다. 가능한 스웨덴 사회 속으로 녹아들어 '진정한 스웨덴인'이 되기 위해 나는 '피터'라는 이름을 얻었다. 2년 전 나의 손위 형은 스웨덴 왕의 이름을 따서 '구스타프'라는 이름을 얻었다. 1980년 이스라엘로 이주한 뒤에는 이스라엘 유태인 이름의 주류인 '나탄'이 되었다. 이 이름들 가운데 어느 것도 나에게는 '지워지지' 않았고 사람들에게 이 이름들로 불릴 때면 나는 여전히 소외당하는 특유의 느낌을 느낀다. 그래서 나는 미국에 있는 모레노연구소에서 사이코드라마를 훈련할 때 사람들 사이에서 자발적이고 유련하게 역할들을 수행하는 부분을 강조하기 위해 '펠릭스'라는 국제적인 이름을 얻었다.

사회화에 대한 이러한 개인사의 결과로 나는 오스트리아계 헝가리인, 스웨덴인 그리고 이스라엘인이 되었다. 게다가 모든 나라에서 아웃사이더였는데, 왜냐하면 나는 어디에도 속하지 않았기 때문이다. 사용하는 언어에서 나는 하나 또는 다른 나라에서 다소 편하거나 불편하게 느낀다. 예를 들어, 나는 독일어를 할 때면 다소 오스트리아인으로 느껴지고 스웨덴어를 할 때는 스웨덴인으로 느껴진다. 또한 히브리어를 할 때 나는 이스라엘인으로 느껴진다. 내 자신의 이러한 부분을 서로 갈등 상태에 있는 여러 정체성으로서, 이 다양한 문화들을 단지 보는 것보다 더 깊이 접할 수 있도록 도와주는 풍부한 경험들로서 보려고 노력해 왔다. 이 각각의 이름은 이 다양한 문화적 정체성의 명백한 서술이고 표명이다. 대체적으로 각각 그 자신의 개인 간의 네트워크와 그것의 양립할 수 없는 행동의 나타남을 가진 문화적인 역할들의 진정한 혼합이 있다.

역할 확장의 과정에서 한 단계 더 나아가기 위해 나는 내가 일했고 방문했던 여러 나라의 추가적인 새로운 이름들을 얻음으로써 더 많은 문화적인 정체성을 적용하려 의도적으로 실험해 왔다. 예를 들면, 터키에서 나는 '네딤'이라는 무슬림 이름을 얻었는데 이것은 나에게 이 나라의 문화적인 역할을 더 많이 동일시할 수 있다고 느껴지게 하였다. 남아프리카에서 나는 '아바 살리 베투'라는 지역 이름을 얻었는데, 토착 민족인 줄루 족(Zulu)의 일원이 되는 것이 어떤 것일까 상상하게 되었다.

이러한 이름 주고받기는 단순한 상상 속 역할 맡기와 역할놀이, 그 이상이다. 이것은 내면에서부터 그 문화의 사람들을 이해하기 위하여 다양한 문화로 가능한 가까이 다가가기 위한, 의도적이고 부분적이며 직관적인, 그러면서 거의 인류학적인 노력이다. 그것은 비록 이름을 통해서 한정된 시간 동안이기는 하지만 마치 내가 그들 부족에 속하는 것이 어떤 것인지 진정으로 느끼려 그들 중 하나가 되기를 원하는 것과 같다. 오로지 그때만 유일하고 일반적인 그 국민의 특성에 대해 실제적인 느낌을 갖는 것이 가능할 것이다. 그 결과로 공유된 무의식적인 그림자들은 내 마음을 감동시키고 또한 나로 하여금 그들의 국가적 영웅들을 존경하게 하며 그들의 국가적인 슬픔을 느끼고 그들의 역사적인 투쟁을 더 공감할 수 있도록 도와준다.

이것이 내가 믿는 모든 소시오드라마 연출가들의 노력의 본질이다. 이 책을 통해서 그리고 미래의 소시오드라마 회기를 통해서 당신도 이러한 상상 속 문화적 역할 맡기에 함께 초대될 것이다.

소시오드라마

소시오드라마의 진정한 대상은 집단이다.

(Moreno 1953, p. 88)

소시오드라마는 사회적인 탐구와 집단 간의 갈등 변화를 위한, 집단을 전체로 보는 실험적인 진행 과정이다. 사이코드라마와 사회측정학의 창시자인 J. L. 모레노는 전쟁 이후 사회의 다양한 집단 간 공존의 섬세한 체제(조직, 구조, 구성)를 향상시키기 위하여 제2차 세계대전 동안과 이후에 이 방법을 개발시켰다.

개인 간의 역동과 사회측정학의 초점을 맞추는 사이코드라마에 반하여 소시오드라마, 즉 개인 간의 관계를 연구하기 위한 이 방법은 집단 간의 관계와 공유된 이데올로기를 다루기 위한 심도 있는 행위화 기법으로서 발달되어 왔다(Moreno, 1943/1972). 모레노(1969)에 따르면 이러하다.

사이코드라마와 소시오드라마는 구조와 대상에 있어서 차이점이 있다. 사이코드라마는 개인 또는 집단의 개인들이 사적으로 포함된 문제를 다룬다. 반면에 소시오드라마는 개인적인 사적 관계는 배경에 두고 문제의 공유된 측면에 초점을 두는 문제들을 다룬다. 물론 그 두 가지는 명백히 분리될 수 없다. (p. 270)

소시오드라마는 공통의 경험이 행위 속에서 공유되는 집단 기법으로 단순하게 정의될 수 있다. 이것은 사이코드라마의 기법을 지역사회의 상황에 적용한 것이다. "개인의 사적인 역할과 역할관계로서가 아니라 지역사회의 역할과 역할관계들을 공유한 대표로서 다루어질 때 사이코드라마는 소시오-사이코드라마 또는 단기 소시오드라마로 변한다"(Moreno 1972, p. 325).

독일어권 나라의 소시오드라마 발달에 대한 견해에서 가이슬러(2005)는 집단 중심 또는 테마 중심의 사이코드라마, 교사 역할극(pedagogical role-play), 체계극(system-play), 엑시오드라마(axiodrama), 비블리오드라마(bibliodrama), 대집단 워크숍, 정치무대(political stage), 리빙뉴스페이퍼(living newspaper)와 같은 다양한 유사한 접근을 기술하였다. 그녀는 이 접근의 종합적인 개념이자 연극적인 수단으로 테마를 나타내는 방법으로서 소시오드라마를 간결하게 정의하였다(p. 158).

예를 들어, 한 집단은 테러 공격을 재연할 수 있는데 다양한 집단 구성원들은 그 속에서 자폭자, 희생자, 생존자, 응급 구조원, 정치가, 매체, 일반 구경꾼의 역할을 맡는다. 다른 집단은 이라크전에 초점을 맞출 수 있고 사담 후세인과 조지 부시 사이의 대화를 포함하여 갈등 속의 다양한 주요한 역할들을 맡아서 재연할 수 있다. 특정한 시대의 참여자들을 끌어들이는 다른 사회적 · 정치적 · 역사적 화제는 드라마화될 수 있고 소시오드라마의 주제가 될 수 있다.

모레노는 집단 간의 갈등을 재연하고 여러 집단 대표자들의 역할을 서로 바꾸게 함으로써 다음과 같은 것을 바란다. 즉 사람들이 이해와 평화 그리고 새로운 사회질서를 초래할 관점을 얻기를 바란다(Marineau 1989). 그는 수백만의 사람들에게 매스미디어를 통해 기록될 수 있고 전달될 수 있는 대중 소시오드라마 회기를 수행함으로써 전 세계 문화 간의 관계들을 향상시킨다는 커다란 비전을 세웠다.

1921년 비엔나에서 그의 첫 번째 소시오드라마 실험과 10여 년 후 미국에서의 리빙뉴스페이퍼 작업은 별도로 하고 단 몇 가지만 언급하자면 빈민가 폭동, 케네디 암살, 에크먼 재판과 같은 많은 주요 사회적 사건을 탐구하기 위하여 모레노는 대중과 함께하는 전문적인 모임에서 소시오드라마를 활용했다(Z. Moreno; Sternberg & Garcia 1989에서 재인용). 소시오드라마는 후에 교육, 법 강제 집행, 여러 인종이 사는 지역 안에 존재하는 다양한 집단 간의 갈등에 적용되었다(Hass 1948). 모니카 주리티는 미국에서 있었던 소시오드라마에 있었던 다음의 이야기를 해 주었다.

수년 전 모레노는 뉴욕에서 무대를 열었는데 그 무대는 길 가던 사람들이 들어와서 사이코드라마에 참여할 수 있었다. 어느 날 저녁 한 젊은 여성이 무대 위로 올라와 자신이 처한 곤경을 설명했다. 그녀는 막 사랑스러운 아기를 출산했는데 엄청난 충격을 받았다. 왜냐하면 아이가 흑인이어서 그녀의 가족들이 아기를 받아들이지 않기 때문이다. 그녀는 흑인 남성과 사랑에 빠졌고 그들은 결혼했다. 그 당시는 인종 간의 결혼이 받아들여지지 않았고 사회의 대부분은 그 부부와 그들의 자녀 또한 거부할 것이었다. 모임이 진행되면서 그 여성이 아이의 미래에 대한 걱정을 공유할 때 관객에서 한 여성이 나타났다. 뜻밖에 그녀는 이야기를 한 여성의 친척이었고 도움을 청하는 그녀의 울음을 들었다. 감동적인 장면에서 그 친척은 망연자실한 아기 엄마를 껴안았고 그들의 가족이 뭐라고 느끼던 상관없이 엄마와 아기 모두를 지지할 것이라고 그 젊은 여성을 안심시켰다. (Zuretti 2005, 개인 서신)

내적 · 외적 요소들의 복잡한 혼합은 인간의 태도와 행동에 영향을 미친다. 각각의 소시오드라마는 문제되는 상황의 광범위한 사회적, 정치적, 경제적, 문화적, 종교적인 결정 요소들을 드러내려고 노력한다. 게다가 그것은 참여자들의 특별한 역사적 상황과 심리사회적인 상황에서 일어난다.

소시오드라마는 종종 단순한 역할극 모임과 유사하게 보여서 어떤 참여자들은 소시오드라마를 피상적이고 인간미 없는, 너무나도 일반화에 근거한 것으로 낮추어 보았다. 많은 역할극 활동이 참여자들을 익명으로 남겨 그들 개인의 삶을 덮는 것이 사실이기는 하지만, 그 활동은 종종 놀랄 만큼 정서적으로 될 수 있고 사람들이 매우 강하게 느끼는 테마에 대해 간단히 암시한다. 이러한 경우에 소시오드라마는 경험의 깊이 측면에서 사이코드라마에 뒤지지 않는 심오한 인간 공유의 경험이 된다. "가장 개인적인 것이 가장 일반적인 것이다."라는 칼 로저스의 언급(가장 사적이고 개인적인 느낌이 종종 공유될 수 있다면 가장 보편적인 것이 될 것이다)은 반대로 하여 의역하면 이렇게 말할 수 있다. "가장 일반적인 것이 가장 개인적인 것이다."

실천

스텐버그와 가르시아(1989)는 그들의 저서 *Sociodrama: Who's in your Shoes?* 제1판에서 교육, 사업, 치료, 극장에서 소시오드라마가 다양하게 역할극으로 적용되는 것을 묘사하였다. 내가 이해하는 한 이 활동은 소시오드라마로서가 아니라 테마 중심의 또는 집단 중심의 사이코드라마로서 설계되어야만 한다. 왜냐하면 소시오드라마가 표현되는 목적은 특별한 개인을 초월한 사회적 사건들과 지역사회 패턴을 조사하는 것이기 때문이다. 이것은 특히 제14장에서 설명한 실천을 포함한다(Sternberg & Garcia 2000). 그리고 그것은 완전히 개정된 제2판에서 더욱 분명해지는데, 제2판에서는 소시오드라마를 집단 학습 과정으로 정의했다. 이 과정의 목적은 행위를 통하여 인간관계의 문제를 푸는 데 있어서 실천을 제공하는 것이다. 사람들 사이의 공통성을 드러내고 그러면서 모든 참여자의 생각, 감정, 희망을 표면으로 떠오르게 한다.

최근 위팅거(2005)가 저술한 *Handbook Sociodrama: The Whole World on the Stage*에서 언급되었듯이 소시오드라마의 두 학파가 발전해 온 것으로 보인다. 첫 번째 학파는—이 책에도 나와 있듯이—소시오드라마가 오로지 전체로서의 집단을 다루어야만 한다고 주장한다. 반면에 두 번째 학파는 각각의 개인을 전체 집단에 공통된 테마의 대표자로서 그리고 공유된 역할을 하는 사람으로서 바라보는 것을 조건으로 하여 일종의 (복합적인) 주인공 중심의 접근 또는 테마 중심의 접근을 포함한다. 두 견해 모두 모레노의 초기 작업에 근거하는데, 그것은 하나의 강조로부터 또 다른 강조로 전환된다. 이것은 아마도 론 위너(1997)가 두 종류의 소시오드라마를 그의 가르침에 포함하는 하나의 이유일 것이다.

비록 소시오드라마가 역할교대, 이중자아, 거울 기법, 독백, 조각기법, 일반적인 즉흥 역할극과 같은 익숙한 사이코드라마적인 기법을 사용할지라도 소시오드라마는 본질적으로 사이코드라마와 다르다는 것의 나의 견해이다. 왜냐하면 다양한 상황에 대한 특정 개인의 반응에 관심이 있는 사이코드라마 연출가와 달리 소시오드라마 연출가는 일반적으로 인간의 사회행동을 이해하려고 시도할 것이고 전체로서의 집단에 초점을 맞추려고 할 것이기 때문이다. 모레노(1943/1972)에 따르면 "소시오드라마에서 전체로서의 집단은 기본적인 요구이다. 소시오드라마에서의 집단은 사이코드라마의 개인에 해당하기 때문에 문제를 해결하기 위해서 전체로서의 집단이 무대 위에 올라야 한다"(p. 354). 그러므로 소시오드라마는 집단 분석을 위한 행위지향적인 대응물로서 간주될 수 있다(Hamer 1990; Powell 1986).

집단과 사회에 초점을 맞추므로 소시오드라마는 심리치료의 형태라기보다는 '사회치료'의 형태이다. 심리치료는 사람들의 역할을 포함하여 개개인의 성격에 초점을 둔다. 간단히 말해서 사이코드라마 연출가는 각각의 나무를 한 번에 하나씩 본다. 반면 소시오드라마 연출가는 전체 숲을 보는 것을 주장한다.

다음에 나오는 사례는 이 공유된 관점을 설명한다. 최근 나의 동료는 질투를 한 남편에게 살해당했고 두 아이는 부모 없이 남겨지게 되었다. 이와 동일한 주에 3명의 여자가 비슷한 이유로 남자친구에게 살해되었다. 대부분의 사람은 각각의 특정한 비극에 대한 슬픔, 절망, 격분에 대한 느낌을 표현하면서 개인의 재앙을 그저 바라보았다. 소수의 사람만이 예외적인 현상으로 간주하면서 여자와 약자집단, 소수집단에 대한 사회 속 폭력의 일반적인 경향을 보았다. 많은 사람은 다음과 같은 사실을 이해하려는 의도가 없거나 거의 이해하지 못한다. 즉 이러한 비극은 폭력적인 남자들의 개인적인 동요에 의한 것만이 아니라 우리 사회에 만연한 규범과 태도에 의해서도 야기될 수 있다.

이 소시오드라마적 관점은 게슈탈트심리학이 자세하게 설명한 사람의 기능을 일반화하는 데 기초를 둔다. 두뇌는 전체론적이고 자기조직적이며 직선과 곡선을 단순히 모아 놓는 것이 아니라 사람들이 숫자와 전체 형식을 어떻게 구성하는지 배우는 형식적 실체이다. 이 '게슈탈트 영향'은 개별적인 세부사항의 편집물로부터 전체를 일반화하는 기술을 제공한다. 소시오드라마에서 이 능력은 각 부분의 합에 담겨 있지 않은 일련의 사건들의 일반적 영향을 분별하는 데 사용한다. 영화에서처럼 우리는 원래 서로 뚜렷한 관련이 없는 수천 개의 개별적인 빛, 그림, 장면의 편집물을 바라봄으로써 전개되는 이야기를 천천히 이해하게 된다. 마찬가지로 소시오드라마적 대화는 단일한 사건 가운데 존재하는 다양한 관계를 인식함으로써 점차적으로 발전하고 일관된 전체 속으로 서로 묶여 계속된다.

세팅과 과정

기술적 관점에서 소시오드라마는 이동식 의자가 있는 큰 강당이나 외부 원형극장 또는 적절한 음향 시설을 갖춘 마을 광장에서 진행되는 것이 이상적이다. 사람들은 집단이 집중하고 적극적으로 참여하도록 애쓰는 소시오드라마 연출가의 지도 아래 드라마가 진행되는 열린 공간에 앉는다.

소시오드라마 회기에 대한 시간은 대략 1시간 30분에서 2시간 30분까지 다양하지만 회기 사이에 휴식시간을 가지며 하루 또는 그 이상 지속할 수도 있다.

집단은 실제의 많은 사람을 대표할 수 있도록 가급적 혼성이어야 한다. 집단의 규모는 최소 20~40명에서 40~80명이나 100명에 이르기까지 다양하며, 몇몇 국제 학회의 경우 1,000명이 될 수도 있다.

소시오드라마 집단의 규모는 과정에 중요한 영향을 미치며 소시오드라마를 실행할 때 특정한 대집단 역동성을 고려해야 한다. 대집단은 다양한 투영 과정, 비인간화 및 인성 전이, 익명성과 일반화, 부러움 그리고 '강제된' 민주화에 의해 특징지어진다(Agazarian & Carter 1993; de Maré, Piper & Thompson 1991; Klein 1993; Kreeger 1975; Main 1975; Milgram & Toch 1969; Schneider & Weinberg 2003; Seel 2001). 가장 강력한 것은 대집단의 특별히 높은 대인적 에너지 수준으로 '군중'은 집단 간의 탐구를 위한 특별한 환경을 만드는 자신의 생명을 갖는다.

하나의 세팅에 많은 사람이 참여하는 것은 한 사람이 감당하기에 적절하지 않은 어려운 작업이다. 무엇인가 말하기를 원하거나 적극적으로 참여하는 사람들의 자취를 기록하는 것은 어려운 일이다. 가능하다면 회기 시작 전에 계획을 세우고 진행 과정을 지원하며 다 마쳤을 때 회기 후 평가를 할 수 있는 팀을 구성하여 진행하는 것이 현명하다. 이러한 팀은 집단 과정이 소시오드라마의 단계를 더욱 부드럽게 거치도록 돕는 데 중요한 역할을 한다. 한 사람의 소시오드라마 리더가 인도하지만 팀 구성원들은 필요하다면 방을 떠나는 참여자들이 괜찮은지 확인하고 조용한 참여자들이 자신들의 느낌을 나누도록 도우며 진행이 어려울 때 계속 진행하도록 필요한 조언을 하여 지원할 수 있다. 회기의 시작에 집단에게 소개된 팀의 소수 구성원들은 각 회기에서 소시오드라마적 집단 과정의 성공적인 마무리를 하는 데 있어 상당한 차이를 만들 수 있다. 그뿐 아니라 팀 구성원과 소시오드라마 연출가 사이의 협력이 잘되면 그 자체로 집단이 개인의 합 그 이상임을 행동으로 보일 수 있어 참여자들에게 좋은 학습경험이 될 수 있다.

대집단에서는 모두가 들을 수 있도록 참여자가 돌려 사용할 수 있는 무선 마이크를 사용하는 것이 도움이 된다. 이것은 집단에게 중요한 기술적 지원을 해 주며 한 번에 한 사람씩 발언할 수 있도록 허용하는 과정상의 중요한 구조를 만들어 준다.

소시오드라마 연출가의 야망은 가능한 한 많은 개인이 전체 집단에 무엇인가를 말하도록 인도하는 것이어야 한다. 이는 기술적 관점만 중요한 것이 아니라 집단에 있는 모든 개인이 중요하다는 메시지를 전달하고, 모든 목소리가 실제로 들릴 수 있다는 점을 알려 준다. 본인의 경험에 따르면 이러한 일은 집단의 긴장을 줄이고 수직적 힘의 구조를 중화하여 기본적으로 동등한 느낌을 전달해 주는 것처럼 보인다. 집단이 크면 클수록 이러한 경감은 더 크다 이는 행동에 있어서 민주성과 다원성의 표명이기 때문이다. 이는 또한 각 개인이 다르다는 것을 허용하기 때문에 '집단 성향'과 집단 압력에 반대적 메시지를 제공한다.

소시오드라마 연출가의 기술

자연적으로 집단 간의 사회적 갈등으로 어려움을 겪는 많은 사람들을 다루는 것은 쉬운 일이 아니다. 집단 촉진자와 소시오드라마 연출가는 경계를 지키고 모든 것을 함께 지녀야 할 뿐 아니라 심리적인 희생자를 방지하기 위해 특별한 주의를 요하는 본래의 몇몇 함정에 직면해야 하기 때문에 어렵다. 첫째, 적대감이 표현되면 하위 집단은 서로에게 그리고/또는 소시오드라마 연출가에게 해를 입히는, 제어할 수 없는 무리가 될 수 있다. 둘째, 권위적이고 권력에 굶주린 리더는 다른 사람을 강화하는 것이 아니라 자아도취적 필요를 충족하기 위해 대집단을 이용하여 사람들에 대해 억압적 영향을 가지는 권위주의적 대중 마라톤 심리학 기구를 창설할 수 있다(Cushman 1989). 셋째, 극도의 통제되지 않은 감정은 소규모 집단 네트워크 지원을 충분히 사용하지 못해 사람들을 외롭게 하고 이용당하게 할 수도 있다. 마지막으로 소시오드라마가 비현실적이고 순진한 방식으로 실행되면 너무 단순하고 표면적이며 너무 감상적일 수 있으며 평화로운 공존의 가능성(Sabelli 1990)에 대해 너무 긍정적으로 보일 수도 있다.

따라서 소시오드라마 연출가는 필요한 지식과 기술 외에도 일을 효과적으로 수행하기 위해 많은 용기와 위상 그리고 경험이 필요하다. 소시오드라마적 현장에 들어갈 수 있을 만한 충분한 자신감뿐만 아니라 자신의 능력과 특정 분야를 알아야 하고 집단이 자신의 한계를 넘어설 때 그만두는 것을 두려워해선 안 된다. 하지만 모든 집단에 경외심과 명예 그리고 열정으로 대하는 것이 중요하다.

이러한 요구사항에 더하여 일을 잘 수행하려면 세계적인 사건을 잘 알아 둘 필요가 있다. 소시오드라마 연출가는 최소한 자신이 일하는 국가나 지역사회의 최근 및 과거의 특정 역사에 대하여 알려고 노력해야 한다. 그러한 지식이 없으면 참여자들의 이야기를 이해할 수 없고 과거 역사의 탐구로 진행하는 것이 가능한 종합적 방식을 알 수 없게 된다. 따라서 소시오드라마사 연출가가 한 집단을 지도하기 전에 사람들에게 영향을 준 과거와 최근의 사건들에 대한 기본적 정보를 통합하는 것은 중요하다. 그래야만 그러한 중요한 사건들을 적절하게 무대로

이끌 수 있고 드라마화할 수 있게 된다. 사실 모든 역사적이고 사회정
치적인 세부사항에 대해 배우는 것은 불가능하다. 어떤 것은 진행 중
에 참여자가 제공한 정보를 통해 알게 되지만, 참여자는 언급하려 하
지 않고 지도자가 집단보다 먼저 정보를 갖고 있지 않으면 숨기려고
한다는 기본적 사실도 있다. 특히 이 점은 양측이 자기 자신의 공격성
에 대하여 대화하는 것을 무시하는 갈등의 관점과 연관되어 있고 상대
편의 잘못된 행동에 초점을 맞추어 자신을 피해자로 만든다.

통합된 모든 정보로부터 소시오드라마 연출가는 소시오드라마 진
행 중에 집단이 초점을 맞출 수 있는 공유된 중심 문제를 명확히 하려
고 노력해야 한다. 그러한 중심적이고 공유된 내용은 함께 모이는 것
에 대한 집단의 의식적 동기와 함께할 수도 있고 그렇지 않을 수도 있
다. 집단이 탐구하고자 하는 다른 내용들이 있겠지만 지도자는 집단에
게 문제의 연관성을 설명할 방법을 찾고 집단을 과거에 직면하는 상황
에 처하게 할 필요가 있다. 중심 문제를 정확하게 선택했는지의 여부
는 집단이 그 주제에 감정적으로 감동받고 참여자가 자신의 관점과 그
에 대한 개인적 염려를 나누는 데 관심을 보이는지의 여부로 확인할
수 있다.

만약 중심 문제에 대한 동의가 이루어지면 소시오드라마 연출가는
집단에게 그것을 인정하고 언어화하며 요약하는 진술서를 작성한다.
제한된 시간 동안 심리치료에서 협의된 치료 계약과 유사하게 소시오
드라마 연출가는 이 진술서를 특정한 지역사회의 심리학적 결정요인
을 이해하기 위한 기초로 사용할 수 있다. 과거에 발생하여 현재에도
대부분의 집단 구성원에게 영향을 미치고 통합적 무의식 속에 여전히
공명하는 참고할 만한 비극이 몇몇 있을 것이다. 이에 더하여 그 진술

은 사건에 반응하는 데 있어 지역사회의 지배적이고 방어적인 노력을 포함할 수도 있다. 예를 들면, 터키의 지진 후에 지도자는 다음과 같이 말할 수 있다.

우리는 지진이 압도적임을 발견했습니다. 우리는 죽음을 두려워했습니다. 모든 것이 통제를 벗어났습니다. 우리는 어려움을 이겨내기 위해 최선의 방법을 찾으려 했지만 너무 어려웠습니다. 우리는 그저 그일을 잊으려 노력했고 마음속에서 지우려고 했으며 아무 일도 없었던 것처럼 행동했습니다. 하지만 파괴된 잔해를 보면 다시 기억이 떠오릅니다. 그 일은 여전히 아픕니다. 함께 그 점을 살펴봅시다.

장면을 재언하는 동안 배우들은 자신이 연기하는 역할을 원하는 대로 연기할 수 있는 자유가 있다. 다른 집단의 구성원 또한 갑자기 참여하여 함께 문장을 더하거나 대화에 동참할 수 있다. 전체 상황을 알게 되면 새로운 배우들이 소개되고 연기는 최소한의 제한을 가지고 자발적으로 발전한다. 몇몇 전략적인 점에서 지도자가 선도하는 질문을 해서 대화를 발전시키고 집단은 앞으로 나아갈 수 있다.

문화적 인류학에 의지하고 집단과 가족 체계로부터 배운 기술을 사용할 뿐만 아니라 사이코드라마와 역할극의 표준 기술을 활발히 사용하여 소시오드라마 연출가는 이러한 접근 방식을 단일하고 응집력이 있는 방식으로 결합하려고 시도한다. 어떤 소시오드라마에 있어서 사이코드라마(역할교대, 이중자아, 거울 기법, 독백, 실연)의 주요한 기술의 일부 또는 전부는 특정 집단의 특별한 필요에 적용될 수 있다. 예를 들면, 집단이 동일한 비극적 상황에서 생존한 상처를 입은 사람들로 구성되었다면 집단 리더는 그들의 운명이 자신들이 통제할 수 없었던 외부적 힘에 의해 형성되었다는 느낌인 '학습된 무기력'의 다양한 정도를 평가하기 원할 수 있다. 이러한 경우에 또는 실제 재난 이후 일찍 거행되었다면 억제되지 않은 정화 반응보다 이중자아 기법을 '가지고 있는' 감정(Hudgins & Drucker 1998)을 위해 사용할 수 있다. 또한 거울 기법은 무서운 사건으로부터 분리와 거리감을 갖는 것을 돕는 데 사용할 수 있다.

연기 끝에 종결을 위한 약간의 시간을 남겨야 한다. 이 마지막 단계는 탐구의 종결과 집단에서의 종결감을 제공한다. 문화적으로 적절한 예식(Kellermann 1992)을 그러한 종결을 극화하는 데 사용할 수 있다. 또한 원칙적으로 소시오드라마 이후에는 언어적 나눔을 위한 시간이 충분히 있어야 한다. 이러한 표현들은 탐구 주제에 따라 다소 개인적일 수도 있다. 정치적 행동을 포함하여 비개인적인 문제들 또한 연기 후 나눔을 제안하는 경우도 있다. 사이코드라마의 엄격한 개인적인 나눔의 규칙과는 반대로 나는 이러한 언급을 허용할 수 있고 소시오드라마 회기 후에 심지어 장려할 수도 있다고 생각한다.

전 세계의 소시오드라마

2005년은 매우 힘든 해였다. 폭력적 갈등과 자연재해가 전 세계적으로 많은 사람에게 영향을 미쳤다. 소시오드라마가 그러한 재난의 생존자들을 지원하기 위해 많이 적용되었다.

몇 년 전 브래드쇼 타우본(2001)은 지방, 지역, 그리고 영국과 스웨덴 및 이스라엘에서 열린 국제회의 내에서 평화를 위한 소시오드라마의 사용에 관하여 고찰했다. 이러한 세팅은 사회적 문제의 탐구를 위해 다양한 문화를 함께하게 하는 대단한 토론회를 제공했다고 저술했다. 그녀는 소시오드라마가 개인과 소집단 사이의 진실한 조우를 육성하고 사회와 문화 및 국가들 사이의 구조적 변화에 영향을 미치는 방법을 만드는 데 어떻게 사용될 수 있는지를 설명했다. 노르웨이 릴리안 보르게의 한 예에서 그녀는 전쟁에 참여한 젊은이들이 경험한 고통과 슬픔 및 죄책감에 초점을 맞추었던 소시오드라마를 자세히 설명했다. 주요한 폭력적 갈등에 관련된 다양한 문제들을 탐구한 후 그 집단은 당시에는 한쪽이 협력하는 것을 거부했기 때문에 갈등 당사자들 사이에 다리를 연결하는 것이 불가능하다는 비극적인 결론에 도달했다. 브래드쇼 타우본을 인용한 릴리안 보르게는 "차이를 극복할 수 없다는 사실이 슬프고 그것이 세계 정치건 심리치료적 방식의 문제건 간에 다리를 놓는다는 것이 얼마나 어려운 일인가를 받아들여야 한다는 것이 슬프다."고 말했다(2001, p. 25).

이러한 평화-촉진 활동은 일반화되었고 계속해서 지난 몇십 년 동안 국제 집단 심리치료협의회(IAGP) 회의의 주제가 되었다. 예를 들면, '갈등에서 생산적인 대화로'라는 주제로 2000년 8월 예루살렘에서 열렸던 제14차 IAGP 회의 기간 동안 소시오드라마를 사용하는 마르시아 카프와 집단 분석을 사용하는 테레사 하워드가 이끄는 약 150명이 참가한 대집단 모임이 있었다.

이 예루살렘 회의 기간 동안 상징적인 벽이 다양한 집단 회기에 묘사되었고 그것은 대집단 회기와 회의 전과 기간 중에 거행된 다양한 워크숍을 진행하는 중에 언어와 참여자들의 연합에 등장했다. 그 벽은 강한 감정을 일깨웠고 현존하는 다양한 하위 집단 간 관계의 긴장을 응결한 것으로 보였다. 상징적 의미에 더하여 프로그램 기획 위원회는 닫힌 (그러나 이동할 수 있는) 벽으로, 의도적으로 매일 큰 두 집단을 나누어 공개된 세팅이 없게 했으며 참여자의 전체 집단은 상호작용을 할 수 있었다. 아마도 위원회는 이 집단의 분리를 집단 간에 드러난 긴장에 대한 실용 가능한 해결책으로 받아들였을 것이다. 이 집단 중 하나에서 벽을 극화하는 동안 참여했던 브래드쇼 타우본(2001)은 그 집단의 다양한 감정적 반응을 다음과 같이 설명했다.

일부에게 그것은 위안이었고 다른 이에게는 절망이었다. 그것은 피할수 없지만 필요하고 장애이면서 내적인 벽을 대표하는 것과 관계가 있다. 많은 사람에게 집단 내에서의 벽은 보호 역할임에도 불구하고 장벽으로 경험된다. 우선 그 벽은 남성과 여성으로 세워졌지만 남성은 빠르게 떠난다. 나중에는 남성이 중간에서 보호적으로 감싸는 벽이 된다. 그 변하는 이미지는 매우 강력하고 38개의 서로 다른 나라에서 온 미국인, 기독교인, 모슬렘, 유태인, 비신자, 다양한 직업 등 일일이 언급하기에는 너무 많은 범주의 사람들이 참여한 이 집단에서 그 과정을 천명하였다. 우리를 연합하게 한 것은 인간과 사회정치적 수준에서의 큰 세팅에서 진실하게 대화하기 위한 투쟁이었으며 중요한 모든 목소리와 행동으로 우리가 가진 모든 차이에 대해 서로 용납하려는 투쟁이었다. (p. 27)

예루살렘의 영주권자이며 이스라엘의 시민인 나는 이 두 대집단 사이의 인공적 장벽을 만들고 유지하는 것이 무척 파괴적이라고 느꼈다. 사실 그것은 지금까지 갈등을 해결하기 위해 대화의 힘을 믿어 왔던 사람의 얼굴에 주먹을 날린 것이었다. 그 두 대집단의 회기에서 본인

이 계속 분노하고 반대했음에도 불구하고 그 당시에 내 관점을 이해하는 사람은 거의 없었다.

약 한 달 후 최근의 아랍인 반란이 이스라엘에서 시작되었고 그 후 갈등의 양측에 수천 명의 무고한 희생자를 낳았다. 민간인에 대한 자살폭탄과 날마다의 테러 공격 이후에 이스라엘의 연합 정부는 팔레스타인 테러리스트가 이스라엘 지역에 침투하는 것을 방지하기 위해 이스라엘과 웨스트 뱅크 사이에 보안 벽을 건설하기로 결정했다. 이 사업은 이스라엘 국민들에게 엄청난 지지를 받았고 그 장벽은 보안을 위해 필수적이라고 보았다. 동시에 이 분리의 장벽이 팔레스타인 사람에게는 땅을 빼앗는 감옥의 벽 그리고 인종차별의 행동으로 받아들여졌다.

'벽'은 모든 이웃하는 사람들에게 물리적인 분리 기능을 할 뿐만 아니라 심리적 구분의 강력한 상징이다. 독일의 통일과 관련된 것처럼 볼칸(2002)은 경계심리학에 관한 자신의 논문에서 이 기능을 논의했다. 물리적 경계가 대집단 정체성 주변에 심리적인 피부로서 어떻게 작용하는지를 관찰한 볼칸은 이 경계는 그것을 빼앗기면 두 집단이 자신의 정체성을 재정의하도록 강요받는다는 사실을 발견했다. 고유한 집단의 정체성을 유지하기 위해서 동독과 서독은 그들 사이에 분명한 심리적 경계를 유지할 필요가 있다는 점을 불현듯 깨닫게 되었다. 이러한 내적인 상상의 경계는 종종 정치적 (또는 물리적) 경계에 투영되거나 국제회의의 경우에서처럼 다른 집단들 사이의 이동할 수 있는 벽에 투영된다.

나는 위의 사건에 대한 중요성을 완전히 이해하지 못하였으며 IAGP 회의가 최근 아랍인의 반란을 야기했다고 암시하고 싶지도 않다.

1985년 자그레브에서 열린 IAGP 회의 후 몇 년 뒤 전 유고슬라비아에서 전쟁이 또 발생했다는 사실에도 불구하고 소수의 집단 심리치료사들의 내분 없이도 그러한 군사 긴장에 대하여 설명할 다른 이유들이 충분히 있다. 내가 강조하고 싶은 것은 집단 내의 상징적 벽의 표현과 그 집단들이 만난 국가 보안 장벽의 실제 역사적 건설 사이에 연관이 있다는 것이다. 외관상으로 집단은 발생한 사회의 진실한 반영(또는 축소판)이었다. 우리가 물리적이고 심리적인 경계를 인식하게 되면 내담자의 내적 영혼과 상호 간의 방해를 넘어서고 세계적 규모의 집단 간 긴장에 영향을 주는 변화를 제공할 수 있다는 점에서 심오한 지혜를 전달했다. 아마도 이것이 소시오드라마의 겸손한 목표 가운데 하나일 것이다.

모든 대참사의 여파에서 소시오드라마는 영향을 받은 많은 집단의 사람들을 지원하기 위해 소집될 수 있다. 이러한 상황에서 소시오드라마는 개인적인 생존자와 그 가족뿐만 아니라 자신들이 경험한 것을 이해하려고 노력하는 전체 지역사회에 많은 것을 제공해 줄 수 있다.

소시오드라마 회기의 다양한 형태가 주요 세계적 대참사에 적용되어 왔다(Knepler 1970). 가장 잘 알려진 것 중의 하나는 아마도 군사 정권과 후에 팔크랜드 전쟁 기간 중 아르헨티나의 고통받는 사람들에 대한 소시오드라마일 것이다(Bustos 1994). 영국에서 켄 스프래그와 마르시아 카프는 이 갈등의 다른 편에 있는 사람들과 일했다. 소시오드라마의 다른 예로는 1989년 독일 극우주의자들의 선거를 위한 엘라 매셔런의 사역(Feldhendler 1994)과 파라과이에서의 사회정치적 실체의 탐구가 있다(Carvalho & Otero 1994). 위팅거(2005)가 편집한 최근 독일의 소시오드라마 핸드북은 이 분야가 아직도 규모 면에서 성장하고 있다는 것을 보여 주는 일련의 연관된 적용과 발달을 담고 있다.

스텐버그와 가르시아(2000)의 저서 *Sociodrama: Who's in Your Shoes?* 제2판은 영어권 국가의 소시오드라마의 여러 다른 예들을 포함한다. 대변환기 동안 동부 유럽에서 진행된 몇몇 회기에 대한 설명은 독일 잡지 사이코드라마(예 : Lobeck 1990; Zichy 1990)에 설명되어 있고 스테인, 잉거솔과 트레드웰(1995)은 걸프전쟁 중에 수행한 소시오드라마에 대해 기록하였다. 모스코바의 로만 솔로토비스키는 적과의 역할 전환에 초점을 맞춘 소시오드라마 기관에서 일하며 이를 개발해 왔다. 키에브 사이코드라마협회는 우크라이나와 러시아에서 소시오드라마에 관한 일련의 논문들을 발행했다(Solotowitzki 2004). 영국에서 소수의 소시오드라마학회 중 하나를 이끌며 여러 나라에서 훈련을 기획하는 론 위너(1997, 2001)는 세계의 다양한 부분에서 '창조적 훈련'과 결합된 소시오드라마 방식을 활용해 왔다. 폭탄 테러의 재입법화를 포함하여 이스라엘에 있는 유태인과 아랍인의 갈등에 대한 탐구는 1996년 예루살렘에서 개최된 국제 사이코드라마 회의에서 수행되었다. 이 갈등의 다른 편에서 모하메드 K. 묵하이머와 우르슐라 하우저는 함께 여러 해 동안 가자지역 정신건강 센터의 매우 어려운 환경 속에서 소시오드라마와 함께 사역해 왔다(Hess 2004).

유고슬라비아 사이코드라마 협회 저널의 특별판에서 쥬리치, 일리치, 및 벨코비치(2004)는 69일 동안 나토의 폭격을 견뎌야 했던 세르비아의 1999년 전쟁 동안과 그 후에 진행된 소시오드라마 워크숍에 관해 보고했다. 이 잡지에서 일리치(2004)는 그 어려운 기간 중에 국제 소시오드라마 커뮤니티가 접촉해 준 것에 감사했다.

3월 말에 나는 P. F. 켈러만으로부터 이메일을 받았는데 그는 우리가 어떻게 지내고 있는지, 어떤 일이 벌어지고 있는지를 물었다. 그것은 마치 누군가가 진심으로 당신의 건강을 물었는데 몸이 안 좋았고 이런 기회를 잡아 마음을 연 것과 같았다. 그것은 애국심의 눈물이었고 고 발이었으며 양심을 깨우는 데 필요한 것이었고 심지어 동정과 우정의 시험이었다. 그 편지는 세계 사이코드라마의 우편 목록에 보내졌고 전 쟁 동안과 그 후에 우리는 질문과 후원, 그리고 그냥 인사를 전하는 많 은 편지를 받았다. (p. 88)

답장을 보낸 많은 사람들 가운데 미국의 셜리 바클레이는 코만치 족 출신의 북미 인디언 형제자매들에게 '우리 모두는 친척'이란 전체적인 치료적 틀 안에서 공습 희생자들을 위해 기도하고 의식을 수행하라고 격려했다. 이 편지는 국제 사회에서 고립되었다고 느꼈던 세르비아 집 단에게 심오한 영향을 미쳤다.

아마도 소시오드라마는 일반적으로 집단주의 문화를 가진 아시아, 아프리카, 남미, 태평양 지역에 더 열려 있지만 사이코드라마는 개인 주의적 문화를 가진 서부 유럽과 북미에서 더 쉽게 받아들여질 수 있 다. 전자의 문화에서 사람들은 집단보다 자신들의 개인적 목표를 하 위에 두는 데 익숙하지만 후자는 개인적인 권리와 목표를 우선시한다 (Triandis et al. 1988).

실제로 소시오드라마는 아프리카 문화에 적절한 것으로 보이며 또 한 남미에서 아주 인기가 있다. 아프리카에서 네덜란드의 존 커비, 에 드워드 살리푸 마하마, 그리고 르네 우디크와 함께 공 슈(2004)는 교 차-문화 소시오드라마의 멋진 영적 세팅 안에서 서부 아프리카에 있는 가나의 다곰바 족과 콘콤바 족과 함께 사역했다. 마나과에서 가이 슬러(2005)는 니카라과에서의 혁명 때 소시오드라마와 비블리오드라마(성경극)을 조합하여 사용했다. 이 외에도 마스카레냐스는 삼바드라마(Sambadrama)라는 제목을 가진 브라질의 사이코드라마에 관한 책에서 사회적 문제에 적용할 수 있는 '극적 확장(dramatic multiplication)' 기법의 사용을 설명했다(Figusch 2006). 사실 브라질은 확실히 사회정치적 강조를 가지는 많은 혁신적 드라마 방식에 대한 비옥한 장소가 되어 왔다. 이것이 2006년 상파울로에서 개최되는 IAGP 회의에서 어떻게 발표될지를 지켜보는 것은 흥미로울 것이다.

상파울로의 마리스 그립은 2000년 3월 21일 세계에서 가장 큰 소시오드라마 중의 하나를 조직했다. 수백의 대중 소시오드라마, 비블리오드라마 그리고 엑시오드라마 회기가 시민권과 윤리라는 주제로 거행되었다. 애덤 블래트너는 700명의 사이코드라마 연출가가 96개 도시의 180여 곳(도서관, 학교, 강당과 같은 실내 또는 광장과 같은 야외)에서 지역사회의 문제에 대하여 무료로 공개적인 소시오드라마 연출가를 지휘했다. 약 8,000명의 시민이 참석했다. 프로그램은 2~3시간 동안 진행되었고 각 소시오드라마에 10~600명이 크고 작은 집단에 참여했다. 많은 사람이 사이코드라마 연출가와 참여자에게 얼마나 강렬한 경험이었는지에 대해 말했다. 무기력, 굴욕 때로는 기쁨과 함께 깊은 슬픔이 표현되었고 소시오드라마의 끝에는 더 나은 시대에 대한 희망을 표출했다. 이 프로젝트를 후원하고 그 자신도 사이코드라마에 대해 약간의 훈련을 받은 상파울로의 시장 마르타 수플리시도 그중 하나에 참여하여 폭력의 희생자 역할을 했다.

작고한 영국 출신의 켄 스프래그는 진정한 소시오드라마 연출가이자 (비폭력적인) 혁명가였다. 자기 삶의 역사로부터 사회가 어떻게 작동하는지에 대해 깊이 이해했고 불의가 행해지는 것을 볼 때마다 변화를 촉진하기 위해 헌신했다. 그는 정치 기관과 통제 권력이 아닌 사람들의 적극적인 참여에 기초하는 방식에 대해 논쟁했다. 그의 이른 죽음은 우리 지역사회에 커다란 손실이었다. 나는 그의 정직하고 직설적인 태도를 사랑했다. 그가 세상을 더 살기 좋게 만드는 것에 대하여 얼마나 관심을 가졌는지는 언제나 분명했다. 그의 논문인 '상호작용을 위한 허용: 소시오드라마의 대상과 방법 및 이유'는 소시오드라마 분야에서 내가 알고 있는 최고의 글 가운데 하나이다. 이 논문에서 스프래그(1998)는 이렇게 서술한다.

> 비록 그러한 캠페인을 지지하기는 하지만 우리의 우선적 과제는 열대림을 구하고 여우 사냥을 그만두게 하는 것이 아니다. 또한 소시오드라마에 이상적인 주제가 될지는 모르겠지만 새와 사육장을 보존하는 것도 아니다. 우리의 모든 다른 노력들이 성공하기를 바란다면 우리의 목적은 진화의 현재 단계에서 가장 필수적인 우리의 인간성을 구하는 것이다. (p. 252)

보잘것없는 것은 아니지만 마지막으로 소개하게 된 아르헨티나 출신의 모니카 주리티의 특별하고 중요한 사역을 언급하고 싶다. 그녀는 전 세계의 다양한 문화적 배경을 가진 수천 명의 사람들에게 깊은 영향을 미쳤다. 예를 들면, 비야 미제리아의 빈민촌에서 그녀는 라팜파족(La Pampa)의 어머니 집단과 일했다. 그들은 모계사회 구조에 따라 살았고 자신의 생활을 대지(Mother Earth)와의 관계에 두었다. 아마 주리티가 소시오드라마와 사이코드라마에 차이가 없다고 주장한 것은 옳았을 것이다. 따라서 그녀는 '소시오-사이코-드라마'를 조합한 특별한 방법을 개발했고 개인적이고 집합적인 것 모두 집단 과정의 여러 다른 단계에서 반드시 강조되어야 한다고 언급했다. 주리티(2001)는 다음과 같이 기록했다.

> 때때로 소시오드라마적 장면에서 같은 집단이건 아니건 간에 주인공이 문제를 구체화하고 일하고 변화의 가능성에 대한 사회적 매트릭스를 제공하기 전까지는 해결에 도달했다고 할 수 없다. 또한 때로는 사회적 환경이 연관되기 전까지 개인적 상황을 이해할 수 없기도 하다.
> (p. 111)

이러한 접근으로부터 주리티는 개인적 과거사와 사회적 매트릭스의 역사와 충격적 장면사이의 관계만큼이나 집단 구성원의 개인적 과거사를 다룬다. 집단이 발전함에 따라 구성원들은 자신의 개인적 드라마가 어떻게 인류드라마의 일부가 될 수 있는지 이해하기 시작한다. 쉽게 말하면 주리티에게 있어 모든 것은 다른 모든 것과 연결되어 있지만 우리는 이 연결이 어떻게 표현되는지에 대해서는 언제나 즉시 알지는 못한다. 이것은 소시오드라마의 본질을 설명하는 아름답고 간결한 방식이다.

이 작업은 다양한 새로운 자원으로부터의 발견을 통합하여 새로운 방향을 개발한다. 예를 들면, 스웨덴 사이코드라마학교에서 모니카 웨스트버그는 요한 갈퉁(1996)과 함께 소시오드라마 워크숍을 진행했다. 그녀의 논문 '인류의 사이코드라마: 진정한 이상인가?'에서 브라질 상파울로 출신의 로자 쿠키어(2000)는 소시오드라마의 다양한 국제적 적용의 폭과 깊이뿐만 아니라 엄청난 과업을 수행하기 위한 실행가들의 열정과 심오한 용기에 놀랐다. 그녀에게 많은 실행가들은 "진정한 치료적인 절차는 인류 전체보다 더 많은 목적을 가진다."는 모레노(1953)의 광대한 신조에 깊이 영향을 받는 것으로 보였다(p. 698). 그녀는 전 인류를 치료하기 위한 모레노의 요구를 언제나 과장된 불가능한 것으로 보았다. 하지만 세계의 여러 곳에서 중요한 연구를 관찰한 후 그녀는 사이코드라마 연출가는 이 사회적 프로젝트를 전진시키는 데 필요한 대담함을 가진 것으로 보인다고 결론지었다.

사실 오늘날에는 전 세계에 걸쳐 이 우주적 의제에 헌신하는 실행가들이 있고 어느 면에서는 주인공 중심의 사이코드라마 실행을 넘어 일반적 목적을 가지는 세계적 사이코드라마 가족 연합을 이루었다. 이의제를 설명하는 데 어떤 말을 사용하든지 간에 그것은 정의와 평등을 촉진하고 친절한 공존을 위한 새로운 장을 개발하기 위해 자신의 집단 트라우마를 가진 다양한 사람들의 집단을 지원하는 것을 포함한다.

결론

우리 삶에서 중요한 모든 사람과의 사회적 모임은 아주 드물게 발생한다. 보통 우리는 출생, 졸업 그리고 결혼과 같은 중대한 사건을 축하하고 함께 장례식에 참석한다. 이러한 일은 재결합을 위한 기회를 제공하고 핵가족과 확대 가족, 친구, 이웃, 동료들은 즐거움과 슬픔으로 음식과 술을 나누며 함께 축하하러 온다. 소수민족 또는 공통점을 가진 사람들은 언제나 그러한 공적 행사에서 인생의 변화를 발표하거나 자신의 새로운 지위를 알려 왔다. 우리 모두는 그러한 모임에 포함되는

극적인 힘을 경험해 왔고, 이는 삶 전체를 통하여 우리에게 어떤 특별한 의미를 제공한다.

소시오드라마 회기는 다른 목적을 위해 소집되지만 그곳에 참석하는 사람들에게 유사한 중요성을 제공해 줄 수 있다. 위기 이후 모임에 오거나 정치, 다양성, 갈등 혹은 학교, 직장, 교회 또는 이웃과의 화해에 치중하는지에 상관없이 그 회기는 종종 오랫동안 우리의 의식 속에 남아 있다. 참여자들은 그러한 모임의 힘에 감사하고 오랫동안 그 기억을 소중히 간직하는 경향이 있다. 그것은 마치 참여 자체로 참여자 자신이 더 큰 사회적 네트워크에 속한 것을 알게 되기 때문에 높아지는 소외의 시대에 그러한 공공 행사는 우리에게 더욱더 중요해 보인다.

쉽게 말하면 소시오드라마는 열린 무대, 세팅, 절차를 제공하고, 다양하고 종합적인 초점이 연출될 수 있다. 이 세팅에서 모든 참여자는 의미를 가지며 전체의 일부로 간주된다. 그들의 느낌, 생각, 연기는 예상할 수 없으며 통제할 수도 없다. 게다가 회기 중에 어떤 일이 일어나도 엄격한 규칙을 적용할 수도 없다. 하지만 대개는 준비, 연기, 종료 그리고 전개에 따른 나눔이라는 다양한 단계를 구별할 수는 있다. 대개 이러한 단계는 자발적인 방식으로 발전하며 대부분의 회기는 다른 소시오드라마 회기와 다르게 진행된다.

집단 트라우마

1986년 4월 26일 우크라이나의 체르노빌 원자력 발전소에서 거대한 폭발이 일어났다. 이 폭발로 최소 30명이 사망했고 그 지역은 핵 오염 수준이 높아져 13만 5,000명이 대피해야 했다. 하지만 재난의 영향은 그 지역에 국한된 것이 아니었다. 방사능 구름이 벨라루스와 북유럽을 휩쓸었고 그 결과 이 지역에서 갑상선암, 백혈병 환자와 선천성 결함, 다른 의료 문제가 극적으로 증가했다. 사고 20년 후 이 지역의 방사능 낙진으로 인한 암 환자가 북 스웨덴에서 800명 이상이 나타났다. 장기간 소량의 방사능 낙진에 인체가 노출되면 미래 세대에만 나타나는 유전적 손상까지 야기할 수 있어 그 영향은 가늠할 수조차 없다. 전체적으로 600만 명 이상의 사람들이 세계 최악의 재난에 영향을 받았다(Van den Bout, Havenaar & Meijler-Iljina 1995 참조).

2005년에 나는 체르노빌에서 격리된 사람들을 위해 세운 마을인 슬라부티치를 방문하여 생존자들이 회복하기 위해 어떤 노력을 하고 있으며 스스로를 위해 새로운 삶을 어떻게 세우고 있는지를 직접 볼 수 있었다. 직접 노출된 성인 생존자들은 정기적으로 건강검진을 받고 있었고 사고 후 많은 세월이 흐른 후에 태어난 아이들은 계속 불이 난 집 그림을 그리고 있었다.

이것이 집단 트라우마의 진수이다. 커다란 후유증은 가지각색이며 광범위하다.

실제 폭발 이후 오랜 시간이 흐른 후에도 먼 곳까지 방사능 낙진을 퍼트리는 핵폭탄처럼 다른 주요한 심리적 트라우마도 1세대와 2세대 그리고 이어지는 세대에 하나 또는 다른 방식으로 노출된 사람들을 계속해서 감염시킨다. 방사능과 유사하게 감정적 트라우마는 보이지도 않고 감지할 수도 없다. 체르노빌 원자력 발전소 위에 퍼부은 엄청난 콘크리트 아래에 묻힌 위험한 방사능 물질처럼 집단 트라우마는 무의식의 어두운 나락에 감춰져 있다. 전염의 정도는 덜 가시적이고 시간이 지나면 사라질 수도 있지만 인간의 의식 속 고통을 받은 공간에 새겨진 폭파의 흔적은 언제나 남아 있을 것이다. 표면적으로는 모든 것이 상당히 정상적으로 보이겠지만 이전에 그곳에 있었던 것(공백 또는 공간)의 결여는 재난지역을 방문하는 사람에게 심리적 영향을 줄 것이며 숨겨진 비밀을 드러낼 것이다.

감펠(1996)은 홀로코스트 트라우마의 부모 전염과 연결하여 '방사능'의 개념을 소개했다. 이 과정은 '방사능' 유출과 같은 것을 통하여 발생하는 것으로 보이며 생존자의 자녀들은 부모의 이해할 수 없는 두려움과 염려를 내면화하고 그 결과 자신도 '감염'되기 시작한다. 감펠(2000)은 다음을 설명하기 위해 '방사성 규정'이란 용어를 사용했다.

개인이 방어할 수 없는 것에 대항하여 외부적 실체의 끔찍하고 폭력적이며 파괴적인 측면의 침투에 대한 개념적이고 은유적인 대표. 이 방사성 규정 또는 방사성 핵은 그것에 대해 말할 수 없거나 말로 설명하기 어렵지만 이미지, 악몽 그리고 증상을 통해 자신을 드러내는 방사성 영향의 비대표적 잔해를 포함한다. (p. 59)

집단 트라우마는 사람만 감염시키는 것이 아니라 물리적 위치에 그 흔적을 남긴다. 체르노빌 전체 지역 외에도 뉴욕의 낙하점, 예전 베를린 장벽의 흔적, 아우슈비츠 집단 수용소, 그리고 극동에서 2004년 12월 26일 쓰나미가 휩쓴 텅 빈 해안도 오염되었다. 이 모든 장소는 지구의 지형뿐만 아니라 영향을 받은 지역사회와 일반적 인류의 전반적 의식에 가시적 또는 비가시적 상처를 남겼다. 약간의 상상력을 가지면 누구나 일한 장소에서 도움을 필사적으로 요청하는 소리를 들을 수 있을 것이다. 피해를 입은 지역은 생존자들에게는 저주받은 어떤 신비로움을 지니는 것으로 보인다. 이러한 장소(또는 지역)들은 트라우마적 사건을 재연하는 격발장치가 된다. 그러한 장소에서 두뇌는 그곳에 임박한 위험이 있다는 거짓 경보를 보내는 것으로 보이며 그 결과 사람들은 자기 보호를 위해 결집한다. 기념 명판이 있든 없든 시민들은 비극이 발생한 장소를 오랫동안 기억하며 후에 이러한 장소를 방문했을 때 그 공포를 재경험한다. 예를 들면, 런던에서 폭발한 30번 버스는 사람들이 피하려고 하는 공포의 장소가 되었다. 이와 유사하게 제2차 세계대전의 런던 급습 동안 '안전 장소'였던 지하는 후에 IRA 테러리스트 폭파 사건 이후 '안전하지 않은 장소'가 되었고 이제는 더욱 심해졌다.

　재난이 일어나고 수십 년 및 수 세기 후에도 개인적인 생존자들과 그 가족뿐만 아니라 직접적인 피해를 입지는 않았지만 영향을 받은 주변 사람들도 공포의 존재를 느낄 수 있다. 일부 사람들에게 이러한 영향은 단지 듣기 싫은 배경 소음처럼 거의 들리지 않을 수도 있다. 하지만 어떤 사람들에게 이것은 크고 분명하게 들을 수 있는, 짜증 나는 지속적인 스트레스와 염려의 동반자가 된다. 이러한 많은 사람들은 자신의 남은 생애 동안 일어날 새로운 비극을 두려워하게 된다.

이 과묵한 두려움의 예는 영국의 한 소시오드라마 워크숍 기간에 관찰할 수 있었는데 그 워크숍에서는 1940~1941년 동안 나치 독일에 의해 영국이 극심한 폭격을 받은 대공습이 재연되었다. 그 당시 런던은 밤낮으로 공습을 받았고 도시 대부분이 파괴되었다. 주민들은 자신이 찾을 수 있는 은신처를 찾았고 많은 사람들은 피난처로 대피했다. 그 폭격은 약 4만 3,000명의 사망자와 백만 채 이상의 주택을 파괴했다.

공습경보 사이렌, 비행기 소리, 그리고 런던에 떨어지는 폭탄 소리를 재연하여 들려주었을 때 한 60대의 여성은 공포에 질렸다. 자신의 유년 시절이 생생하게 기억나자 그녀의 몸 전체가 흔들렸다. 그녀는 야간 공습이 있으면 옷을 빠르게 입고 지하실로 서둘러 갔다고 회상했다. 피난처의 상당히 안전한 곳으로 대피하자 그녀는 방 한 구석에 무릎을 꿇고 손으로 귀를 가렸다. 그 순간에 우리 모두는 폭탄이 떨어지는 소리를 들었고 런던 전역이 불타는 것을 보았다. 과거가 현재로 이동했고 집단 전체는 공포에 휩싸였다. 재연의 후반부에 마침내 누군가가 일어서서 윈스턴 처칠의 유명한 연설을 읽었다. "우리는 해안에서 싸울 것입니다. … 우리는 항복하지 않을 것입니다…." 덕분에 우리 모두의 긴장이 살짝 풀렸다.

오랜 세월 후에 런던에 테러가 돌아왔다. 2005년 7월 12일에 제2차 세계대전 이후 최악의 폭탄 공격이 대공습을 상기시켰다. 하지만 이번 폭탄은 대부분 대수롭지 않게 여겼다. 사실 대부분의 런던 주민은 다이애나 왕세자비의 사망 때보다 덜 놀란 것처럼 보였다. 언론은 이에 주목하여 이 사건을 CNN에 보도했다. 찰스 허드슨은 런던 주민들이 폭탄 테러 공격을 당한 마드리드와 뉴욕 시민들보다 슬픈 감정을 적게 보였다는 점에 주목했다. 그는 오히려 '대공습'이 재난의 심리적 영향을 '경시' 또는 '위장'하려는 공통된 노력으로 힘을 모으고 자신의 감정 대부분을 감추려는 것으로 보였다고 설명했다.

이 억제된 반응에 대해서는 몇 가지 설명이 있을 수 있다. 아마도 런던 주민들은 계속되지 않는 단순한 '일회성' 사건이기 때문에 걱정하지 않았을 수도 있다. 다른 이유는 아마도 대공습과 2차 세계대전뿐만 아니라 런던 인구의 1/3을 앗아 간 1665~1666년의 대역병과 바로 이어진 도시 대부분을 파괴한 대화재 같은 런던의 과거 역사 속의 훨씬 더 큰 재난이 최근의 테러 사건들을 환기시켰을 수 있다. 게다가 대영제국이 지구상에서 가장 부유한 국가 중 하나였을 때 100만 명 이상의 사람들이 굶주림으로 사망한 아이리시 감자 기근에 대한 기억을 재활성화했을 수도 있다. 스프래그(1998)에 따르면 "우리는 살인적인 기아의 결과에 여전히 고통받는다"(p. 247). 이러한 과거의 충격적 사건과 비교해 보면 2005년의 폭탄 테러는 외형적으로 사소한 재난으로 간주된다.

분명히 모든 주요한 트라우마적 사건은 여러 세대 동안 다양하게 피해를 입은 사람들을 계속해서 괴롭힌다. 나는 소시오드라마 작업을 통해 역사적 반향이 전 세계의 모든 사람에게 여전히 영향을 주고 있으며, 어떤 면에서는 상처가 아주 오랜 시간 벌어진 채 치유되지 않았다는 것을 확신하며, 집단 슬픔과 고통을 공유할 필요가 있다는 것을 반복해서 본다. 지난 30년간 나는 끔찍한 공산주의 정권의 결과, 우크라이나 국민의 기근(그리고 에스토니아와 라트비아를 포함하여 구소련의 다른 나라들), 터키의 지진, 남한과 북한 사이의 긴장, 남아프리카의 인종차별 정권, 제2차 세계대전 중 일본의 핵폭탄, 미국의 인종편견, 스페인과 포르투갈의 반도전쟁, 불가리아의 소피아 국민에 대한 스탈린 공산주의자의 고문, 그리고 사이프러스와 이스라엘의 전쟁으로 인한 후유증과 현상을 계속해서 관찰해 왔다.

이러한 집단경험뿐 아니라 나는 마우리치오 가소와 토론토에서 함께한 소시오드라마 회기를 기억하는데, 그곳에서 우리는 모든 지역 전통과 집단 간의 긴장이 있던 옛 이탈리아의 분리가 아직도 어떻게 국내 정책의 중요한 부분이 되는지를 관찰했다. 사실 제2차 세계대전의 끔찍한 오랜 영향은 대부분의 유럽 국가(네덜란드, 벨기에, 프랑스)에서 두드러진다. 다른 관점에서 독일, 오스트리아 그리고 이탈리아는 자기 나라의 자각에 대하여 자신들의 나치즘과 파시즘의 장기간의 영향을 다루었다(Kellermann 2004).

이런 나라에서 사이코드라마 및 소시오드라마를 이끌 때는 그러한 과거 비극의 앙금이 계속해서 다시 등장한다. 그것은 마치 전쟁이 우리 주변 어디에나 있는 것처럼 보이게 한다. 심지어 노르웨이 릴레함메르에 있는 작은 마을처럼 아름답고 평온한 곳도 제2차 세계대전의 생생한 기억을 가진 반역자이자 희생자이며 방관자였다. 마찬가지로 핀란드인도 오랜 기간 기근을 공유했고 최근 여름 세미나를 했던 모라의 작은 마을에서는 고대 스웨덴 왕인 구스타프 바사의 투쟁의 영향을 분명히 느꼈다.

소시오드라마 작업은 단순히 역사적 사건을 재연하는 역할극을 능가하는 것으로서 CNN에서 본 비극적 뉴스를 동정적으로 이해하는 것보다 사람들에게 더 강한 영향을 미친다. 그것은 집단 트라우마 사건으로 집단 대다수는 감정적으로 연관될 수 있다. 우리 모두는 희생자들의 죽음에 대한 공포와 생존한 가족의 슬픔을 느낄 수 있었다. 우리가 이 역사를 함께 직면했을 때 분명해진 것은 우리도 우리 자신이 손대지 않은 깊은 부분을 직면했다는 점이다. 그러한 순간에서 우리는 문화적 유산에 상관없이 모든 인류의 공동성에 둘러싸여 연합된다.

집단 트라우마 사건

외형적으로 모든 집단 트라우마는 인류 역사에 어두운 그림자를 남긴다.

가까운 과거와 오래된 역사에서 주요한 트라우마적 사건이 전 세계 모든 나라에서 발생하였다. 그러한 사건들은 자연재해(예 : 홍수, 지진, 폭풍, 기근, 질병, 쓰나미 등)나 인간이 고의적으로 일으킨 것(예 : 전쟁, 폭탄 테러, 집단 학살 등)에 기인할 수 있다. 게다가 대형 화재, 선박 및 항공기 사고 등과 같이 고의가 아닌 인간재해도 있다. 재앙이 발생한 지역사회 내의 유사성을 강조하기 위해 이러한 재앙 중 일부를 아래에 언급했다. 이러한 나라에서 일하는 소시오드라마 연출가는 아마도 현존하는 영향을 느낄 것이다.

종종 사건의 심각성은 재앙으로 인한 사망자의 수로 평가된다. 이 범주에 따르면 가장 엄청난 자연재해는 아마도 14세기 중반 유럽 전체 인구의 약 1/3을 앗아 간 대역병일 것이다. 하지만 최근 역사에서 가장 치명적인 재앙은 아마도 30만 명 이상의 사망자를 낸 쓰나미를 유발한 2004년 인도양 지진일 것이다.

페루(1970), 이란(1990, 2003), 아르메니아(1988), 타이완(1999), 과

테말라(1976), 인도(1993, 2001), 칠레(1960), 터키(1999), 일본(1995), 파키스탄(2005)의 최근 지진에서 또한 각각 1만 명 이상의 사망자가 발생했다. 큰 홍수를 동반한 극심한 기후가 중국과 베트남에서 있었고, 2005년 미국에서의 황폐화가 수백만 명의 사망자를 냈다. 이에 비해 2003년의 유럽 열파는 약 3만 5,000명의 사망자를 냈다.

또한 엄청나게 많은 사람이 천연두, 스페인 독감, 에이즈와 같은 접촉성 감염으로 사망했다. 게다가 중국, 인도, 극동, 아프리카의 대규모 기근은 수백만 명의 기아를 일으켰다.

규모가 작은 재앙으로는 사고로 인한 화재로 사라져 간 수백 명의 사람들을 말할 수 있다. 예를 들면, 1998년 스웨덴 예테보리의 한 디스코텍에서 발생한 화재로 63명이 사망했으며 많은 사람이 부상을 당했고 지역사회에 깊은 상처를 남겼다. 이와 유사하게 탄광, 탄약 집적소, 가스 시설, 공장 등의 폭발과 비행기 충돌과 같은 사고로 많은 사람이 사망했다. 최근의 사례로는 1988년 로커비에서 팬암 103기와 롱아일랜드에서 1996년 TWA 800기를 들 수 있다. 오늘날 많은 사람이 비행기를 이용하기 때문에 일반적으로 이러한 재난의 희생자들을 강조하기가 쉽다. 해양 사고 또한 수백 명의 인명 피해를 냈다. 가장 유명한 사고 중 하나는 타이타닉 호로 1912년에 침몰하여 1,518명이 익사했다. 최근에는 MS 에스토니아 호가 발트 해에서 침몰하여 852명이 사망했다. 또한 우주선 사고도 있는데, 2003년의 콜롬비아 우주선 사고와 같이 전국을 강타할 수도 있다.

이러한 자연재해 및 사건 사고들은 분명 희생자들의 가족에게는 엄청난 비극이지만 이는 또 다른 누군가의 위에 군림하고자 하는 사람들이 의도한 폭력 행사로서 예방할 수 있는 사건이었다. 우리는 우리

시대 최악의 잔악한 행위 대부분에 대해 반드시 창피하게 인식해야
한다.

　의심할 여지없이 인간이 만든 가장 치명적인 재난은 제2차 세계대
전이다. 질병과 기근 및 잔혹 행위, 전투에서 죽은 병사들, 나치 집단
수용소에서의 집단 학살을 포함하여 1937~1945년 사이의 끔찍한 전
쟁에서 5,500만 명의 사람이 죽었다. 두 번째로 치명적인 사건은 아마
도 중국의 문화대혁명으로, 당시의 기근을 포함하여 마오쩌둥의 통치
기간(1949~1976) 동안 약 4,000만 명의 사람이 죽었다. 세 번째는 스
탈린 지배(1924~1953) 아래 소련의 공산주의 정권에 의해 발생한 잔
악 행위로 약 2,000만 명의 사람들이 사라졌다(우크라이나의 기근 포
함). 반면 제1차 세계대전 동안 약 1,500만 명의 사람이 죽었고 베트남
전쟁(1945~1975) 동안 약 300만 명의 사람이 죽었다.

　이러한 모든 전쟁 후 이보다 평화에 대한 갈망이 더 컸던 적이 없다.
하지만 마치 인간은 과거에서 아무것도 배우지 못하는 것처럼 여러 곳
에서 폭력이 자행되었다. 대량 하산 협정이 효력을 갖게 된 때인 1951년
1월 12일 이후에도 동벵골(동파키스탄, 1971), 부룬디의 후투 족에 의
한 선택적 대량 학살(1972), 캄보디아 크메르루즈의 도살과 대량 학살
(1975~1979), 과테말라 마야 고원에서의 대량 학살(1981~1983), 이
라크에 의한 쿠르디스탄에서의 안팔 군사 작전(1987~1988), 보스니
아-헤르체고비나에서의 보스니아 모슬렘에 의한 세르비아 인종 청소
(1992~1995), 그리고 르완다에서 투트시 족에 대한 아카주 후투 족의
권력 대량 학살(1994)과 같은 많은 새로운 대량 학살이 계속되었다.

　아프리카에서는 르완다에서 투트시 족과 후투 족 간의 끔찍한 대량
학살의 기억은 생생할 뿐만 아니라 여전히 우간다, 수단 그리고 다른

아프리카 국가들에서의 전쟁이 전 지역사회에서 발생하고 있다. 인종 차별 시대 또한 남아프리카의 국민들의 마음에 여전히 남아 있고, 중국 사람들은 아직도 1937년 난징대학살 동안 발생한 잔악 행위에 대한 일본 교육 체계 내의 인식 결여에 화가 나 있다. 그 끔찍한 사건에서 일본 군대는 25만 명 이상의 중국인을 죽인 대량 학살에 계획적이고 조직적으로 가담했다. 이와 유사하게 지구 상 수백만의 아르메니아 사람은 1915~1923년 대량 학살의 상처를 가지고 있고, 세상이 진실에 직면하려고 하지 않기 때문에 여전히 그 상처는 벌어져 있다(Kalayjian et al. 1996).

요약하면 스톡홀름 국제 평화 연구회(SIPRI)의 통계에 따르면 현재 약 30개의 무장 충돌이 진행 중이며 그 수는 1986년 이후 다소 지속적으로 남아 있다. 불행히도 다양한 충돌의 생존자들에 대한 장기간의 결과로 매일 새 트라우마가 발생한다.

상당히 새로운 테러의 현상은 또한 수만 명의 희생자를 만들어 냈다. 이제까지 있었던 테러 공격 중 가장 치명적인 것은 거의 3,000명의 사망자를 낸 2001년 9월 11일 발생한 일련의 미국 테러였다. 이러한 테러는 미국에 집단 트라우마를 준 것만이 아니라 전 세계에 영향을 미쳤다(Pyszczynski, Solomon & Greenberg 2003). 테러 일 년 뒤 아윱(2002)은 세상이 어떻게 변했는지 관찰했다.

더 높은 교육을 지향하는 이 기관이 자랑하는 지적 이해마저도 세계 무역센터로 돌진하는 비행기의 이미지나 자라나는 9월 11일의 악독함에 대한 인식을 우리의 마음에서 지울 수 없을 것이다. 우리의 삶은 변했다. 우리가 느끼고 생각했던 많은 것(예 : 눈물 뒤에 따라온 멍한 고

요함, 시간이 멈추었거나 방향을 바꾼 것 같은 느낌, 떠다니는 느낌, 벗어난 느낌)은 다시 안전을 찾으려고 노력함에 따라 우리를 '생존'하게 도와준 적응적이고 보호적인 대처 전략이었다.

미국 국민에게 있어서 9월 11일은 대공황, 진주만 공습, 극단적 반공운동, 쿠바 미사일 위기, 케네디와 마틴 루터 킹 저격 사건, 베트남 전쟁, 그리고 워터게이트 사건과 같은 20세기 재앙에 대한 기억을 되살렸다. 좀 더 멀리 보면 여전히 미국 사회에 영향을 주고 있고 최근에 더 관심을 받는 미국 역사의 다른 주요한 트라우마적 사건이 있다. 첫째는 1492년 이후 최소 200만 명 이상의 인디언을 살해한 사건이고(Manson et al. 1996), 둘째는 16~19세기에 노예로 삼은 600만~6,000만 명의 아프리카 흑인을 죽인 사건이다. 아이어먼(2002)에 따르면 노예는 오늘날 모든 아프리카계 미국인의 의식 속에 여전히 영향을 미치는 문화적 표식이 되었다. 미국 시민전쟁(1861~1865)에 더하여 이러한 역사적 사건들은 오늘날까지 미국 사람들이 집단 무의식의 모습을 만들어 온 것이 확실하다.

시민을 목표로 하는 테러 공격은 일상적 현상이 되었다. 우리는 정기적으로 마드리드, 이스탄불, 발리, 이스라엘, 영국, 아일랜드, 그리고 다른 여러 곳의 비행기, 열차, 대사관, 호텔, 버스에서 발생한 잔인한 테러를 목격한다. 그러한 사건들은 직접적이고 즉각적인 사망자 수와 많은 부상자뿐만 아니라 많은 사람이 경험하는 더 넓게 퍼지는 공포감으로 영향을 미친다. 예를 들면, 2004년 러시아 베슬란학교에 대한 공격은 많은 어린이와 청소년을 잃은 그 작은 마을뿐만 아니라 그 사건으로 심하게 충격을 받은 러시아의 전체 국민에게도 깊은 절망감을 안겨 주었다.

　물론 집단 트라우마는 나라 전체가 죽은 사람들을 애도하는 기념일에 더욱 느껴진다. 2006년 5월 2일의 전몰 장병 기념일에 이스라엘은 나라를 지키다 전사한 2만 2,123명의 군인과 1,358명의 테러 공격의 희생자를 추모했다. 또한 1968년 이후 테러 또는 반유대주의 공격으로 죽은 약 200명의 유태인도 추모했다. 이스라엘에서 테러 공격, 자살 폭탄 또는 사살 난동은 가정, 버스, 거리, 결혼식, 디스코텍이나 피자 가게, 분주한 시장이나 조용한 이웃의 무고한 시민을 목표로 한다. 어느 곳이든 언제라도 공격당할 수 있다. 이스라엘 사람들에게 있어서 테러의 공포와 고통은 이제 일상의 일부가 되었다. 비록 사람들은 여전히 평상시대로 이동하지만 공격의 영향은 천천히 수위가 높아지고 있다. 이스라엘 사람들은 지속적으로 '가장자리에서의 생활'을 하고 많은 사람이 언제든 폭탄이 또 터질 것이라고 우려한다. 많은 사람이 큰 소음이 나면 펄쩍 뛰고 거리에는 사람에 대한 높은 수준의 의심과 폭력이 있다. 희생자(엄마, 아빠, 형제와 자매, 아이들)의 가족 수천 명은 엄청난 슬픔으로 어려워하며 지속적인 감정적 고통으로 아픔을 겪는다. 모든 이러한 집단 애도는 이스라엘 사람이 된다고 하는 의미로서의 일부분이며 구획이 되었다(Dasberg et al. 1987).

　오랜 기간 군사 독재가 있었던 라틴 아메리카에서의 무장 갈등과 압제 또한 그 지역 여러 나라 사회의 기초에 깊은 상처를 남겨 왔다. 마지막으로 옛 유고슬라비아, 터키, 그리스 그리고 옛 소련 사이에 (또한 내에) 긴장이 남아 있다.

트라우마에 대한 집단 반응

트라우마란 단어는 원래 신체 조직의 한계점을 나타내는 외과 개념으로 사용되었다. 후에 보통의 인간 경험의 영역 밖에서의 큰 불행을 경험한 사람들의 삶 속에서의 심리적인 한계점에 대한 은유로 사용하게 되었다.

트라우마적인 사건을 적절하게 극복하지 못하는 사람들의 일반적인 반응은 외상 후 스트레스 장애(PTSD)의 증상으로 요약된다. 이 상태는 염려와 우울뿐만 아니라 여러 다른 감정적 혼란과 정신적 고통의 증상으로 구성된다. 사람은 계속적으로 트라우마를 재경험(생생한 기억과 악몽)하면 외부 세계에 대한 흥미를 잃게 되고 극도의 조심성과 수면장애 같은 다소의 신체적인 증상으로 고통받게 된다(American Psychiatric Association 1994).

> 흔히 일어난 일을 기억하려고 하는 것과 잊으려고 하는 모순된 노력이 있으며 깅빅직인 빈복 행동으로 트라우마적 사건에 접근하려 하기도 하고 피하려고도 한다. 계속해서 도는 부서진 레코드처럼 간섭적으로 경험한 이미지와 고통스러운 기억들은 그것을 피하고 생각하지 않으려는 의식적 노력이 있음에도 계속 돌아온다. 일종의 내적 균형과 감정적 평정을 다시 찾기 위해 필사적이고 대개는 헛된 노력이 시도된다. (Kellermann 2000, p. 24)

트라우마에 관한 개인적인 관점은 전쟁과 재난 후에 대부분의 공공 개입 데이터 수집 과정을 안내한다(Erickson 1994). 예를 들면, 국제 적십자사는 정기적으로 미시적 수준에서 개인과 소집단 그리고 가족이 겪는 전쟁의 영향에 대한 정보를 수집한다. 하지만 사회적이고 거시적인 관점에 대한 전반적인 사회가 받는 거대한 충격의 영향에 대해서는 거의 고려하지 않는다. 게다가 개인적 트라우마(de Young 1998)에 대해서는 서적으로 잘 문서화되었지만 전체 사회에 대한 심리적 영향을 가지는 집단 트라우마는 지금까지 연구되지 않았다.

하지만 이런 상황은 변하기 시작했고 오늘날에는 특별히 이 분야를 연구하는 광범위한 정치 과학자나 사회학자들이 있다. 예를 들면, 1995년 수상인 이츠하크 라빈의 암살에 대해 이스라엘 대중이 받은 영향을 연구한 베르츠베르거(1997)는 사건의 중대함과 즉각적 반응의 정도에도 불구하고 그 영향은 오래가지 않았다고 결론지었다. 집단 정치적 충격에 대한 그의 정의는 미국 정신과 협회(1994, pp. 424-425), 에릭슨(1994, p. 230), 야노프 불먼(1992, p. 59), 그리고 무어와 파인(1990, pp. 199-200)의 이전 작업에 기초했다. 베르츠베르거(1997)에 따르면 다음과 같다.

> 집단 정치적 트라우마는 파괴적이고 대개 지역주민(개인이나 소수의 구성원이 아니라)에게 영향을 미치며 정치적 성향을 가지고 있으며 정치적 중요성을 가지는 인간 행동을 낳는 폭력적 사건이다. 그러한 사건은 부정 기제에 자리를 주지 않고 참여자와 관찰자의 모든 심리적 방어 장벽에 침입하여 한 번의 날카로운 공격으로 부상을 입힌다. 따라서 이용당하기 쉽고 연약한 날카로운 감정에 영향을 미친다. (p. 864)

유사한 많은 연구가 출간되어 왔고 현재는 트라우마에 대한 집단적이고 문화적인 반응을 살펴보는 중요성(de Vries 1996)이 이전보다 훨씬 더 많아졌다. 사실 지역사회는 발전을 위한 많은 치료를 기대하기 때문에 재난에 대한 인간 반응을 지도화(mapping)할 때 그러한 집단 반응에 초점을 맞추는 것은 중요하다.

지금은 UN 국제 재난 감소 전략(ISDR)과 재난 관리 교육 계획 및 훈련원(ADEPT)과 같이 주요 재난 후에 즉각적인 심리적 지원과 상담을 제공하는 국제 구호 기관들이 많다. 예를 들면, 최근의 아시아-태평양 쓰나미 이후 수일 만에 거의 모든 사람이 심리적 트라우마의 증상을 보였지만 자리 잡지 못한 사람들의 신체적 트라우마는 최소화되었다는 것이 분명해졌다. 그 결과 ADEPT는 피해를 입은 사람들에게 지역사회 수준에서 심리적 지원을 제공하기 위해 수백 명의 지역사회 상담자들을 훈련시켰다.

그러한 집단 트라우마를 지도화하는 데 있어서 우리는 여러 문제에 대한 답을 찾으려고 노력한다. 어떻게 이 특정한 사회가 스트레스가 많은 시간에 반응하는가? 무엇이 집단 트라우마를 더욱 또는 덜 심하게 만드는가? 이 충격을 극복하는 데 무엇이 그 사회를 더욱 또는 덜 어렵게 만드는가? 무엇이 상황을 악화시키고 완화시키는가?

이러한 문제에 답하려는 시도에서 우리는 생존자가 경험한 충격의 심각성과 감정적 고통의 양을 4개의 P로 요약할 수 있다는 점을 깨달았다. (1) 예상 가능성(Predictability)과 준비(Preparation), (2) 예방 가능성(Preventability), (3) 목적(Purpose), 그리고 (4) 주기 기간(Periodic duration)이다.

우선 이미 특정한 트라우마에 피해를 입은 지역사회는 다시 일어날 수 있다는 가능성을 준비할 것이고 다음번 재앙에 대비하기 위해 다양한 자원을 이동하려고 노력할 것이다. 따라서 두 번째 재난이 오면 덜 혼란스럽고 덜 놀라게 된다. 둘째, 우리가 미리 경고 표시를 보고 재난을 예방할 수 있었다는 것을 알게 된다면 사건이 더 충격적으로 보인다. 몇몇 주요한 해상 재난이 예방할 수 있었던 트라우마의 예이다. 자연적으로 이러한 점은 재난 발생을 예방하는 데 실패한 정부에 대한 희생자 가족들의 커다란 분노를 불러온다. 이것에 근거하여 트라우마가 고의적인 목적으로 발생하면 사람들은 심지어 더 화를 내게 된다. 집단학살은 한 집단의 사람들이 고의적으로 다른 사람들에게 트라우마적인 반응을 더 악화시키려고 이루어진다. 마지막으로 트라우마에 노출된 기간에 따라 사건을 더 또는 덜 심각하다고 분류할 수 있다. 따라서 아주 짧은 기간 단 한 번만 발생한 사건들은 축적된 또는 연속적인(위험한 시기에 오랫동안 스트레스에 지속적으로 노출되는 것처럼) 사건보다 덜 고통스러운 것으로 간주된다.

그러나 이러한 완화와 악화하는 상황은 일반적으로 이보다 더욱 복잡하다. 베르츠베르거(1997)는 다음과 같이 관찰했다.

피할 수 있는 사건이라고 보면 피해를 입은 지역사회의 구성원들은 통제의 상실에 대한 후기 트라우마에 대한 염려와 미래에 유사한 트라우마적 사건이 반복될 가능성을 더 잘 이겨 낸다. 그들은 위험을 미리 안다고 느끼기 때문에 자신들의 환경을 통제하고 추가적인 재난을 예방하는 데 유리한 위치를 점유한다(Foa, Zinbarg & Rothbaum 1992; Verzberger 1990, pp. 116-117). 그러한 믿음이 합리적인 가정에 근거할 필요는 없지만 희망을 유도하고 절망감이 만들어내는 절망과 무관심을 줄인다. 통제력의 기대는 장래에 같은 종류의 사건을 예방하기 위한 대책 준비와 재난이 발생할 때 그 결과들을 계획적으로 다루는 일에 인센티브를 제공한다. (Suedfeld 1997, p. 870)

이러한 예비 관찰에도 불구하고 우리는 여전히 사회에 대한 트라우마의 광범위한 영향을 이해하는 일에 단지 시작 단계에 있다. 게다가 생존자에게 발생하는 감정적 고통의 면에 있어서 적절한 비교를 할 수 없다는 결론을 내려야만 한다. 바우어는 이에 대해 이렇게 말했다(2001).

인간의 고통은 등급을 매길 수 없다. 베르된에서 다리 하나와 폐를 다친 한 병사가 고통받고 있다. 어떻게 이것을 히로시마를 견뎌낸 일본 국민의 공포와 비교할 수 있겠는가? 면전에서 남편과 아이들이 죽는 것을 본 아우슈비츠의 로마 여성의 고통을 동일한 경험을 한 같은 수용소의 유태인 여성의 고통과 비교하여 어떻게 측정할 수 있겠는가? 인간 고통의 극단적인 형태는 비교할 수 없고 그 누구도 어떤 대량 살인이 다른 것보다 '덜 끔찍하다'거나 심지어 '더 낫다'고 말할 수 없다. (p. 13)

하지만 우리가 아는 것은 대부분의 지역사회에서 일어나는 주요한 재난에 대한 집단 반응에 공통적인 단계들이 있으며, 이런 단계들은 다른 문화에서도 상당히 일반적이라는 것이다.

집단 트라우마의 단계

집단 트라우마는 독특한 과정을 따른다. 특정한 트라우마적 사건의 역사 속에서 우리는 보통 트라우마 반응의 6단계를 발견할 수 있다.

1. 실제 사건의 발생(트라우마 단계)

2. 사건 직후의 시간(반응 단계)

3. 사건 후 수 주 또는 수개월 후(극복 단계)

4. 사건 후 여러 달이나 수년(장기간 영향)

5. 사건 후 여러 세대(트라우마의 세대 간 전송)

6. 사건 후 수 세기(인간 역사에 대한 트라우마의 보편적 영향)

이러한 단계들은 전체로서의 집단에 발생함에도 불구하고 개인이 겪은 위기 또는 애도의 과정을 설명하는 것과 매우 유사하다.

때때로 트라우마 단계라고 불리는 트라우마적 사건의 첫 번째 단계 동안에 혼돈과 무질서가 있으며 무슨 일이 일어나고 있는지 전체적으로 이해하고 인식하지 못하게 된다. 이는 첫 번째 대응자(경찰, 소방관, 응급의료 팀, 그리고 필요하다면 군인)가 자신의 기술을 실행할 때이다. 대개 정부에 의해 고용된 이런 첫 번째 대응자들은 대참사에 대한 사회의 준비성 정도를 보여 주며 필연적으로 정치 지도력의 기능을 또한 보여 줄 것이다.

매우 스트레스가 심한 사건에 노출된 지역사회는 이에 압도당하고 감정 및 인지 혼란의 상태에 빠지게 된다. 이런 격렬한 상태에서 사람들은 무감각과 불신 또는 광란과 정신적 에너지의 붕괴를 경험한다. 예를 들면, 폭탄 테러 중에 현장에 응급 요원이 도착하여 그 사건을 정확히 평가할 때까지 광범위한 혼란이 있다. 전쟁 중에 발생하는 것과 같이 더욱 장기적인 재난의 경우 심리적 반응은 대개 더 생명을 위협하는 염려가 강조될 때까지 미루어진다.

혼란과 인지의 결여는 대중의 염려를 악화시키기 때문에 빠르게 일반 대중에게 정보를 전달하는 미디어의 역할은 무척 중요하다. 그러한 정확하고 '균형 잡힌' 미디어 보도는 이 첫 번째 트라우마의 단계를 확실히 감소시키는 것으로 알려졌다. 따라서 이 치명적인 첫 번째 단계 동안 적절하고 '민감한' 미디어 보도는 사건에 대한 다양한 대중의 반응에 분명히 영향을 미친다. 예를 들면, 대중에게 테러 공격의 공포 이미지를 전송하는 것은 집단 히스테리와 심한 테러리스트의 관심을 끌 수 있기 때문에 오늘날 대부분의 TV 방송국들은 섬뜩하고 무서운 장면들의 직접적인 노출을 가능한 최소화해서 대중이 트라우마에 빠지지 않게 한다. 정확하게 사용하면 텔레비전은 스토셀(2001)이 지적하는 것처럼 대중의 집단 치료에도 기여할 수 있다.

일반적으로 텔레비전의 가장 큰 약점(교묘하게 감상을 이용하려는 경향)은 이 국가적 트라우마로부터 회복하려는 것을 도울 수 있다는 점을 증명할 수도 있다. 챌린저 호 폭발과 오클라호마 시의 폭파 이후 많은 경우에 미디어는 저속하고 값싼 드라마를 찾는 희생자 가족의 개인적 반응에 관음주의자처럼 접근했다. 하지만 9.11 테러 이후 일주일 내에 또 다른 감정적 자극제처럼 보였던 주요한 섬뜩함은 이 경우 로어맨해튼병원에서 실종된 사랑하는 사람들을 (헛되이, 슬프게) 찾는 사람들의 마음을 비통한 이야기로 바꾸었고 유용한 사회적 기능을 실제로 제공하고 있었다. 그러한 장면이 보기에 고통스러운 만큼 그리고 나를 불편하게 만드는 만큼, 텔레비전 리포터는 심리분석가와 슬픔 상담자(그들 중 많은 사람들이 신실하게 감정을 스스로 극복)로서 일하고 있었고, 이러한 이야기를 보도하는 것이 희생자의 가족들이 상실된 희망을 감당하고 슬퍼하는 것을 시작하게 도와주는 것으로 보였다. 또한 이러한 이야기를 듣는 것은 단순히 추상적으로 깊이를 알 수 없는 공포였을 비극이 살아 있는 실체가 되도록 돕는다. (p. 35)

사건에 반응하는 즉각적 영향의 두 번째 단계에서 무슨 일이 일어났는지 인식하고 피해를 평가하려고 시도하며 손상과 파괴에 감정적으로 반응하기 시작한다. 그들은 자신이 살았다는 것을 깨닫고 이제 사건의 비참한 영향을 극복해야만 한다. 사람들은 사건을 야기한 대상이나 충분한 보호를 하는 데 실패한 지도자를 향해서 저항, 두려움, 그리고 격분의 감정을 표현하기 위해 자발적으로 함께 뭉칠 수도 있다. 집단 반응은 감정적(다시 발생할 수 있다는 두려움), 인지적(무슨 일이 벌어졌는지 이해하지 못함), 그리고 행동적(재난 사건을 기억나게 하는 모든 것을 피함)일 수 있다.

이 단계 동안 단순히 생존자들과 함께 앉아서 이야기하고 들어주며 그들의 손상의 일부분이 되는 것이 중요하다. 예를 들면, 쓰나미 이후 생존자들은 자신들을 공감해 줄 지역사회의 누군가를 필요로 했다. 지역사회 상담자들은 그들이 빼앗긴 가족에 대한 슬픔을 표현하고 아이들을 놀이로 대해 주고 '자연의 선함', '쓰나미는 일시적이다', '우리는 승리하리' 등과 같은 주제로 재연 연극, 시 쓰기, 노래 부르기, 춤과 음악 등과 같은 상호적이고 창조적인 활동을 기획하여 지원하였다. 이에 더하여 그들은 공공 교육과 쓰나미의 본성 인식과 특정한 문제 해결 그리고 지원적 활동을 제공했다.

트라우마적 사건에 이어지는 즉각적인 기간은 회복의 과정에 있어 치명적인 시간이다. 이 시간 동안 트라우마적 사건의 인지적 처리 과정을 따라서 트라우마의 이야기가 생성되고 세워진다.

이러한 모든 요인은 피해를 입은 사람들의 극복 능력에 영향을 미친다. 탄력이 있는 사회는 문제를 강조하기 위해 한 발자국 물러서고 다른 사람들의 도움을 구하며 지역사회에 참여하고 서로 돕도록 구성원들에게 동기부여할 수 있을 것이다. 이 단계 중에 통제감을 보여 줄 수 있는 다양한 인적 자원을 참여시키는 것이 현명하다. 이전에 다른 여러 위기를 극복했던 경험이 있는 사람들은 긍정적이고 미래 지향적인 전망을 격려하며 사회 내에서 더 이용당하기 쉬운 사람들을 도울 수 있는 사회적 지원 네트워크를 개발하도록 도울 수 있을 것이다.

자연적으로 모든 대재앙 사건은 국가의 분위기와 그 나라의 계속적인 국가 정체성에 영향을 미칠 것이다. 트라우마는 사회 결속의 가장 기본적인 구조를 흔들기 때문에 사람들을 함께 모으고 나누는 직장에는 구심력과 원심력 둘 다의 영향이 있어야 한다. "공공의 적에 대항하여 우리는 연합할 것이다."라는 느낌을 표현하는 목소리 외에도 유해한 사건에 저항하고 비난하는 것을 강조하는 다른 목소리도 있을 수 있다. 다양한 종류의 지도자(정치적이고 종교적인)들은 때때로 자신의 목적을 위해 강력한 사회적 과정을 사용할 수 있을 것이다.

볼칸(2001)에 따르면 이 단계에는 좋거나 나쁜 것이 아니라 트라우마에 불가피하고 필수적으로 반응하는 내재적인 사회활동 복귀와 같은 것이 있다. 9.11 이후의 사건들로 설명된 것처럼 이 시기 동안 집단과 지도자들의 주요 과제는 저들이 공유한 집단 정체성을 유지하고 보호하며 수정 또는 수리하는 것이다.

사건 후 수 주 또는 수개월이고 여러 해 동안 지속되는 트라우마의 이 세 번째 단계(극복 또는 파괴)의 결과는 보통 예상하기 어렵다. 고통스러운 사건을 적절하게 다루는 것은 지역사회마다 능력이 무척 다르기 때문에 이 단계는 자기 성찰로 특징지어진다. 지연된 반응들은 사회에 압박을 가하며 각 사회가 분열되기 전에 얼마나 수용할 수 있는지에 대한 일종에 '한계 시험'이 있다.

각 지역사회의 사회 구조는 단지 특정한 분량의 스트레스만을 극복할 수 있다. 대부분의 사회는 자신들의 손상을 통해 일하고 새로운 실체에 다시 적응할 수 있지만 어떤 사회는 고통스러운 경험을 적절히 통합할 능력이 없기 때문에 분열의 상태에 머무를 수 있다. 공공의 적에 대항하는 전쟁과 같은 시기에 더 많은 사회적 지지와 결합력이 있다면 더 적은 신경 쇠약, 자살 그리고 집단 트라우마의 징후가 있는 것으로 보인다.

하지만 때때로 언제 지역사회가 나아가야 하는지 또는 사건의 과정 속에 머물러야 하는지에 대한 의문이 있을 수 있다. 앞으로 나아가는 것은 고통스러운 결과의 처리를 피하기 위해 그 사건에 대하여 잊으려고 노력하는 것을 의미할 것이고, 만약 그 사회가 실체에 직면할 수 없다면 애초에 사건이 일어났다는 사실 자체를 부정하게 된다.

트라우마를 통하여 일하는 과정에서 대부분의 사회는 이 단계 중에 사건의 실제 피해자, 전쟁의 용사와 고문 피해자 그리고 대량 학살의 피해자들을 피하는 경향이 있다. 많은 사회에서 죽음에 직면하고 사회를 위해 높은 개인적 희생을 지불한 사람들이 이 시기 동안 자주 사회의 추방자로 취급될 수 있다는 점은 매우 중요하다. 그들은 외면당할 뿐만 아니라 심지어 감춰지고 거절당하며 많은 사람들을 불안하게 하는 수치와 약점의 메시지를 수반하기 때문에 자신의 경험을 비밀로 간직하게 된다. 이 인식의 시간 동안 사회가 트라우마의 기억을 의식(그리고 경험)으로부터 몰아내기를 원한다는 것은 보편적 (하지만 불공평한) 현상으로 보인다(Gray & Oliver 2004). 그러한 집단 억제의 결과로 트라우마적 사건으로부터 점차적으로 거리를 둔다고 착각하고 사람들은 아무 일도 없었다는 듯이 행동한다. 대신 그들은 파괴된 것을 재건하고 죽은 가족들을 재탄생시키는 것과 같은 실제적인 문제에 사로잡힌다.

소련 공산주의 정권의 지도자들은 곤란한 과거 역사를 대중의 관점에서 지워 버리는 데 세계 챔피언이었다. 역사적 사실을 가지고 노는 것으로 악명 높은 그들은 전제주의 추종자나 공산당원의 단순한 변덕으로 사람들의 이름과 얼굴을 지워 버렸다. 지도 권력은 역사책에서 사람들이 아는 것을 원치 않는 사실, 사건, 이름을 그저 지워 버렸다. 예를 들면, 흐루시초프는 스탈린을 비난하며 제거했고 브레주네프는 흐루시초프를 전복하고 제거했으며 1991년 궁극적으로 소련의 붕괴를 가져온 자유 변화를 시작한 고르바초프는 브레주네프를 제거했다.

비극적 역사를 덮는 것은 단기간의 긍정적 효과가 있을 수 있지만 이 집단 억제의 뒷면에는 이것이 유사한 장래의 사건들에 대한 준비와 과거로부터 학습하는 것을 방해한다. 그 결과 각 두 번째나 세 번째 세대는 누적되는 집단학습 과정이 없었던 것처럼 전에 있었던 실수를 반복하게 되는 것으로 보인다.

5년 또는 10년 후에 시작하여 5년이나 그 이상 지속하는 트라우마의 4번째 단계에서는 장기간의 영향이 개인과 사회 내에서 점진적으로 또는 갑자기 재등장한다. 명백한 침묵 기간 이후에 트라우마의 기억이 묻히거나 '창고에 저장'되면 그것은 갑자기 강력한 힘을 가지고 폭발한다. 이는 때때로 충분히 해결되지 않았던 오래된 사건을 생각나게 하는 새로운 충격과 같은 촉발 사건의 결과로 발생할 수도 있다. 다른 경우에는 일반적 시대정신이 덜 감정적인 방식으로 역사적 사건을 취급할 만큼 성숙하게 만들기도 한다. 유태인의 집단 트라우마인 대학살은 60여 년 전에 발생했음에도 불구하고 점진적인 폭발의 과정을 보여주는 좋은 예이다.

집단 트라우마의 5번째 단계에서 생존자들의 자녀에게 트라우마의 세대 간 전이의 표식이 나타날 것이다.

갈등의 세대 간 관점에 대한 구 유고슬라비아의 클라인(1998)은 자신의 논문에서 가족, 초자아, 포크송, 문학, 신화, 교회 그리고 종교와 같은 '중재자'를 통한 미움과 분노, 복수와 죄책감의 전이라고 설명했다. 이러한 이차적인 집단 트라우마에서 그 영향은 일차적인 트라우마의 영향과는 명백히 근본적으로 다르다. 이는 중요한 요인인 대참사적인 사건이 아니라 장기간의 사회화 과정으로 트라우마적 '내용'은 후손의 의식적 또한 무의식적인 마음에 새겨진다(Kellermann 2001b).

감염되는 질병처럼 집단 트라우마는 부모에게서 자녀로 또는 지역사회의 대다수로부터 모든 구성원에게로 전이된다. 슈첸베르거(2000)는 이러한 전이가 가족 내에서 형성된 다양한 '보이지 않는 충절' (Boszormenyi-Nagy & Spark 1973)을 통하여 세대에서 세대로 어떻게 발생하는지를 설명했다. 개인의 감정적 가족 유산에 관하여 조명하기 위해 제노소시오그램(genosociogram)과 사이코드라마적 재연을 사용하여 그녀는 어떻게 '기념일 증후군(가족 저주의 일종)'이 원래의 트라우마 이후 많은 세대 후에 중요하게 다시 나타나게 할 수 있는지 보여주었다.

마지막으로 트라우마의 6번째 단계에서 우리는 때때로 대참사적인 사건의 보편적인 영향을 관찰할 수 있다. 이러한 일반화된 영향은 본질적인 문화적 표식의 일부를 평생 남기며 일반적인 인류에게 또는 특정한 인종 집단, 특히 국가적 실재에 영향을 미친다. 그러한 표식은 집단 신념의 고유한 부분이 되는 일반적인 문화의 전형을 포함한다. 그것은 또한 신화, 전통 그리고 모든 문명에 대한 전설의 일부다. 집단 기억이 구전 역사로 자신의 길을 찾아감에 따라 트라우마적인 사건은 노인에 의해 이야기되고 다시 이야기되며 문학, 법, 그리고 사회 구조 속으로 세대를 가로질러 앞으로 나가는 문화의 일부가 된다.

문화와 사회의 세대 간 기억에 관한 특별한 논문에서 페리(1999)는 트라우마의 기억은 가족 신화, 육아 실행, 그리고 신념 체계뿐만 아니라 개인의 신경생물학을 통해서 전달된다고 보았다. 이것은 과거의 그러한 요소를 앞으로 나아가기 위한 살아 있는 체계의 독특한 성질이다. 집단 기억은 수 세기에 걸쳐 세대에서 세대로 전달된 집단 기억과 연관된 신경생물학 메커니즘의 장치를 통해 제때에 자신의 역사를 전진하게 하는 아주 진정한 역동적 체계가 된다.

이러한 관점으로부터 우리는 비극적 사건과 재앙(수천 년간 축적된 트라우마 덩어리)의 커다란 편집물로서의 인간 존재의 집단 의식(collective consciousness)을 살펴볼 수 있다. 대부분의 이런 것들은 아마도 무의식의 어두운 나락으로 무시되지만 영향을 지속적으로 주고 때때로 소리를 내기도 한다. 이 장의 시작 부분에서 설명했듯이 그러한 오래된 트라우마적 사건의 유물은 인간의 내적인 삶 속에 침전물로 남는다. 우리의 피 속에 저장되는 것처럼 충격적인 과거 경험의 침전물은 어디든지 우리를 따라다닌다. 그것은 마치 박물관이나 서적 또는 묘지에 저장된 중요한 공예품, 기념품과는 다르게 무엇인가를 안전한 보관(고대 비극의 저장소)을 위해 저장하는 것과 같다.

집단 트라우마는 언제나 무의식적인 구형 내에 대부분 갇힌, 매우 정의하기 어려운 현상으로 남을 것이다. 그 결과 모든 집단 트라우마는 조만간 제3장에서 더 자세히 논의할 '집단 무의식'의 일부가 될 것이다.

집단 트라우마의 그 끔찍한 사건은 대부분 생존자들에게 일반적인 기억의 일부로 병합되고 저장되지 않을 것이며 오히려 계속되는 세대들에게 들려줄 보편적인 개인적 역사로 남을 것이다. 비극은 그들 자신의 다소 단편적인 부분으로 남을 것이며 인생사의 정상적인 흐름을 방해한 무언가로 남을 것이다. 소시오드라마는 집단 트라우마의 역사로부터 그리고 부과된 숨겨진 의제로부터 그것을 해방시키려고 노력한다.

몇몇 소시오드라마 회기는 단일한 회기에서 과거 비극의 전체 역사를 재창조할 수도 있다. 예를 들면, 우크라이나에서 있었던 최근의 한 소시오드라마 워크숍에서 집단은 사회적 대변동(오렌지 혁명)과 빅토르 유시첸코 대통령의 선거를 재연하였다. 하지만 회기가 진행됨에 따라 다른 사건이 표면화되었고 우리는 예전의 사회정치적 기반의 흔적을 찾고 있었다. 가장 분명했던 것은 소련과의 관계와 사람들이 심한 정치적 탄압을 받았던 72년간의 공산주의 기간 사이의 연관성이었다. 게다가 그 집단은 1,000만 명의 우크라이나 사람들이 굶어 죽었던 홀로도모르(Holodomor) 기근의 고통을 표현했다(이 기근은 제2차 세계대전과 나치 독일에 의한 점령 전에 발생했다). 따라서 모든 이러한 집단 트라우마적 사건의 후유증은 2005년에 단일 소시오드라마 회기에서 실현되었다.

사회치료

앞선 두 장은 집단 트라우마에 감정적으로 반응하는 것을 통하여 집단이 탐구하고 운영하도록 돕기 위해 소시오드라마가 어떻게 사용되는지를 논의했다. 이번 장에서 나는 더 큰 참조의 틀 안에 이 접근 방식을 놓고 이 책 전반에서 논의할 소시오드라마의 다른 적용들을 설명할 것이다.

초기 많은 사회학자들과 공통적으로 모레노(1953)는 아프거나 건강할 수 있는 유기체로 '사회치료(societry)'를 생각했다. 아픈 사회는 '사회치료'를 통해 치유받을 수 있는데 이는 개인적인 정신 질환을 치료하는 정신치료(psychiatry)를 다른 말로 표현한 것이다. 사회과학 내의 사회치료사들은 정신치료의 정신치료사에 해당하고 개인들의 집단은 정신병자라기보다는 '사회병자'가 될 것이다(Moreno 1953, p. 379). 일반적인 정신건강 치료를 이용하는 대신 사회치료사는 사회 분석(Haskell 1962), 임상사회학, 집단 심리치료, 그리고 특별히 소시오드라마와 같은 '사회적 방법'을 사용할 것이다.

사회에 대한 이런 생물학적 비유는 구식이고 '사회병리학(socio-pathology)'(Lemert 1951)과 같은 용어는 사회의 유기적 모델에 기반을 두지 않는 용어인 사회적 '붕괴'와 같은 용어로 대부분 대체되었다. 하지만 우리는 소시오드라마의 다른 적용으로 '치료'될 수 있는 몇몇 사회적 질환을 살펴보기 위해 이 의학적인 비유를 체험적 목적으로 계속 사용할 것이다.

그러나 '병든 사회'란 무엇인가? 고통이 있는 사회인가? 갈등하는 사회인가? 불균형인 사회인가? 우리가 이런 의료적인 사회병리학 모델을 적용해야 하는 집단 내 및 집단 간 범주는 무엇인가? 언제 이런 '사회병리학'의 상태를 정의하며 치료를 어떻게 시작해야 하나? 그리고 사회는 언제 '정상'이 되는가?

이런 질문에 답하기 위해 이 장은 사회에 대한 집단 트라우마의 유해한 영향에 근거한 사회병리학의 일반 이론을 제공하려고 시도할 것이다. 환자와 집단을 '우리'라고 하는 사회의 기본 아이디어에 대해 간략하게 논의한 후에 '집단정신'이나 '선택된 트라우마'와 같은 일반 이론에 속한 몇몇 관련된 개념을 정의할 것이다.

병든 사회

병든 것으로 묘사되는 사회는 평가나 진단을 반드시 거쳐야 한다. 사회에 대한 이런 정신건강 평가는 역사, 연령, 지리, 그리고 내적 및 외적 관계 꿈과 상상(또는 문화적 유산과 민속)의 더 심도 깊은 분석으로 이어지는 사회에 대한 일반적인 설명, 그리고 마지막으로 주요 불만과 증상에 대한 평가를 포함한다. 집단 트라우마의 현재 관점에서 우리는 최근 및 과거에 발생한 주요 재난에 특별히 관심을 갖고 이를 현재의 불만과 연결하려고 자연스럽게 노력하게 된다.

여러 사회병리학은 범죄, 인종 갈등, 실업, 중독, 빈곤, 지구온난화, 또는 정치적 혼란과 같은 고전적인 사회적 불만의 측면에서 주도될 수 있다. 게다가 사회적 질병은 사회 현상을 설명하기 위해 심리치료의 이론과 언어를 사용한다. 후자는 개인적 정신병 분류학과 유사한 방식으로 사회 현상을 진단하지만 이 틀에서는 사회적인 정신병리학으로 표현될 수 있다. 이 경우에 공중 스트레스, 집단 망상, 집단 불안, 또는 대중 정신병과 같은 용어가 사용될 수 있다. 결국 이런 설명적인 심리 사회적 용어는 인기 있는 문헌뿐만 아니라 전문적인 사회과학 문헌에서도 많이 사용된다. 예를 들면, 윌리엄스(2001)는 주요 정치적 변화나 갈등 또는 재난 후 정치인들의 결정 과정에서 고려되는 사회의 심리학적 기후를 관찰하는 그래프와 같은 시스템을 제안했다.

사회의 자화상 역시 진단될 수 있다. 예를 들면, 자신의 문화적 유산에 강한 유대감과 자긍심을 가진 인종 집단과 대면할 때 우리는 과도한 자아도취나 민족 중심주의적이라고 설명할 수 있다. 이 모든 것은 초기 평가에서 소시오드라마 전문가를 지원하는 자신만의 이론과 실행을 가지는 사회정치적인 프로필을 만들고 제시한 방식과 전략에 대한 합리성을 제공한다.

자연적으로 전체적인 집단으로서의 사회와 실제 삶을 연구하려는 모든 시도는 즉시 엄청난 수의 관점과 세부사항을 가진 우리와 직면하게 된다. 사회에서 어떤 일이 벌어지는지에 대한 전반적인 그림을 그리려고 시도하는 것은 정부, 학교, 병원, 고용, 교도소, 공중 커뮤니케이션(public communication), 대중 매체, 종교 기관, 이웃, 응급 서비스에 대한 정보를 축적하는 것을 포함하는 위협적인 수행이다. 모든 것이 계속 바뀐다는 사실은 추가적인 문제이다. 이러한 모든 요소와 상호관계를 설명하고 이해하려고 노력하는 것은 불가능한 작업이다. 따라서 무엇을 보아야 하고 언제 그런 평가를 해야 하는가에 대한 어려운 결정을 반드시 해야 한다.

이러한 선택은 독단적인 방식이 아니라 우리 작업의 기본 목적에 따라 안내를 받아야 한다. 사회에 대해 우리가 무엇을 알려고 하는지에 따라 몇몇 경우에는 경제적인 상황과 사회의 인구통계학과 같은 몇 가지만 아는 것으로도 충분하다. 그 이외의 경우에 우리는 그 사회의 구조를 깊게 파헤쳐야 하고 과거의 역사와 현대의 발전에 숨겨졌지만 독특한 패턴을 찾으려고 노력해야 한다. 예를 들어, 아동 학대와 같은 문제를 살펴보면, 고유한 가치, 도덕, 그리고 그 사회에 만연한 양육 방법에 대한 특정 집단 문화를 발견할 수도 있다. 또는 국가 정체성을 살펴보면 모든 문화석이고 종교적인 분파를 가진 공동체의 구성원이 되는 본질인 특정 사회의 '진정한 자체(true self)'를 정의하려고 시도할 수 있다.

어떤 사회는 더 자각적이고 철저하지만 어떤 사회는 자신의 목표나 동기를 전혀 인식하지 못하거나 무의식적일 수 있다. 어떤 사회에 강한 종교적 신앙이 두드러지면 대개 시민에게 큰 영향을 주는 자기 통제 또는 초자아 구조를 갖는 사회 시스템을 우리는 예상할 수 있다. 마찬가지로 특정 사회에 만연하는 관습과 전통은 구성원의 사회적 행동 대부분을 결정할 것이다. 이 행동은 그 사회의 일반적인 분위기를 우리에게 제공할 뿐 아니라 양육적인 환경으로 그 사회에 살고 있는 인간에 대한 느낌을 우리에게 제공할 것이다. 우리는 다음과 같은 질문을 할 수 있다. 어린이가 자라기에 좋은 장소인가? 또는 나쁜 장소인가? 가능성을 제공하는가 아니면 제한적인가? 소수자 및 보통 사람과 다른 사람을 수용하는가?

사회치료적인 평가 내에서 이런 질문에 답하는 것은 사회가 특정 사람이 적응하도록 하기 위해 무엇을 기대하는가, 얼마나 유연한가, 그리고 사회 및 공적 서비스가 어떻게 제공되는가를 관찰해 온 특정한 사회 구조에 대한 설명으로 끝날 것이다. 이런 현상의 설명은 지위와 역할, 역할 갈등, 사회 계급, 사회적 집단 등과 같은 용어를 사용할 수 있으며 우리의 개입이 가장 큰 영향을 주는 곳이 어디인지에 대한 실마리를 제공할 수 있다.

모레노는 사회의 이런 일반적인 평가를 어떻게 수행하는지에 깊이 관여했다. 그의 다양한 사회측정학과 집단 연구 프로젝트는 많은 사회적 과정을 연구하기 위해 세워졌으며 전반적으로 사람에게 얼마나 건강한 것인지에 초점을 맞추었다.

'우리'

이런 평가에서 주요한 문제는 우리가 평가하려고 하는 사회를 설명하는 것이다. 환자 집단은 누구인가? 우리가 특정한 집단에 속했다고 설명할 때 우리가 말하는 '우리'는 누구인가? 모임이나 함께하는 집단의 공통점과 특징은 무엇인가?

사회나 어떤 집단적인 것을 조사할 때 우리는 때로 소규모거나 대규모인 집단, 핵가족이나 대가족, 종족, 한 학급이나 학교 전체, 직장의 한 부서나 전체 직장, 한 공동체나 전체 마을, 한 국가나 국가 연합, 또는 지구에 있는 모든 인간의 전체를 의미한다. 이 모두는 공통적인 특성을 가진 사회로 보일 수 있고 집단 트라우마를 경험할 수 있는 집단적인 실체이다.

모레노에게 소시오드라마에서의 집단은 소집단보다는 더 큰 사회적 단위를 의미한다. 따라서 소시오드라마는 자신의 일상생활을 보여 주어 상호작용을 심도 있게 탐구하는 미시사회학적 수준이나 도시, 주, 그리고 전체 국가를 구성하는 것과 같은 대규모 조직의 경계 구조에 초점을 맞추는 거시사회학적인 수준에서 수행될 수 있다. 이런 수준에서 사회의 사회적 시스템을 설명할 때 소시오드라마 전문가는 인간처럼 행동하고 느끼며 생각할 수 있는 것처럼 집단에도 개별적인 역동성 개념을 적용한다.

사회학자들은 여러 공통 목적에 대한 결속에서 어떻게 전체 공동체가 함께하는지와 굳건한 동료 의식으로 서로 어떻게 결합하는지를 설명해 왔다. 대부분의 공통점은 이들이 집단적인 세계관을 공유한다는 사실에 기초한다.

우리가 '우리'라는 단어를 말할 때마다 우리는 우리 모두에게 공통적인 것을 의미한다. 그런 순간에 우리는 사람들의 집단을 결합하여 전체로 일반화한다. 하지만 우리가 집단을 '위해서'라고 말할 때는 마치 집단이 하나의 동기를 부여하는 힘을 갖는 것처럼 한 사람만을 말하는 것처럼 한다. 여러 재료로 샐러드를 만드는 것처럼 각자의 요소와는 필수적으로 다른, 종합된 혼합에 더해지는 특별한 차원이 있다. 이것이 '잉여 가치'이며 집단의 중심적 요소이다. 이 중심 요소는 일반적으로 사람 사이의 공통 분모이고 집단의 요소를 가장 잘 보여 준다. 예를 들면, 우리가 '영국'이라고 부르는 것에는 모든 특성과 의미를 포함한다. 이는 전쟁에 나가 자신의 국가를 위해 죽을 용의가 있을 때 영국 군인이 느낄 수 있는 소속감이고 인식이다. 볼칸과 이츠코비츠 (1994, p. 11)가 말한 '엄마'처럼 개인을 지키는 큰 천막과 같은 문화적 또는 집단적 정체성의 일부이기도 하다.

당연히 일본 사람, 미국 사람, 노르웨이 어부, 또는 '자신의 사람'에 속하는 것에 자부심을 느끼는 모든 집단도 마찬가지이다. 올림픽에서 '자신의' 팀이 메달을 획득했을 때 자부심을 느끼는 동포도 마찬가지이다. 수십만 년 동안 종족 사고방식은 사람들을 이런 잘 정의된 문화적 실체로 모델화해 왔다.

분명히 이런 집단 경향은 주요 재난이나 전쟁과 같은 다른 종족의 위협을 받을 때 강화된다. 이러한 경향은 집단의 국가적 화합력과 그들의 '우리'라는 느낌을 조성할 뿐만 아니라 외부적 위협에 사람들이 대처할 수 있도록 강화시켜 준다. 사실 집단 트라우마를 함께 견뎌 낸 집단은 '이런저런 끔찍한 경험을 이겨 낸 우리'라는 용어로 자주 묘사되는 높은 수준의 결속력을 갖는 상호관계라는 공통 기반을 자동적으로 형성한다.

선택된 트라우마

어떤 인종 집단이 특정한 목적으로 승리나 재난 사건의 기억을 사용할 때 정치적 심리분석가인 볼칸(1991, 1992, 1997, 2004)은 이것을 '선택된 영광' 또는 '선택된 트라우마'라고 불렀다. 이런 중요한 사건은 대집단의 신화적인 정체성을 만들어 집단 구성원이 함께하게 하며 세대를 이어 가며 전해지는 공통 역사를 집단에게 제공한다. 세월이 흘러가면 대집단은 그 사건을 규명하게 되고 감정, 방어, 몽상, 그리고 신화가 만들어진다. 볼칸에 따르면 희생, 굴욕, 슬퍼하지 못함, 그리고 막대한 두려움과 염려의 억제 그리고 원시적인 선/악 구별 과정이란 특징을 갖는 '선택된 트라우마'는 적을 만드는 것과 폭력적인 복수를 하는 것에 정당성을 제공한다. 볼칸에 따르면 해결되지 않은 집단 트라우마 때문에 여러 세대에 걸쳐 서로 싸우는 인종 집단 간에 폭력 주기가 계속 발생한다.

유태인 학살 생존자와의 경험에서 나는 이런 분석과 주요 개념이 과거의 집단 트라우마가 대집단의 현재 행동에 어떻게 영향을 미치는지 설명하는 데 대부분 부적절하다는 것을 발견한다. 첫째, 트라우마를 겪은 집단은 피해자 역할을 규명하는 것을 거의 선택하지 않는다. 이들 대부분은 모든 것에도 불구하고 인간의 질을 유지했으며 성공적으로 이겨 낸 생존자로서 자신을 본다. 이들은 공공 목적으로 자신의 고통을 이용하는 것을 꺼리며 다른 사람이 그렇게 할 때 맹렬하게 저항한다. 또한 2006년에 구 유고슬라비아의 국가들에 대한 연구 여행 동안 나는 *Blood lines*라는 책에서 볼칸(1997)이 말한 세르비아 사람의 선택된 트라우마에 대한 해석을 입증할 수 없었다.

둘째, 선택된 트라우마란 용어는 본질적으로 애매하고 오해하기 쉽다. 이 용어는 어떤 사람이 목적을 가지고 폭력, 남용, 또는 압제를 받기로 선택한다는 것을 의미하며 이런 경우 의심의 여지가 있을 뿐만 아니라 불공평하고 공격적이다. 볼칸은 집단이 피해자가 되는 것을 선택하지 않는다고 분명히 말했지만 이 용어는 가해진 부정의가 무고한 피해자의 책임이라고 쉽게 오해할 수 있다. 트라우마 생존자의 책임감에 대해서는 정말 많은 오해가 있고 생존 죄책감을 적용하려는 경향이 너무 광범위하기 때문에 피해자가 자신의 고통을 영속하기 위해 한 행동에 대한 힌트조차도 해롭다. 게다가 이런 상황에서는 집단이 정신적 대리(심지어 무의식적일지라도)를 '선택'한다는 것도 불공평해 보인다. 대집단이 아니라 가족 시스템을 의미하는 '눈에 보이지 않는 충성심'(Boszormenyi-Nagy & Spark 1973)의 개념이 볼칸의 선택된 트라우마의 개념보다 이러한 초세대적인 전이 과정을 설명하는 데 훨씬 더 적절할 수도 있다는 것이 내 관점이다.

마지막으로 폭력과 복수에 대한 현재의 성향과 과거 고통의 단순한 상관관계는 대부분 가설이다. 몇몇 인종 집단이 자신에게 피해를 준 집단에게 복수하기를 원한다고 할 때 선택된 트라우마란 이름으로 폭력을 행사하는 것은 분명히 가능하고 그럴듯하지만 영향을 미치는 다른 변수가 너무나도 많다.

유태인 대량 학살을 팔레스타인 사람에 대한 공격성을 정당화하고, 슬픔, 수치심, 그리고 유태인 대량 학살로 인한 두려움의 억압으로 이스라엘의 강경한 정책이 만들어졌다는 것을 지지하기 위해 이스라엘이 선택된 트라우마 또는 집단 정체성 만들기를 이용해 왔다는 볼칸(2004)의 제안에 대한 대응으로 나는 이 비판적인 언급을 한다. 이 이론은 선택된 트라우마와 슬픔, 수치심, 그리고 두려움의 억압에 대한 표현으로 팔레스타인 사람들에 대한 샤론의 파괴적인 정책에 대한 대중의 지지를 설명하려고 했던 셰프(2004)에 의해 나중에 되풀이되었다. 이 이론은 단순히 정복하려는 욕망이나 어떤 사악한 본성 때문이 아니라 (무의식적으로) 예전의 (선택된) 트라우마를 실행하기 원하기 때문에 사람들이 전쟁에 나가는 것이라고 가정한다. 이 선택된 트라우마가 모욕적인 패배를 이끌고 사람들은 잃은 것에 대해 슬퍼할 수 없었기 때문에 역사의 이후 시대에 복수를 강요받는다. 그 결과 분노는 치환되고 좋은 '우리'와 나쁜 '그들'로 나누며 맹목적으로 따르는 강하고 전능한 지도자를 미화하는 회귀의 집단 과정에서 다른 적에게 이 분노를 표현한다.

내 경험으로는 이런 분석을 확증할 수 없었다. 실은 정반대가 사실일 수도 있다. 유태인 대량 학살의 생존자들을 포함하여 많은 생존자 집단은 폭력, 전쟁, 그리고 압제의 끔찍한 결과에 대한 깊은 지식이 있고 적어도 가능하다면 집단 간 갈등에서 비폭력적인 신조를 먼저 적용하려고 했다. 예전의 폭력 피해자가 나중에 가해자가 된다는 가정은 여기서 확증할 수 없다. 유태인 대량 학살은 분명히 이스라엘 사람에게 집단적인 트라우마이고 과거의 부정의에 대한 기억은 사람들이 미래의 탄압과 폭력에 자연스럽게 참여하게 이끌지만 유태인 대량 학살이 팔레스타인 사람들에 대한 군사적 행동을 정당화하기 위해 이용된 선택된 트라우마라고 바로 말할 수는 없다. 이것은 구 유고슬라비아에서의 전쟁에 제시된 이유와 비교할 수 없다. 사실 이 이론은 이스라엘 좌파 사람들이 현재의 모든 위협에도 불구하고 이전의 경험 때문에 더 타협하려고 한다는 정반대의 현상을 무시한다.

모든 집단적인 폭력 뒤에 끝나지 않은 옛 트라우마가 존재한다는 볼칸과 셰프의 이론은 인기가 있지만 우리 시대의 많은 사회 과학자를 주도하는 것으로 보이는 사고를 왜곡한다. 이 이론의 유일한 문제는 바로 죽음과 파괴를 야기하는 '사악한' 힘으로부터 모든 가능한 실제 위협을 보지 못한다는 것이다(제7장 참조). 공격적인 행동 밑에 깔린 감정은 말없이 진행된다. 하지만 무의식적인 과정으로 모든 폭력을 일반화하는 것을 용납하기는 조금 어렵다. 당연히 외부적인 위협에서 자신을 보호하려는 사람의 아주 기본적인 본능을 포함하여 전쟁을 하는 데는 많은 이유가 있다. 편협한 관점은 집단적 폭력의 근원을 이해하도록 우리를 돕지도 않고 우리의 소시오드라마적인 작업의 유일한 기초도 아니기 때문에, 집단적인 애도와 여러 사회적인 의식은 진정한 세계의 평화로 우리가 향하도록 하기에 불충분하다.

하지만 볼칸의 선택된 트라우마 개념에 대한 내 비판은 어떤 중요한 사건, 특히 집단 트라우마가 대집단의 신화적 정체성이 된다는 기본적인 가정을 포함하지 않는다. 나는 이것이 보편적인 현상이라고 믿는다. 게다가 나는 전체로서의 집단이 어떻게 비극적인 기억을 억제하고 금기로 취급하는지 여러 번 관찰해 왔다. 이렇게 해서 이것은 느리든 빠르든 집단의 비밀이 되고 사회의 집단 무의식의 어두운 심연으로 떨어지는 공동체의 무언의 기억이 된다.

집단 무의식

프랑스 사회 이론가인 에밀 뒤르켐(1858~1917)은 공동체가 어떻게 유사한 가치를 공유하고 개인들이 어떻게 공식적이고 사적인 규범에 구현된 사회적 힘과 문화의 가치로 억제되는지 설명하기 위해 **집단 무의식**이라는 개념을 만들어 냈다. 이는 성문화된 규정과 법에서 이러한 집단 규범을 공유하는 사람의 마음속에만 존재하는 더 비공식적인 규칙에 이르기까지 매우 다양한 방식으로 표현된다. 항상 언어화되지는 않지만 이러한 공유된 규범은 사회의 구성원들에게 공통된 이념적 기반을 제공하며 구성원들이 합의된 방식으로 행동하게 한다.

사회심리학은 이런 사회적 힘이 전체로서의 집단에 어떻게 영향을 미쳤는지에 대한 이해에 크게 공헌했다. 이런 사회적 힘은 '집단 무의식'(Jung 1953), '사회적 무의식'(Fromm 1962), '군중 심리'(McDougall 1920), '집단 사고'(Janis 1972), '집단 압력'과 '집단 역동성'(Lewin 1948), '기본 전제 문화'와 '집단 심리'(Bion 1961), '사회치료'와 집단의 '협력-무의식'(co-unconscious, Moreno 1953), '집단 매트릭스'

(Foulkes 1964), '공통 집단 긴장'(Ezriel 1973), '투명 집단'(Agazarian & Peters 1981), 그리고 '집단 초점 갈등'(Whitaker & Lieberman 1964)으로 다양하게 불려 왔다. 이 모든 용어들은 자신의 목표(대개 감추어진), 행동 규범, 소통 방식, 그리고 사회적 제약과 대인관계 갈등을 야기할 수 있는 권력 구조를 갖는 집단 구성원의 총합보다 더 큰 무엇으로 묘사된다. 모리스(1969)는 이런 '인간 동물원'에서 종족을 세운 사람의 더 다채로운 설명 중 하나를 제공했다.

사회적 무의식에 대한 자신의 책에서 호퍼(2002)는 집단과 참여자들이 어떻게 사회적, 문화적, 그리고 정치적 힘에 의해 무의식적으로 제약받는지에 대한 심도 깊은 분석과 논의를 제공한다. 모레노는 몇몇 개인의 무의식적인 생각이 연동되면 이들에게 깊은 결속을 제공하는 '협력-무의식'(Zuretti 1994) 또는 집단 무의식을 만든다고 주장했다. 모레노는 주어진 문화나 인류의 집단 (억제된) 이미지가 아니라 무의식적인 수준에서 집단의 특정한 관련성과 유대감을 강조했다. 이들은 마치 같은 식구인 것처럼 서로에게 관련된다.

소집단은 전반적인 사회의 반영으로 본다. 전체적인 집단(Schermer & Pines 1994)의 매트릭스(Foulkes 1964; Powell 1989, 1994)에 반영된 집단 공동 정신의 비밀을 밝힘으로써 소시오드라마 전문가는 이런 무의식적인 사회 과정을 좀 더 가시적으로 만들 수 있다. 트라우마 경험이 집단의 무의식인 생활에 나타나면 호퍼(2003)가 말한 '네 번째 기본 가정 집단'의 일부가 된다. 하지만 언어적 해석에만 근거를 두는 집단 분석과는 대조적으로 소시오드라마는 이러한 무언의 과정을 명백한 행동으로 해석하려고 시도한다.

대중의 억제를 규정하기 위해 다양한 용어가 사용된다. 프롬(1962)

에 따르면 각 사회의 사회적 무의식은 구성원이 의식을 품도록 사회가 허용하지 않을 것이라는 생각과 느낌으로 구성된다. 인지하는 것이 너무 고통스럽기 때문에 의식에서 이러한 금기되는 실체의 개념을 강요하는 사회적 여과 과정이 있다. 이것과 동일한 과정을 설명하면서 융(1953)은 이를 모든 사람과 동일한 무의식의 유전되고 보편적인 부분인 집단 무의식의 일부라고 불렀다. 이 층은 우리가 부인하거나 걱정하는 우리 자신의 일부를 인식하고 통합하도록 돕는 정신적 이미지인 모범적인 상징(꿈, 신화, 동화, 그리고 종교에서 대표된)에서 밝혀진다. 프롬의 사회적 무의식 개념은 획득한 특징을 물려받는 것을 강조하는 전통적인 융의 집단 무의식 개념과 다르다. 하지만 대인관계와 상호 주관적 및 일반적인 사회화를 강조하는 융의 공유된 무의식과는 유사하다.

집단 무의식은 우리 영혼과 존재의 구조에 깊이 반향하며 우리의 개체 발생과 계통 발생적인 유산의 저장고이다(우리의 생물학적인 기원과 발전 그리고 우리의 인종적 진화를 포함하여). 압도되었을 때 억제하는 개인적인 고통의 기억과 비슷하게 재난의 집단 기억은 공동체가 참을 수 없고 용납할 수 없게 될 때 집단 무의식의 심연으로 내려간다. 감당할 수 있는 충분한 힘이 있을 때까지 문화적 전통과 정치적 이데올로기의 해석 및 대중의 행동 같은 삽입과 전환을 통해 간접적으로만 나타날 것이다.

사례 : 망명에 대한 소시오드라마

지난 몇 년간 나는 망명 문제와 많은 나라에서 증가하는 다양성의 결과를 다루기 위해 유럽에서 여러 집단 회기에 참여해 왔다. 다음은 이 상황에 초점을 맞춘 소시오드라마 회기의 혼합된 설명이다.

집단 구성원 중 한 사람은 외국인 학교에서 교사로 일했는데 자신의 거의 모든 학생이 이민자라고 불평했다. 다른 집단 구성원은 자신 역시 집단에 앞으로의 체류가 불확실한 이민자와 일했다고 말해 주었다. 짧은 토론 후에 그 집단은 이민자와 망명자의 일반적인 문제를 살펴보기로 결정했고 연출가는 그 집단에게 상황을 행동으로 발표할 것을 제안했다.

먼저 망명자인 에드나의 긴박한 상황이 발표되었다. 교사는 그녀가 자살을 시도했고 아주 위태로운 상태로 현재 병원에 있다고 설명했다. 에드나는 코소보로 추방되면 또 다른 인종차별과 육체적 학대에 직면할 것이라고 믿고 있었고 몹시 아픈 자기 엄마에게도 짐이 될 것이라고 생각했다.

여러 사람이 망명자인 에드나의 역할을 시도했는데 한 사람이 다음과 같이 말했다.

저는 감정적으로 나쁜 상태였어요. 거의 매일 밤 제게 어떤 일이 생길지 걱정하며 초초하게 침대에 누웠죠. 저는 오랫동안 법정 판결에 대해 듣지 못했고 언제라도 추방될 수 있다고 생각했습니다. 저는 더는 이런 불확실함을 견딜 수 없다고 생각했습니다.

또 다른 참여자는 이렇게 말했다.

저는 이 나라에 남고 싶지만 이민관리국에서 대답을 듣는 데 아주 오래 걸렸어요. 용기를 잃었죠. 제가 코소보에 있을 때 겪었던 일과 엄마 때문에 코소보로 돌아가고 싶지 않습니다. 병원에 오래 입원해 있었는데 이제 어떤 일이 벌어질지 모르겠어요.

다른 사람들이 듣고 있는지 보기 위해 그녀는 주위를 돌아보았다. 대부분의 참여자는 에드나와 공감하는 것으로 보였다.

이제 이야기를 발전시키는 것은 집단의 과제였다. 연출가는 이 단계에서 문제 해결 활동으로 넘어가지 않도록 조심했지만 오히려 이를 집단에게 넘겼다. 그 결과 에드나의 상황에 직접적으로 영향을 미친 다른 역할이 소개되었다. 예를 들면, 도움을 제공하려고 했던 다른 망명자가 있었지만 그 나라에 정착할 허가를 기다리는 사람도 있었다. 에드나의 행복을 지원하기 위해 최선을 다하고 그녀를 대변하는 친절한 사회복지사, 교사, 간호사도 있었다. 이들은 그녀가 머물기를 허가하지 않는 지역사회에 분노를 느꼈다. 마지막으로 이민 담당관, 경찰, 정부 담당자와 같이 국가의 규칙과 규정을 분명히 한 다양한 지역사회 대표들도 있었다.

회기의 이 단계에서 집단은 개인(집단의 대표), 즉각적인 기관(무엇을 해야 할지 결정), 그리고 더 큰 사회(정책 결정)를 발표했다. 연출가는 "당신은 누구십니까? 어떻게 생각하고 느낍니까? 뭐라고 말하고 싶은가요?"라는 짧은 인터뷰를 통해 각 역할을 발표했다. 그리고 역할이 차례로 소개되었다. (1) 망명자, (2) 사회복지사, 교사, 이민 담당관, (3) 내무부 장관 혹은 수상이었다. 연출가는 "이 모든 사람이 원하는 것은 무엇인가요? 그리고 이것은 망명자와 사회 전반에 어떻게 영향을 미칩니까?"라고 물었다.

이 질문에 답하기 위해 몇몇 전형적인 상황이 선택되었고 이 중 일부는 연기하였다. 빠르게 연이어 삽화가 발표되었고 새로운 상황의 문제가 추가로 규명되었다. 하지만 더 복잡하게 되기도 했다. 개인적인 감정은 지속적으로 일반적인 염려와 혼합되었다. 연출가는 가능한 한 전적으로 상황을 묘사하고 설명하기 위해 그리고 가능한 한 많은 참여자가 소시오드라마에서 중요한 역할을 경험하도록 여러 기술을 사용했다. 그래서 연출가는 다른 망명자 그리고 망명자와 정부 당국자 사이에 역할을 교체할 것을 제안했다. 또한 연출가는 역할을 중복하도록 요청하고 그 사람이 무엇을 생각하고 느끼는지 표현했지만 크게 말하지는 못했다. 마치 저절로 되는 것처럼 드라마가 전개됨에 따라 참여자들은 점차 더 감정적으로 관여하게 되었다.

예를 들면, 에드나와 사회복지사 간의 대화 중간에 한 관객이 코소보에 있는 에드나의 엄마처럼 말을 했다. 그 엄마는 에드나에게 집으로 오라고 하며 "이제 안전해졌으니 여기도 더는 걱정할 것이 없단다."라고 말했다. 그 뒤 잠시 침묵이 흘렀다. 조금 놀라기는 했지만 참여자들은 이 새로운 정보를 소화했다. 에드나를 연기하던 사람은 남고 싶은지 아니면 집으로 돌아갈 것인지에 대한 질문을 다시 받았다. 그 사람은 망설였다.

체류하거나 추방되는 것과는 반대로 외국에 머무를지 아니면 집으로 갈지에 대한 선택으로 상황을 정하는 것은 큰 차이가 있다. 또한 정부 당국자의 역할을 한 집단 구성원의 다양한 언급으로 문제는 갑자기 에드나의 개인적인 문제를 넘어서서 특정한 국가의 이민 정책으로 바뀌었다. 이 문제는 이제 전체 서구 세계의 다원주의의 기반을 건드렸다.

이 문제에 대한 다양한 의견과 입장을 밝히기 위해 연출가는 몇몇 '정치인'을 소개하여 일반적인 여러 의견을 말하도록 하는 것을 제안했다. 연출가는 "에드나와 같은 사람을 이 나라에 머물게 하고 싶은 사람은 누구입니까?"라고 물었다. 소수의 사람이 이 문제에 대한 의회 위원회를 대표하기 위해 자원했다. 짧은 논의 후에 입국하는 사람은 반드시 입국 전에 비자를 신청해야 하며 망명 자격이 있는 사람만 입국을 허용해야 한다고 결론을 내렸다. 몇몇 사람은 이 망명 정책이 너무 관대하다고 느꼈고 머물 자격이 없다고 생각하는 수천 명의 망명자를 내보내야 한다고 주장했다. 다른 회원들은 "이 사람들은 난민입니다. 동정심을 좀 가지세요. 달리 갈 곳이 없습니다. 조국으로 돌아가면 위험에 빠질 수도 있습니다. 머물 수 있게 해 주세요."라고 말했다.

연출가는 모두에게 자신의 입장을 더 극단적으로 취하라고 요청했다. 어떤 사람은 "이들을 환영한다고 말하는 정치인과 자선가에게 신물이 납니다. 그렇지 않아요. 이전에 온 외국인들은 우리 법과 관습을 존중했지만 지금 오는 기생충들은 범죄자일 뿐입니다."라고 말했다.

인종차별주의자 역할을 연기한 또 다른 사람은 다음과 같이 말했다.

그래요. 이 나라는 회교 국가가 아닙니다. 먼저 우리의 노인과 노숙자 그리고 가난한 사람을 보살펴야 합니다. 코소보에서 온 사람들은 빈손으로 왔고 우리에게 아무것도 주지 않았어요. 우리도 아무것도 주지 말고 이 사람들을 돌려보내야 합니다. 우리는 유럽의 쓰레기 처리장이 되었어요. 우리는 결코 이 사람들을 원하지 않았습니다. 이 사람들에게 오라고 부탁한 적도 없어요!

분명히 참여자들은 이 역할에서 사회의 무언의 감상을 표현할 수 있었다. 금기였던 것을 말할 수 있는 자유와 만족감을 느꼈다.

결과적으로 감정이 격해졌고 분위기는 긴장되었다. 드라마는 그러한 방향으로 발전했다. 연출가는 자유 발언을 허용한다는 집단 규범만을 만들었다. 그 결과 다른 역할을 연기하고 개인적으로 관여할 자유도 있었다. 과정은 소통의 마술로 점화되었고 갈등과 대화 모두를 위한 문이 열렸다.

망명자나 이민자 및 외국인에 대한 분명한 두 가지 관점이 제시되었다. 양측은 설득적인 방식으로 자신의 입장을 설명했다. 이 시점에서 연출가가 개입하여 "가시적인 해결책은 무엇인가요?"라고 물었다. 연출가는 반대하는 사람에게 "무엇이 두려운가요? 왜 이들이 머물지 않기를 바라는 겁니까? 이들이 머무르면 당신의 국가적 정체성을 잃을까 봐 두려운가요?"라고 물었다. 그 사람은 "그들은 다수가 될 수 있어요. 그럼 우린 어떻게 되는 거죠? 우리 백인은 섬멸될 겁니다."라고 응답했다.

다른 편에도 질문을 했고 더 관대한 역할을 연기한 사람은 자신이 이민자의 자녀이며 이 나라의 출생률이 약간 감소하고 있기 때문에 새로운 주민에게서 도움을 받을 수 있다는 자신의 생각을 나누었다.

그다음 집단은 가능한 해결책을 논의하기 위해 모였다. 예를 들면, 이들은 망명자가 도착하면 지역사회 관계 작업을 함께 준비하자고 제안했다. 이를테면, 난민과 새로 오는 사람들은 도착한 후 사회에 통합될 필요가 있고 통합적인 활동에 참여해야 하는데, 특히 광범위하게 퍼진 작은 집단의 경우가 그렇다. 마지막으로 몇몇 참여자는 학교와 기타 장소에서 청소년에게 반인종차별주의 훈련과 인식 활동을 실행하자고 제안했다.

소시오드라마의 다양한 적용

참여자들은 여러 목적으로 소시오드라마를 이용한다. 어떤 사람은 억압된 집단 트라우라로 인한 오랜 집단 무의식적 자료를 탐구하려고 한다. 어떤 사람은 복잡한 사회정치적인 상황을 더 깊이 이해하려고 시도한다. 마지막으로 어떤 사람들은 사이가 좋지 않은 두 집단 간의 공존을 개선하기 위해 집단 간 갈등에 초점을 맞춘다.

소시오드라마의 이런 각기 다른 목적은 다섯 가지의 소시오드라마 적용으로 분류될 수 있다. 다양한 초점, 이론, 그리고 이상에 대한 이런 소시오드라마의 적용은 〈표 3.1〉에 요약되어 있다.

표 3.1 소시오드라마의 적용

적용	초점	이상
위기	집단 트라우마	안전
정치적	사회적 분열	동등
다양성	편견	관용
갈등 관리	대인관계 긴장	평화
갈등 후 화해	정의와 재활	공존

이 모든 적용이 밀접하게 서로 연관되어 있지만(트라우마는 분열로 이끌고 분열은 편견으로 그리고는 새로워진 트라우마로 이끈다.) 여기에서는 체험적 이유로 구분되어 있다. 이런 적용은 제4장 위기 소시오드라마, 제5장 정치적 소시오드라마, 그리고 제6장 다양성 소시오드라마에서 더 논의될 것이다. 또한 소시오드라마적인 이론과 갈등 관리 실행은 제7장에 제시될 것이다. 마지막으로 제8장에서는 갈등 후 재활과 화해를 위한 중재 전략을 논의할 것이다.

첫 번째 적용인 위기 소시오드라마는 국가적으로 중요한 비참한 사건에 대한 집단 트라우마와 집단 반응을 다룬다. 두 번째 적용인 정치적 소시오드라마는 권력과 동등성의 사회적 문제를 다룬다. 세 번째 적용인 다양성 소시오드라마는 선입견, 편견, 인종차별, 무관용, 낙인, 또는 다양성으로 인해 사람을 거스르는 부정적인 편견에 근거한 갈등을 다룬다. 네 번째 적용인 갈등 관리를 위한 소시오드라마는 갈등을 관리하는 덜 위험한 방식으로 폭력을 전환하는 개인 및 사회적 과정의 움직임을 정할 수 있다. 소시오드라마의 마지막 적용은 갈등 후 화해와 공동체 재활을 다룬다.

때로 소시오드라마는 정신적이고 사전에 만들어졌으며 많은 사람에게 적용되는 철학적 타당성을 가질 수는 있지만, 실용성을 갖기 위해 대중의 개별적 단위에 대한 실제 데이터와 너무 동떨어져 이상적이며 주입식이라고 비판받는다. 소시오드라마의 목적은 세계적 관점에서 야심적이라고 간주될 수 있다. 분명히 우리는 세상의 많은 사회적 문제에 대한 단순한 해결책을 가지고 있지 않다. 그리고 아마도 그런 단순한 해결책은 없을 것이다. 하지만 혼자 해결책을 찾으려고 노력하는 것보다 함께 찾는 것이 더 쉬울 거라고 믿으며 우리는 반드시 해결책을 계속 찾아야 한다.

사람들이 함께 사는 한 긴장은 계속 발생할 것이기 때문에 자연적으로 영구적인 갈등 해결이 소시오드라마의 최종 목표가 될 수는 없다. 또한 위기 소시오드라마의 결과로 사회적 동질성을 성취하고, 정치적 소시오드라마의 결과로 사회적 동등성을 성취하거나, 다양성 소시오드라마의 결과로 사회적 관용을 성취한다는 것은 과장하지 않고 말한다면 허상에 불과하다. 제대로 수행된 강력한 소시오드라마 회기에도 불구하고 사회적 트라우마, 분열, 편견은 사회에 지속적으로 해로운 영향을 미칠 것이다. 게다가 갈등 당사자 간의 직접적인 협상, 예방적 외교, 제3자 중재, 조정, 그리고 여러 평화로운 분쟁 해결과 같은 다른 평화 촉진 전략(Boutros-Ghali 1992)이 확실히 소시오드라마보다 국제적인 분쟁 해결(Burton 1986)에 더 적용하기 쉽다.

결과적으로 인간 생존(Moreno 1953)이나 세계 평화와 같은 과장된 용어로 소시오드라마의 목표를 구성하기보다 소시오드라마는 현실적으로 갈등 해결을 준비하도록 도울 수 있는 많은 활동 중 하나로 인정되어야 한다(Kaufman 1996; Rothman 1992). 그래야 많은 집단이 일정한 시기가 되면 자신들의 집단 트라우마를 해결하도록 도와서 더 많은 인식으로 인간 공존을 위한 노력에 접근할 있는 고유한 잠재력을 가지게 된다. 그런 때가 되면 소시오드라마는 적대적인 사람들로 구성된 대집단이 함께 모여 이들 사이에 새로운 소통 채널을 열 수 있는 고유한 잠재력을 가지게 될 것이다. 여기에는 외교적 협상 전에 집단 간 충돌하는 적들 사이의 반드시 있어야 하는 분쟁 해결을 위한 '상향식' 접근 방식이 포함된다. 이러한 접근 방식의 에는 북아일랜드에서 평화 협상 시작에 관여한 연합당의 당대표이자 심리치료사였던 존 앨더다이스가 한 역할에서 볼 수 있다.

따라서 소시오드라마는 갈등의 발전과 해결의 다양한 단계에서 각기 다른 기능을 하는 것으로 보일 수 있다. 처음 세 가지 소시오드라마(위기, 정치적, 다양성)는 갈등 전 이슈와 사실상 예방적인 문제를 다루는 것으로 볼 수 있다. 네 번째 형태인 갈등 관리 소시오드라마는 갈등이 발생한 후 그리고 그 과정에서의 실제 행동을 다룬다. 다섯 번째 형태인 화해 소시오드라마는 갈등의 종결 단계에서 발생하는 다양한 문제를 다룬다. 이 세 단계는 (1) 맨 처음 전쟁을 피하는 정의와 관련된

jus ad bellum(전쟁 선포의 정의), (2) 전쟁이 발발한 후 행동의 정의와 관련된 *jus in bello*(전쟁 행위의 정의) 그리고 (3) 평화협정과 전쟁의 종결 단계의 정의와 관련된 *jus post bellum*(전쟁 종식의 정의)으로 나누는 '정당한 전쟁 이론'의 세 부분과 비슷하다.

위기 소시오드라마

"**이**츠하크 라빈이 죽었대! 미친 유태인이 그를 저격했대." 우리는 놀라서 서로를 바라보며 쇼크에 빠졌다. 우리는 이스라엘에서 집단모임을 가지려 모였고 불과 며칠 전에 일어난 우리나라 수상의 최근 암살에 초점을 맞추기로 했다. "이제 무슨 일이 일어날까? 세계는 어떻게 될까? 그 배후엔 누가 있을까?" 우리는 위태로움과 혼란스러움을 느꼈다. 모임에서 누군가가 죽은 수상의 역할을 맡았고 또 다른 누군가는 살인자인 이갈 아미르의 역할을 맡았다. 그들은 연설, 살인, 그리고 사건 이후의 일을 재연하였다. 그런 다음 우리는 결과가 다른 몇몇 상상의 장면을 연기하였다. 이 재연 동안에 사람들은 상실감과 당황스러움을 공유했다. 어떤 이들은 수상의 죽음에 대해 이야기하기를 원했고 개인적으로 평화를 만들려 했던 수상의 노력에 감사했다. 어떤 이들은 그 일을 예방하지 못한 사회를 비난하기를 원했다. 그런 다음 우리는 일어난 일에 대해 서로를 비난하는 이스라엘 좌파와 우파 정치인들의 다툼을 들었다. 모임의 마지막에서 어떤 이들은 이 사건으로 말미암아 이스라엘의 어떤 것도 이전과 같지는 않을 것이라고 말했다. 마무리하며 우리는 암살 몇 분 전에 불려졌던 평화의 노래를 불렀다. 난 이 모임이 우리 모두로 하여금 그 갑작스런 비극에 대한 어떤 관점을 갖도록 도와주었다고 생각한다.

위기 소시오드라마(crisis sociodrama)의 응용은 국가적 중대성이 있는 비극적인 사건들에 대한 집단의 반응을 다룬다. 위기(crisis)란 단어는 '전환점(turning point)'을 의미하며 사회 전체의 균형이 흔들리는 상태를 의미한다. 다양한 나라의 시민에게 큰 영향을 미친 중요한 사건의 대표적인 예로는 미국의 J. F. 케네디 대통령, 스웨덴의 수상 올로프 팔메, 세르비아의 조란 진지치, 인도의 간디, 레바논의 라픽 알 하리리, 이스라엘의 이츠하크 라빈을 암살한 사건 등이 있다. 테러 공격, 지진, 폭동, 그리고 전쟁은 나라 전체를 비상 상태로 몰아넣은 또 다른 예이다. 이 모든 것은 위기 소시오드라마를 통해 부분적으로 또는 전체적으로 탐구될 수 있다.

내담자의 개인적인 비극을 더 잘 극복하도록 돕는 데 위기 개입이 사용되는 것처럼 위기 소시오드라마는 전체로서의 집단이 집단원들이 공유한 심리적인 스트레스를 더 잘 극복하도록 돕게 한다. 비극적인 사건을 통한 이러한 공통된 작업은 시민들 사이에 응집력을 증가시킨다.

위기 소시오드라마는 비극적인 사건이 일어나는 동안이나 그 직후에는 적절하지 않을 수 있다. 이때 사람들은 여전히 불안에 압도되어 있고 사회조직은 혼란하다. 부스토스(1990)에 따르면 소시오드라마는 실제 드라마로부터 약간의 거리가 필요하고 그래야 훨씬 완전히 처리하도록 해 준다. 화재로 인해 여전히 연기가 나거나 죽은 자가 아직 묻히지 않은, 위기 이후의 처음 며칠이나 몇 주 안에는 그러한 활동을 위한 여유가 거의 없다. 오로지 그 이후에, 즉 생존자들이 상실을 받아들이고 죽은 자를 묻었을 때, 소시오드라마는 그들의 상실감을 직면하고 그를 뚫고 나아가게 돕는다.

사건 직후 또는 사건 직후 첫 3일 안에, 영향받은 사람들을 위한 보고하기 활동과 비참한 사건의 직접적인 결과에 노출되거나 영향받은 사람들을 구하는 활동을 제안하는 것은 더욱 도움이 된다. 치명적 사고 스트레스 보고접근 방식(Mitchell 1983)과 유사한 조직적인 방법은 초반에 사람들의 초기 스트레스를 감소시키는 것을 돕는 데 적절하다. 이러한 절차는 치유하거나 문제를 해결하기 위해 제안되는 것은 아니지만 영향받은 이들에게 차후에 생길 수 있는 해로운 정신적 트라우마의 영향을 감소시키기 위한 예방책으로서 더 많이 사용되어야 한다. 대부분의 경우에 이 방법은 초기 혼란에 어떤 체계를 제공한다.

미첼과 에벌리(2001)에 따르면 보고하기의 7단계는 (1) 맞물림, (2) 사실, (3) 생각, (4) 느낌과 반응, (5) 정상화, (6) 훈련, (7) 해방을 포함한다. 보고하기는 특히 직접적으로 영향받은 사람들에게 도움이 되고 그들이 그 사건을 인지적이고 감정적으로 처리하도록 해 준다. 이후의 단계에서 사건 주변 사람들은 좀 더 전통적인 위기 소시오드라마에서 그들의 인식과 느낌을 공유하도록 초대될 수도 있다.

트라우마 전문가들 사이에 계속되는 논의는 사건 직후에 트라우마적인 사건에 대해 어느 정도까지 말하는 것이 도움이 될 것인가에 대한 것이다. 어떤 이들은 생존자들이 끔찍했던 이미지에 대해 자세히 말할 때 그 이미지가 마음속에 훨씬 더 깊이 각인된다고 한다. 이것은 그 자체로 그러한 이미지를 지우기 훨씬 더 어렵게 만든다. 그들은 대신에 트라우마 생존자들이 끔찍한 사건에 대해 가능한 한 잊으려고 노력해야만 한다고 말한다. 어떤 트라우마 치료자들은 트라우마를 겪은 내담자가 똑똑히 기억되는 섬뜩한 과거사 때문에 생기는 문제를 해결하기 위해 심지어 '잊어버리는 약(프로프라놀올)'을 처방하기까지 한다. 그러나 많은 연구들이 그러한 약이 PTSD(외상 후 스트레스 장애) 증상을 감소시켜 준다는 것을 보여 주긴 하지만, '잊어버리는 약'은 우리의 의식을 약으로써 약화시켜 버린다는 이유로 비난을 받고 있다. "그것은 후회, 자책, 고통, 죄책감을 만들어 내는 어떤 것을 간신히 그럭저럭 겨우 감당할 수 있을 뿐인 모닝 에프터 필(경구 피임약)이다." 라고 생명윤리자문위원회(President's Council on Bioethics)의 책임자 레온 카스는 말했다.

나의 경험으로 미루어 보면 대부분의 트라우마 생존자들은 과거 트라우마에 대한 모든 것을 잊기 위해 의도적으로 노력해야 한다는 권고에 반대한다. 이러한 충고는 회의적이고 정반대의 입장을 수용한다. 그들은 그 사건에 대해 잊을 수 없을 뿐 아니라 "정상으로 되돌아 갑시다."라는 (사회에서 매우 일반적인) 태도는 거절(모욕)에 상응하는 것이라고 대답한다. 사실 그들은 그러한 공감과 동정의 결여에 깊이 상처받고, 마치 세상 모두가 자신들의 말을 믿지 않는 것처럼 그들의 경험이 심각하게 받아들이지 않는다고 느낀다. 수많은 사례에서 나는 들어 왔다. 트라우마에 대한 그러한 무시하는 듯한 태도는 자신이 다른 사람들과는 다르다는 느낌을 악화시키고 그들을 격리시켜서 그들이 끔찍한 경험을 다른 사람들과 나누지 않는다는 결정을 하도록 만들었다. 잊어버리라는 그 권고에 반하여 나는 비록 모든 트라우마 생존자들이 말하거나 침묵을 지킬 선택권을 갖고 있지만 자신들의 경험을 나누기 위해 초대된 것에 감사해한다고 느낀다. 이러한 초대는 그들이 끔찍한 어떤 것을 겪어 왔고 다른 이들과 그것을 공유할 필요가 있다는 것을 인정한다. 그들의 이야기를 들으면서 우리는 또한 그들의 비극적인 운명에 영향을 받게 되고, 그러한 사실은 묘하게도 그 특정한 사건들을 인류가 겪는 보편적인 불공평의 한 부분으로 만듦으로써 그들의 고통을 완화시킨다.

위기 소시오드라마의 주요 단계

위기 소시오드라마의 치료적 측면들은 일반적인 사이코드라마의 치료적 측면(Kellermann 1992)과 특정한 트라우마 생존자들과의 사이코드라마의 치료적 측면(Kellermann & Hudgins 2000)과 유사하다. 그들은 해결을 위한 보편적인 단계를 따른다. 그리고 앞에서 기술했듯이 연기력과 각색 외에도 전통적인 보고받기(debriefing)의 과정과 유사한 보편적인 해결 단계를 밟는다.

과정은 소시오드라마 전문가의 소개와 사건의 진상에 대한 구두 요약으로 시작된다. 그다음 참여자들에 의해 사건이 회상되고 재연된다. 그리고 동시에 그들은 자신의 생각, 느낌, 그리고 신체적 반응을 강조하며 경험에 대해 말하도록 격려받는다. 모임의 마무리에는 모임의 취약성과 복원력 모두를 포함하는 간단한 진술로서 사람들이 말한 것을 소시오드라마 전문가가 요약하는, 공유를 위한 시간이 있다.

글상자 4.1 위기 소시오드라마의 주요 단계

다음은 위기 소시오드라마의 주요 단계를 나타낸다.

1. 소개와 워밍업
2. 재연
3. 인지적인 재생
4. 감정적 카타르시스
5. 공유와 개인 간의 지지
6. 종결과 의식

이 단계들은 각각의 특정한 치료상의 측면을 강조한다. 그러나 그것은 공유된 트라우마의 완전한 해결 과정의 필요한 요소라기보다 전체적인 가이드라인으로서 여겨져야 한다. 좀처럼 기술된 순서대로 일어나지도 않을 것이고 또한 동일한 모임 내에서 모든 것을 필연적으로 함께 작동시키지도 않는다.

소개와 워밍업

위기 소시오드라마의 소개 부분에서 참여자들은 서로를 소개하고 소시오드라마의 과정과 목적을 안내받는다. 소시오드라마 연출가들은 모임의 일반적인 경계선과 시간 제한을 분명하게 알리고 필요하다면 사용될 연기와 역할 연기에 대해 간략하게 소개를 한다. 이 초기의 준비 단계에는 참여자들이 원하는 만큼 많든 적든 참가할 수 있는 자유롭고 안전한 환경을 만들기 위한 의식적인 노력이 있다.

안전한 환경을 만들기 위한 적절한 위밍업은 참여자들에게 자신을 상상의 식물로서 소개하도록 요청한다. 나무, 꽃, 덤불, 잔디 등 자라나는 것은 무엇이든지 간에 선택할 수 있다. 식물의 역할을 하면서 그들이 'being'과 'becoming'과 접하도록 그리고 자연의 순환하는 치유 과정들과 접하도록 해 준다. 자연속의 모든 것과 같이 사람은 성장하고 죽는다. 식물처럼 사람도 잠재력을 실현시키기 위해 돌봐져야만 한다. 좋은 정원사는 식물에게 최적의 환경, 충분한 물과 영양, 적절한 햇빛과 그늘을 제공하기 위해 식물을 어떻게 돌봐야 할지 알아야 한다. 이 모든 것을 하고 나서 식물의 내적인 성장 잠재력에 의지하며 시기가 되면 꽃을 피울 것이라고 희망한다. 사람도 최적의 환경을 필요로 함에 있어서 식물과 유사하다.

그러나 "어린 가지가 주어지는 모든 무게를 떠맡는다."는 오래된 중국의 속담처럼 아이들은 돌봐 주는 사람의 양육 방식에 따라 영향받는다. 게다가 무참한 자연의 힘에 의해 또는 어떤 의도적이거나 뜻밖의 피해에 의해 야기되는 갑작스런 재난으로 인해 식물은 영원히 상처받는다, 그러나 모든 정원사가 잘 알고 있듯이 많은 식물은 놀라운 치유의 잠재력을 갖고 있고 심각한 상처 후에 회복하는 경향이 있다. 이와 비슷하게 상처받은 사람은 심각한 심리적인 상처 후에 그들의 인생의 여행을 계속하기 위한 방법을 찾는다.

이러한 워밍업 활동의 목적은 참여자들에게 공유된 트라우마를 나누기 위한 편안하고 안전한 환경을 만들어 주는 것만이 아니다. 집단이 자연의 치유력과 성장 시기에 민감해지도록 도와주고, 특히 집단 사회 속에서 복원력의 힘을 강화시켜 주는 것이다. 나는 이것이 가장 두렵고 트라우마적인 사건을 해결하기 위한 적절한 방향이라는 것을 발견했다.

재연

처음의 워밍업 또는 어떤 다른 덜 상징적인 소개 이후에 트라우마의 인정과 재연의 두 번째 단계가 시작될 수 있다. 이 단계에서 트라우마 사건이 집단 내에서 재생되고 사건에 대한 주요 요소가 공유된다. 참여자들은 그 사건에 어떻게 관련되었는지, 또는 그것에 대해 어떻게 들었는지, 그 사건을 둘러싼 다양한 환경에 대해 간단한 서술을 하도록 요청받는다. 예를 들어, 만일 사건이 9.11과 같은 주요 테러 공격을 다룬다면, 대부분의 참여자들은 사건에 대해서 들었을 때 어디에 있었는지 쉽게 기억을 하고 집단과 그 정보를 공유할 수 있다. 이것은 위기 소시오드라마 모임에서 주요한 부분이다. 왜냐하면 드라마에서 필요로 하는 다양한 역할을 자원하는 참여자들에 의한 트라우마 사건의 실제의 상연과 재연을 포함하기 때문이다.

회상 속에서 이러한 집단원의 개인적인 요약(요점의 반복)을 재연하는 것은 종종 지역사회의 대처와 재조직의 다각적인 모습을 보여 준다. 그러한 재연은 집단이 실제적인 재난의 사건을 풀어내도록 도울 뿐 아니라 더욱 중요하게, 다양한 집단 구성원들로 하여금 활동 속에서 사건으로부터 그들이 기억하고 있는 것, 어디에 있었는지, 어떻게 느꼈는지 그리고 그들이 그것을 어떻게 다룰 수 있었는지 보여 줄 수 있는 기회를 제공한다. 힘이 드는 이 모든 작업은 사건을 새롭게 서술할 것이고, 이는 각각의 모든 참여자들이 치료되는 치유 과정의 한 단계로서 매우 중요하다는 것이 반복적으로 발견된다.

만일 트라우마 생존자 스스로가 트라우마 사건을 재연할 수 없을 때 대신하는 방법이 있다. 매우 강력한 방법 중 하나가 조나단 폭스(1994)의 '플레이백 시어터(playback theatre)'이다. 즉석에서 하는 이러한 형태는 개인사의 극화(각색)에 충실하다. 관객석에서 나와 이야기하는 사람은 무대 위에 있는 특별한 의자에 앉고 연출가는 그를 인터뷰한다. 이야기는 리허설 없이 즉흥적으로 연기하는 배우들에게 재연되거나 '플레이백'된다. 종종 음악적인 요소가 더해져 마임이 사용되기도 한다. 이러한 연극의 과정에서 많은 사람들은 이야기를 공유할 수 있고 많은 장면이 재연된다. 그러면서 특정한 집단의 보편적인 공유된 테마가 드러난다. 플레이백은 상처 입은 지역사회 사건의 공유된 치유에 매우 효과적인 방법이다. 최근 카트리나 태풍으로 영향받은 뉴올리언스와 다른 지역의 사람들에게 이 플레이백 시어터를 제공하기 위한 프로그램이 준비되었다.

트라우마 사건의 반복된 재연은 트라우마의 특징이며 이는 트라우마를 다루는 대부분의 접근의 본질적인 부분이다. 습관적이고 반복되는 강박충동은 견딜 수 없는 스트레스를 이겨 내려는 성공적이지 못한 시도로서 이해될 수 있는 반면에, 기억하고 반복하는 트라우마를 통해 작업하는 의도적인 과정은 소시오드라마를 포함해 대부분의 트라우마를 다루는 접근에 발판을 제공한다. 그러한 치유적인 재연은 기억과 느낌을 매우 상세히 구술하고 활동을 통해 말로 표현할 수 없는 것을 내보이도록 하기 위해 트라우마 사건을 재차 반복하는 것을 포함한다. 그러나 켈러만(2000)에 의해 강조되었듯이 재연은 그 자체만으로는 해결책으로 충분하지 않고 종종 사건의 인식적인 재생과 같은 그러한 다른 요소도 수반되어야 한다.

인지적인 재생
켈러만(2000)에 따르면 대부분의 트라우마 이론가들은 PTSD를 새로운 정보를 처리하고 기억 속에 그것을 저장하는 데 있어서 상처받은 사람들의 무능력에 대한 반응으로 본다. 그러므로 치료의 목적은 그들이 갈등을 일으키는 정보를 통합하도록 그리고 옛것과 새것의 새로운 의미를 생각하도록 돕는 것이다(Horowitz 1976; McCann & Pearlman 1990).

세 번째 단계인 인지적 재생은 일어났던 일에 대해 더욱 새롭고 철저한 이해를 제공하고 종종 공유된 트라우마의 직접적인 결과인 혼돈에 어떤 구조를 제공한다. 이 단계의 목적은 참여자들이 트라우마에 의한 손실과 일어났던 일을 즉각적이고 적절히 평가하는 데 있어서 그들의 무능력에 대한 인지적인 반응을 처리하도록 돕는 것이다. 모임의 지지적인 환경 안에서 조직적인 방법으로 실제적인 사실이 보고될 때, 참여자들은 돕기 위해 행해졌던 일과 달리 할 수 있었던 일에 대해 질문을 할 수 있다. 그러한 과정은 슬픔의 표현뿐 아니라 불안과 죄책감을 조장할 수 있다(Beck 1999). 이 단계는 손실에 대처하는 대안을 찾기 위한 길을 제공할 뿐만 아니라 사건에 대한 왜곡된 태도를 교정하는 데 도움을 준다.

이 단계에서 사람들은 사실을 직면할 필요가 있고 일어났던 일을 이해할 필요가 있다. 사람들은 종종 사건의 중요성을 경시하고 그 의미를 부정하기 때문에 위기 소시오드라마의 이 부분은 참여자에게 일어났던 일을 인정하도록 강요한다. 그들이 회상 속에서 스스로에게 "그래, 우리는 그런 일을 겪었어. 우리는 고통받았고 기억해. 그것은 다른 사람들에게도 일어났고 우리에게도 일어났어."라고 말하도록 돕는 것이 목적이다. 그러한 자각의 점차적인 증진은 감정의 카타르시스와 강력한 잉여 에너지의 분출을 수반한다.

감정적 카타르시스

네 번째 단계인 감정적 카타르시스는 트리우마로부터 감정의 찌꺼기
를 끌어낸다. 이 단계에서 생존자들은 판단하지 않고 지지적이며 이해
받는 방식으로 감정을 공유하는 기회를 가져야 한다. 생존자들은 자신
의 감정적 반응을 동일시하고 지금 여기서 말하도록 허용되어야 한다.

위기 소시오드라마의 이 과정 동안 참여자들은 지금과 과거를 분리
하고 사건에 대한 감정을 표현하고 현재 감정, "그것이 일어났을 때
당신은 어떻게 느꼈지요?" 그리고 "지금은 어떻게 느끼고 있지요?"
를 표현한다. 적절하다면 어떤 사람들은 마침내 "만사가 다 잘되어 간
다."는 것을 인정할 것이다. 그러나 이전에는 인지되지 않았지만 지금
경험되고 표현될 수 있는 사건과 관련해서 다양한 감정이 종종 존재한
다. 그러한 감정에는 압도적인 슬픔, 공포, 수치심이 포함될 수 있다.
수치심은 종종 대게 무시되는 느낌이다(Lindner 2001).

감정적인 카타르시스는 장기간의 내적 동원이 효과적인 분출구를
찾아 배출되는 해방의 경험이다(Kellermann 1992). 압력솥의 증기같이
형성되어 온 억압된 감정을 가진 상처받은 사람들에게 '증기를 뿜어내
는' 그러한 기회는 대게 위안의 느낌을 제공한다. 분명히 공유된 트리
우마를 가진 생존자들은 그것에 대처하기 위하여 사건을 다룰 필요가
있다. 그것을 은폐하거나 다른 어떤 것을 하는 것은 그러한 상황에서
별로 도움이 되지 않는다. 감정을 카펫 아래로 묻어 버리는 것은 감정
을 질질 끄는 것이고, 그것은 숨겨 주려고 노력하는 사람을 물고 독을
퍼트리기를 기다리는 잠복하는 뱀과 같다.

하지만 감정의 거리낌 없는 표현에 신중하는 것은 현명하다. 상처
입은 사람들은 다른 사람들보다 종종 더 연약하고 상처받기 쉽고, 고

통의 압도적인 느낌으로부터 자신을 보호하기 위해 다소 발달되지 않은 방어들을 사용해 왔다. 그러므로 목표는 충분하고 거리낌 없는 카타르시스를 달성하는 것보다는 차라리 분리와 포함의 적절한 배합을 발견하는 것이다.

트라우마 생존자들은 종종 기억을 공유하고 일어났던 것에 대해 이야기하는 것이 매우 어렵다는 사실을 발견한다. 주의 깊게 듣고 있는 관객 앞에서 자신의 이야기를 반복해 말할 수 있을 때, 그들은 종종 커다란 안도감을 경험한다. 도리 라웁에 따르면 힘든 삶의 경험을 이야기하는 것은 그 자체로 자유로워지는 것이다. 라웁은 하나의 예로 유태인 대학살 여성 생존자의 증언을 제공했는데 그녀는 단지 자신의 경험에 대해 이야기하는 것만으로 아우슈비츠로부터 탈출한 듯이 보였다.

불행하게도 이러한 해방감이 증언의 결과로서 항상 일어나는 것은 아니다. 그런 반복되는 이야기로부터 안도감을 경험하지 못해 고장 난 레코더같이 이야기를 반복하기만 하는 대학살 생존자들에 대한 전문 문헌에 몇 가지 보고서가 있다. 이런 사람들과 함께 작업한 나의 경험으로 보면 단순한 이야기의 자동적인 카타르시스 효과가 이런 회의론을 확증한다. 역사학적 목적을 위해 수천 명의 대학살 생존자들이 비디오 테이프에 증언을 해 왔으나 그러한 기억을 간단히 이야기하는 것만으로 치료적인 가치가 있는지는 의문스럽다. 겉보기에 지속적인 변화를 제공하기 위해서는 그렇게 심각하게 상처 입은 내담자들의 치유에 더 많은 것이 있어야만 한다. 최초의 유태인 대학살의 트라우마로부터 60여 년 지난 오늘날 우리는 그러한 해방이 다수를 위해 일어나지는 않을 것이라고 결론지을 수 있다.

하지만 우리가 할 수 있는 것은 그들의 과거와 현재의 고통을 이해하고 그들의 필요에 민감한 지지적인 환경을 제공하는 것이다. 그러한 환경에서는 상처 입은 사람들이 더 이상 외부의 힘에 의해 밀고 당겨지고 정해지는 대상이 되지 않는다. 그들은 삶을 건설하는 데 능동적이고 책임감 있는 사람으로서 그리고 트라우마 해결을 위한 매우 개인적인 여행의 동료 치료자로서 자신을 보도록 격려받는다.

결과적으로 모임의 리더는 적절한 균형을 선택해야 하고 그 균형은 감정을 마주하고 회피하는 데 있어서 상처 입은 사람들의 특별한 감정적 요구를 존중해야 한다. 분명히 이 사람들이 충분한 내적 통제를 발달시켰을 때에만 감정적 카타르시스가 북돋아지고 그다음에야 공동체의 공유와 개인 간의 지지가 뒤따라온다.

공유와 개인 간의 지지

다섯 번째 단계 공유에서는 생존자가 자신을 소외시키거나 지역사회에 의해 소외되는 것을 막기 위해 그 초점을 지역사회의 지지에 둔다(Figley 1993). 이 단계에서 목적은 보편성을 강조하는 것인데 생존자들은 유사한 상처가 되는 사건들을 경험했던 많은 다른 사람들과 감정적 반응을 공유하는 것을 습득한다.

그러므로 모든 소시오드라마 회기가 참여자들에 의해 깊은 감정적 수준에서 공유되며 끝나는 것이 중요하다. 이러한 공유는 보편성의 감정을 이끈다. 즉 우리는 다소 비슷한 호된 시련을 겪었고 모두 그것을 이겨 냈다는 느낌을 이끈다. 이것은 동료 생존자들과 한 배에 타고 있다는 이 느낌이며 이 느낌은 사람들로 하여금 상실과 불행에 더 잘 대처하도록 돕고 또 모두의 미래를 위하여 재건하도록 돕는다.

이 단계는 또한 슬픔을 다루기 위한 새로운 대처 기술을 배우도록 고안되었다. 상처가 되었던 사건에 대한 다양한 인식적이고 감정적인 스트레스 반응이 지연되어 왔고 겨우 이 단계에서 처음으로 표현되었기 때문에, 그러한 반응은 트라우마 생존자들 사이에 매우 공통적이란 것을 소시오드라마 연출가가 지적해 주는 것이 중요하다. 사실 그들은 다음과 같이 지적할 수 있다. 즉 구역질, 고통스런 꿈, 주의력 결핍, 우울, 슬픔, 불안, 통제력 상실에 대한 두려움을 포함한 전형적인 외상 후 스트레스 반응이 비정상적인 사건에 대한 정상적 반응이라는 것과 그러한 반응이 대부분의 사람들에게 며칠에서 몇 주까지 지속될 수 있다는 것을 지적해 주어야 한다. 이와 동시에 소시오드라마 연출가들은 모임에게 더욱 불안한 반응들을 알려 줄 수 있고 더욱 오래 끌거나 심각한 반응을 갖고 있는 참여자들과 개인 상담을 하기 위해 연출가는 더욱 유능해져야 한다. 이 참여자들은 또한 추가적인 정신건강 상담을 위해 의뢰되어야 할 것이다.

종결과 의식

마지막 단계인 종결에서는 자연스럽게 사건을 펼치고 집단을 위한 부드러운 종결 구조가 있어야 한다. 미해결된 부분을 매듭짓고 의식 또는 눈물의 작별로 집단을 해산하여 적절히 종결한다.

인류학자들과 다른 이들에 의해 묘사되었듯이(예 : Johnson et al. 1995), 그 예식들은 태초로부터 신에게 호되게 타격을 받은 후에, 죽은 이들을 예우하고 더 나은 미래를 위해 기도하고자 전 세계 지역사회에서 공통적으로 사용되어 왔던 의식은 전통적인 예식의 기본적 치유의 면을 포함한다. 이 지역사회의 의식들은 사람들의 삶속에 변화를 만들고 새로운 환경에 적응하도록 하는 구조적 틀을 제공한다. 트라우마적 경험의 여파에 의식은 사람들에게 보호되는 느낌을 제공하고 그들의 느낌을 상징적인 방법으로 표현하도록 돕는 데 중요하다.

소시오드라마 내의 종결의식으로서 강력한 체계는 '이야기하는 막대기(talking stick)'라고 불리우는 고대 미국 원주민의 의식이다. 그것은 원래 오크나무 가지인데 그 가지를 잡은 사람이 이야기할 권리를 가진 사람으로서 지명된다. 집단 두루두루 건네질 수 있는 것은 무엇이든 사용될 수 있다. 그것을 잡은 사람은 집단에게 무엇이든 말할 수 있다. 말하고 있을 때 다른 집단 구성원들은 침묵을 지키고, 만일 그들이 그 이야기에 동의한다면 "호!"라고 할 수 있다. 강하게 동의하면 그들은 "호! 호!"라고 말할 수 있다. 그러나 누군가가 말하고 있을 때 비평하거나 논쟁할 수 없다. 한두 차례 막대기가 집단 내에서 돌고 나면, 많은 손에 쥐여져 따뜻해질 텐데, 그것은 집단의 주제를 만질 수 있는 상징이자 기념물로서 그 공간 가운데에 놓여질 수 있다.

이야기하는 막대기는 각 참여자에게 짧은 시간 동안 집단 전체를 집중하게 한다. 참여자들이 정직하게 이야기할 때 다른 사람들은 주의 깊게 듣는다. 그 의식은 화자에게 다른 의견에 대한 존중과 자유로운 이야기의 허용, 그리고 창피함이나 보복에 대한 두려움 없이 마음에 있는 것을 이야기할 자유와 권리를 가졌다는 확신을 전달한다. 이야기하는 막대기는 집단을 행위 기간에서 종결 기간으로 나아가도록 돕는 '과도기의 대상'이다. 게다가 모든 사람이 자신의 감정에 대해 이야기할 때 그것은 비극을 상징적으로 객관화하여 해로운 내용을 만질 수 있는 대상 안으로 주입한다. 이것은 그 주제가 미래에 언젠가는 버려질 수 있고 삶은 계속되어야 한다는 간접적인 메시지를 전한다.

위기 소시오드라마의 나누기 단계에서 소시오드라마 작가는 마지막

몇 마디 말로 회기를 종결할 수 있다. 이러한 요약 진술의 목적은 생존자들에게 동기를 부여하고 생존자들을 다루는 데 아무것도 할 수 없던 존재에서 이들을 격려할 수 있게 하는 것이다. 이런 전환은 치료적 의식의 공동체적 형식으로 축하될 수 있다.

몇몇 생존자 집단은 소시오드라마 이후 지속적이고 공통된 방향이 필요할 것이며 소시오드라마 작가는 회기 후에 참가자들에게 공유된 적절한 집단 활동을 제안할 수 있다. 참사를 겪은 장소를 다시 방문하여 작별 의식을 수행하는 것은 의미 있는 기념행사일 수 있다. 실종된 피해자의 가족과 친구들이 동아시아에서의 끔찍한 쓰나미 이후 텅 빈 해안을 따라 여러 곳에서 이러한 의식을 수행했다.

기념 음악회나 소책자 또는 작별 전시회도 고인을 알았던 사람들이 함께 모여 마지막 인사를 할 수 있는 행사이다. 이러한 행사는 이스라엘에서 테러 피해자를 기념하여 자주 수행되며 모든 참석자에게 큰 영향을 미친다. 특별히 피해자가 아동이나 청소년일 경우 이런 행사는 가족 및 가까운 친구들의 슬픔을 어느 정도 완화시키며 피해자의 짧은 생에 대한 의미 있는 관점을 제공한다.

함께 테러 공격을 받거나 인질로 잡히거나 또는 지진, 기차 사고, 침몰하는 선박, 화재 및 기타 재난의 생존자들의 집단은 자신들의 공통적인 불운에 대해 슬퍼하고 해결하는 집단적인 행동에서 도움을 받을 수 있다(Haney et al. 1997).

사례

최근의 한 소시오드라마 회기는 전 세계의 테러 공격에 초점을 맞추었다. 회기는 넓고 밝게 불을 켠 방에서 진행되었다. 보통 참여자들은 둘

씩 방에 들어와 벽에 있는 접이식 의자로 빠르게 걸어가 자리에 앉았다. 방에는 약 60명이 있었다. 웃음과 대화가 있었는데 사람들은 목적을 가지고 움직였다. 집단의 리더는 새로 온 사람들에게 다가가 자신을 간략하게 소개했다. 잠시 후 리더는 회기의 목적에 대한 개요를 설명했고 국제 테러의 감정적인 결과에 특별히 초점을 맞추었다.

회기가 진행되면서 폭탄 테러의 한 여성 생존자는 자신이 기억하는 사건을 재연했다. 그녀는 직장으로 가던 자신의 일상적인 여정이 어떻게 악몽으로 바뀌었는지에 대해 집단과 공유하기를 원했다. 집단 전체는 적극적으로 참여했다. 한 참여자가 자살 폭탄 테러리스트의 역할을 연기하겠다고 자원했고 다른 사람들이 피해자와 생존자 및 지나가는 사람의 역할을 연기했다.

폭발 순간에 그녀는 충격을 겪었던 자신의 반응을 설명했다. 이 장면에는 깨진 유리와 비틀어진 금속이 포함되었다. 먼저 그녀는 어떤 일이 일어났는지를 전적으로 이해하지 못했다. 폭발음은 참을 수 없을 정도로 컸다. 그녀의 귀는 먹먹해 졌고 즉각적으로 무슨 일이 있었는지 설명할 수 없었다. 잠시 후 또는 몇 시간 후 사건의 커다란 충격을 천천히 이해하기 시작했고 드디어 감정적으로 반응하기 시작했다. 그이후 그녀는 비슷한 소음을 들을 때마다 깜짝 놀랐다. 그녀는 그것은 마치 '당혹감과 결합된 공포' 같았다고 말했다.

폭발 이후부터 그녀는 잠을 자기 힘들어졌고 밤에 계속 깼다. 낮에는 기운이 없었다. 울면서 소리를 지르던 피해자의 이미지가 그녀를 밤낮으로 괴롭혔고 신체적인 고통은 끔찍한 사고를 계속 기억나게 했다. '나는 살았으니까 운이 좋은 거야'라고 긍정적으로 생각하려고 노력했지만 그럴 수 없었다.

그녀가 실연을 마쳤을 때 다른 참여자들도 이야기를 하는 시간이 있었다. 폭발 직후 지나갔던 사람은 고함, 울음, 그리고 커다란 혼동과 같은 전체적인 공황 상태 이후 전적인 고요함이 있었다고 설명했다. 7명이 죽었고 100여 명이 부상을 입었다. 그 일이 일어났을 때 모두가 놀랐다. 안전한 곳으로 피하면서 많은 희생자와 크게 부서진 건물을 보았다.

폭발에 직접적으로 피해를 입지 않은 주변의 사람들 역시 테러 공격의 영향을 나누었다. TV에서 이 모든 것을 본 몇몇 사람들은 이러한 영향을 배경 잡음처럼 거의 들을 수 없었는데 이는 예상하지 못하는 곳에서 새로운 폭발이 있을 수 있다는 두려움을 주었다.

실제 폭탄 테러를 재연하는 동안 참여자들은 테러리스트와 대면하고 왜 그런 일을 했는지 그리고 동기가 무엇인지 질문할 필요가 있었다. 테러리스트의 입장에 있던 사람은 자신이 어디에서 왔는지, 계획이 무엇이었는지, 그리고 왜 폭탄을 터트렸는지를 설명했다. 그는 "저는 모든 미국인과 모든 영국인 그리고 모든 시온주의자들을 죽이고 싶습니다!"라고 부르짖었다. 그는 자신을 축복해 주고 용기를 칭찬해 준 권위주의적인 교사가 자신을 보냈다고 말했다. 갈망하던 한 젊은이로서 자신은 많은 사람 중에서 선택받은 사람이라고 자랑스럽게 외쳤다. 그는 역사를 바꾸기를 원했다. 실제적인 죽음을 믿지 않았기 때문에 겁낼 것이 없었다. 현재의 삶보다 나은 내세를 믿었기 때문에 이런 행동을 할 수 있었던 것이다.

회기의 종결에 테러리스트 연기를 했던 사람은 크게 흔들렸고 역할에서 빠져 나오는 데 상당한 시간이 걸렸다. 그 이후 전체 집단은 나눔을 위해 원으로 둘러앉았다. 여기에는 개인적인 느낌뿐만 아니라 정치적 상황과 새로운 폭발적인 내용의 지속적인 흐름을 제공하는 것으로 보이는 다양한 세계적인 갈등에 대한 언급도 포함되었다.

재-트라우마

소개 및 준비, 재연, 인지적 재처리, 감정적 카타르시스, 나눔과 대인 관계 지원, 그리고 마감과 의식은 집단 트라우마의 소시오드라마적인 탐구를 위한 전체론적인 틀을 구성한다. 심리적 트라우마의 유해한 영향을 없애기 위한 사이코드라마적인 접근 방식과 다른 정신 요법적인 도구의 절충적인 이용과 결합되면 사람들이 다양한 삶의 비참한 경험을 더 잘 다룰 수 있는 강력한 방법이 된다.

하지만 이 힘은 치료할 수도 있지만 해로울 수도 있는 능력을 가진 양날의 칼로 보아야 한다. 치료적인 효과 외에도 위기 소시오드라마에는 재-트라우마(retraumatization)나 재-피해자가 될 수 있는 위험이 항상 존재한다.

설정이 참여자에게 충분한 보호를 제공하지 못하면 트라우마적인 상황의 실연을 모두 피해야 할 수도 있다. 나는 몇몇 참여자에게 유해한 영향을 주는 소시오드라마 회기에 두 번 참석해 보았다. 첫 번째는 심리드라마 회의에서의 공개 회기 동안 조직된 것이었고 두 번째는 짧은 전문적 세미나에서였다. 매우 경험이 많은 소시오드라마 감독이 두 번 모두 지휘했고 유태인 대학살의 주제를 다루었다. 회기 중 참여자들은 유태인 대학살의 끔찍한 장면을 재연하도록 격려를 받았는데 강제수용소에서의 선택 과정과 전쟁의 종식 때 거의 죽어 가는 피해자가 연합군에 의해 석방되는 장면이었다. 두 회기 모두 초조함에 압도되어 회기 종결에 자신을 진정하지 못하고 감정적인 반응을 받아들이지 못하는 참여자들도 있었다. 내가 보기에 그들은 적절한 종결과 재건 과정 없이 자신들의 고통에 홀로 남겨져 있었다.

앞서 지적한 것처럼 다음을 다시 강조한다.

> (그들 자신과 신체 및 환경에 대한) 통제력을 잃고 하고 싶지 않은 일을 하도록 이용당했던 이전의 경험 때문에 이들의 기본적인 안전, 유지 그리고 종결의 필요성을 인식하는 트라우마를 겪은 사람들을 위한 부드러운 접촉의 필요는 특별히 중요하다. 예를 들면, 소시오드라마 연출가는 각 단계에서 어떤 일이 일어날지와 참여 및 관련을 위한 주인공의 동의에 대한 설명 측면에서 최선을 다해 회기를 준비해야 한다. 명백하게 내담자 중심 치료의 황금률은 소시오드라마의 시도에서 주인공을 이용하고 지도하기보다는 '따라가는 것'이 중요하다. (Kellermann, 2000, p. 35)

따라서 관여와 거리는 각 집단과 각 회기 내에서 균형의 중심축 주변에서 발전하는 두 가지 중요한 힘으로 보인다. 필요한 통제를 유지하기 위해 감독은 "한편으로는 극단적인 거부와 다른 한편으로는 강요적인 반복을 방지하면서 견딜 만한 인식의 분량"(Scurfield, 1985, p. 245)을 통해 민감하게 집단을 인도해야 한다.

정치적 소시오드라마

종합병원의 정신과 병동에서 처음 집단 심리요법(psychotherapy)의 실습을 시작했을 때 네 가지, 즉 정치, 종교, 금전 및 성에 대해 토론하지 말라는 말을 들었다. 이런 주제는 환자들이 다루기에 너무 어려울 수 있고 문제만을 야기할 수도 있다. 병원에서는 드라마, 관계, 아동기의 추억, 그리고 이와 유사한 개인적인 문제에 대해서만 이야기하는 것으로 제한을 두는 것이 훨씬 안전하다고 들었다.

따라서 정말 중요하고 잠재적으로 논쟁의 여지가 있는 모든 것은 효과적으로 집단에서 배제되었다. 예를 들면, 집단 구성원 중 한 사람이 이민을 온 고문 생존자이고 영주 망명 비자를 간절히 기다린다면 그 집단에서는 이민 정책을 논의할 수 없었다. 이 문제가 지속되면 내담자는 이 분명한 사항을 다른 때 사회복지사와 논의하도록 조언받을 수 있다. 직장에서 부당한 일로 직업을 잃은 한 남성은 자신의 전 고용주나 노조 대표와 대화를 해야 했다. 신의 존재에 대해 의문을 가진 한 여성은 이 문제를 논의하기 위해 목사님과 면담을 해야 했다. 집단의 모든 심리요법 환자들이 아무런 실재적인 이유 없이 사회에서 부당한 대우를 받고 병원에 입원했다고 느낀다면 이 환자들은 집단 치료사가 아니라 자신들의 가족이나 병원 원무과에게 이의를 제기해야 했다. 이런 사례에서 집단의 심리치료사는 주제를 재치 있게 바꾸어 환자의 현재 어려움에 대한 외부적 요인을 탐구하는 대신 환자의 심리적이고 대개는 무의식적인 과정에 초점을 맞추어야 한다.

반대로 정치적 소시오드라마는 출처에 상관없이 참여자들이 가진 어려움에 어떤 문제가 있는지 탐구하도록 초대한다. 참여자들은 정치, 종교, 금전 및 성을 포함하여 이런 문제가 어떻게 행복을 방해하는지 탐구하기 위해 자신을 괴롭히는 모든 문제를 제기하도록 격려한다. 사실 정치적 소시오드라마는 참여자가 자신의 총체적인 잠재력을 제한한다고 믿는 사회적이고 지역사회적인 문제를 탐구하도록 격려한다.

이런 접근 방식은 개인들이 사회에 적응하는 것에 단지 부분적인 책임만이 있다는 가정에 근거한 것으로 이는 많은 사람에게 지나친 요구일 수 있다. 만약 그렇다면 이들의 다양한 '부적절한 반응'은 비정상적인 상황에 대해 매우 정상적인 반응으로 해석될 수 있다. 그렇다면 소시오드라마 집단의 제일 중요한 목적은 사회의 불안 요소가 무엇인지 그리고 더 나은 방식으로 사람들이 필요한 것을 제공하기 위해 지역사회가 어떻게 바뀌어야 하는지를 탐구하는 것이다. 사람들이 함께 모여 자신들에게 약간의 능력이 있다는 것을 느낄 때 직면한 환경에서 실제적인 차이를 만들 수 있게 되기를 바란다. 그러한 탐구의 결과가 어떻든 다른 사람과 지역사회의 문제를 공유하는 경험은 자신의 직접적인 이웃의 사회적인 문제를 인식하고 참여하게 한다. 모든 문제가 즉시 해결되지 않더라도 지역사회의 지원 자체로도 해당하는 개인의 문제를 완화시킬 수 있고 가끔은 드라마, 부모관계, 자아상, 그리고 아동기의 추억에 반영되어 (거의 마술처럼) 중립적인 해결책을 찾게 될 수도 있다.

위기 소시오드라마와 비교할 때 정치적 소시오드라마는 갑작스럽고 예상하지 못한 세계적인 재난 사건에는 대응하지 않으며, 사회 내의 장기적인 부정의를 해결하려고 시도하는 많은 집단 활동 중 하나이다. 그래서 집단은 사회적 붕괴 그리고 사회적 분쟁이나 부정의의 해결과 같은 불평등뿐만 아니라 정부 기관의 신뢰 결여 문제를 다룰 수 있다. 대안적으로 이 집단은 모두를 위한 동등한 기회를 개선하는 방법을 모색할 수도 있다. 사실상 지역사회가 직면하는 모든 중요한 사회적 논쟁은 이 집단과 관련이 있다.

정치적 소시오드라마는 시위나 데모와 같은 대중의 모임 중에 조직될 수 있으며 선거 운동, 대학 캠퍼스, 학교, 공공의 문제를 논의하는 대집단 모임 중에 거행될 수 있다. 소시오드라마는 모든 구성원의 언어적 및 비언어적 참여를 격려하기 때문에 일반적인 대중 연설이나 토론과 같은 전통적인 방식보다는 민주적인 사회 변화와 전환에 더 적합할 수 있다.

정치적인 소시오드라마에서 탐구될 수 있는 문제로는 교육 개혁 운동, 사법 제도, 이민 정책, 반차별주의 노력이 있다. 또한 이 접근 방식은 주거와 지역사회 발전을 위한 도시 계획에도 활용될 수 있다. 필연적으로 이러한 일은 자원 배분과 지역사회 계획에 대한 결정권자에게 영향을 미치려고 하는 이익 집단을 통하여 지역사회 조직에 중요한 영감을 제공할 것이다. 이러한 많은 문제에 대해 소시오드라마는 지지단체와 풀뿌리 조직, 입안자, 법 집행 기관, 미디어, 법원, 그리고 사회적 발전을 추구하는 지역사회의 여러 부분과 밀접하게 협력한다.

하지만 이런 일은 풀뿌리들의 노력에 에너지를 제공하는 강력한 도구를 만들 뿐만 아니라 더욱 효과적이고 정치적으로 중요하게 하여 이 모든 활동에서 지역사회의 다양한 지도자 및 정부 관리와 연관되게 한다. 종교적이고 일반적인 다양한 자발적인 비영리 기관들 또한 그들의 관점을 제공하도록 초대할 수 있다. 예를 들면, 대학의 캠퍼스에서 정치적 활동가 집단은 협력적인 동반자이다.

또한 정치적 소시오드라마는 노동조합, 시민 권리 단체, 이웃 위원회, 정당, 교육 기관, 여성 인권 단체 또는 여러 사회적 활동가 단체 내의 다양한 사회경제적 문제에도 적용될 수 있다. 예를 들면, 스웨덴에서 모니카 웨스트버그와 동료들이 수행한 사회 계급 분석은 노동자 계급과 중산층 및 상류 계급 간의 긴장을 탐구했다.

정치적 소시오드라마는 종종 분명한 이데올로기와 목적을 갖는 확실한 의제를 갖는다. 따라서 대부분의 회기는 옳고 그름, 정의와 부정의, 공정과 불공정, 존경과 모욕, 평등과 불평등, 이타주의와 이기주의, 권위주의와 민주주의 이념과 같은 중심적인 정치적 가치 충돌에 초점을 맞춘다. 필연적인 분쟁일지라도 참여자들이 동등하게 만나고 양측의 세계관을 발표할 기회를 갖는 것은 중요하다. 사실 어느 정도의 자유 발언과 기본적인 자유 및 동등성이 주어지지 않으면 정치적 소시오드라마는 의미가 없다. 반드시 서로를 존중하는 참여자들의 모임이어야 하고 보복에 대한 두려움 없이 자신의 생각을 말할 수 있어야 한다.

서구 세계 대부분의 정치적 소시오드라마는 자유 원칙과 민주주의에 대한 신념 그리고 언론의 자유에 기반을 둔다. 몇몇 사회적 변화가 분쟁의 결과로 발생한다는 점을 감안하면 사회 개선은 평화롭고 비폭력적인 수단으로 도달할 수 있는 방법을 찾을 수도 있다. 이런 대화와 합의를 통한 점진적인 사회 변화의 분위기는 권력 투쟁과 폭력적인 대결보다는 참여자로 하여금 열린 소통, 토론 그리고 협상을 하도록 격려한다. 자연적으로 이러한 소시오드라마 집단은 선의가 사람들을 주도하고 사람들은 최소한의 마찰과 강압으로 합의에 도달할 수 있다고 가정한다. 하지만 정치적 소시오드라마 실행자들은 마르크스주의적인 이데올로기를 포함하는 더 급진적인 정치적 관점에서 일하는 것을 선택할 수도 있다. 이런 급진적인 집단은 사회 저항과 동요를 목표로 한다(Buer 1991; Petzold & Mathias 1982). 소시오드라마 전문가는 이런 사회주의적 진영을 계속적인 부정의의 대상이자 정치적인 권력이 거의 또는 전혀 없는 사회적 계급에 속한 가장 약하고 가장 무시되는 사람을 위해 싸우는 곳으로 규명했다.

정치적 소시오드라마의 고유한 특성은 심리정치학, 심리역사학, 그리고 정치심리학(political psychology)에서 이론적 틀을 가져왔다고 하는 점이다(Kressel 1993). 심리정치학(psychopolitics)은 심리학적인 이론으로 정치학을 설명한다(예 : Robins & Post 1997). 이 분야는 정치적 행동에 대한 심리학적 과정의 영향과 사고, 기분, 개인적 동기에 대한 정치적 시스템의 영향을 연구한다. 전체주의 국가에서는 정치적인 메시지의 주입과 조작 및 대중 전달이 주요 연구 주제인 반면 특정한 사람들의 투표 행동 특성은 민주적인 시스템 내에서 연관된 분야이다. 반면 심리역사학(psychohistory)은 집단과 국가의 과거 및 현재적인 사회 및 정치적 행동의 정서적 기원을 이해하기 위해 심리치료의 통찰을 사회과학의 연구방법론과 결합한다. 이 분야의 선두적인 대변인은 *The Emotional Life of Nations*(2002)을 저술한 심리역사학 연구소 출신의 로

이드 드마우스이다.

더 실용적인 관점에서 정치적 소시오드라마는 정치적 극장과 밀접하게 관련되며 이미지 극장(image theatre), 토론 극장(forum theatre), 욕망의 무지개(rainbow of desire), 그리고 특별히 보알(1979, 1992)의 억압받는 사람의 급진적 극장(radical theatre of the oppressed; Feldhendler 1992) 또는 프레이리(1999)의 억압받는 사람의 교육 및 무정부의 자발적 극장(pedagogy of the oppressed; Aguiar 1998)과 같은 유사한 접근 방식을 사용한다. 이러한 형태의 모든 극장은 민주주의에 필수적인 지역사회 대화의 이상적인 형태를 만들어 무대와 관객 간에 더 적극적인 상호작용을 위해 무대에서 드라마를 수동적으로 보는 전통적인 극장의 고전적인 요소를 전환하려고 시도한다.

실행

정치적 소시오드라마는 다른 대부분의 행동 지향적인 집단과 같은 단계를 밟는다. 하지만 분명히 다른 한 가지는 많은 집단이 이런 목적에 따라 회기와 계획을 시작하기 전에 정치적 의제를 결정한다는 점이다. 예를 들면, 소시오드라마는 민주주의와 관용을 가르치기 위해 학교 내에 조직되는데 이는 첫 회기 전에 분명히 참여자들에게 공지된다. 마찬가지로 집회가 인지된 부정의에 대한 다양한 하위 집단 간의 폭력적인 폭동과 같이 지역사회 문제에 대한 대응이라면 회기는 이 문제에 대해 적절한 대응을 찾는 모임이라고 분명히 설명된다.

이런 분명한 의제로 조직하는 사람들은 특별히 관심이 있고 참석하는 것을 통해 혜택을 본다고 생각되는 집단과 접촉하려고 공개적으로 노력한다. 행사는 관련된 풀뿌리 기관과 지역사회 하위 집단에 공표되고 지역 정치인들도 초대될 수 있다. 이러한 집단과의 사전 모임도 조직하는 사람들의 실제 의도를 오해하는 것을 막는 데 매우 도움이 된다. 자연히 정치적인 의제는 누구도 이용당한다고 느끼지 않도록 하기 위해 회기 전에 참여자들과 반드시 공유된다.

정치적 소시오드라마 회기는 몇 시간에서 하루 이상이 걸릴 수도 있고 일반적으로 4단계 모두를 거치거나 단계가 없을 수도 있다. 첫 번째 단계에서 집단 구성원들은 그 사회의 관습에 따라 자신을 소개한다. 그다음 회기의 목적과 일반적인 범위를 논의하고 규명한다. 안전, 소속감, 대집단 내의 하위 집단의 인정과 같은 문제 역시 규명될 수 있으며 명백한 사회 정치적 문제가 있으면 이 소개 단계에서 솔직하게 언급한다.

정치적 소시오드라마는 다른 소시오드리마보다 더 엄격할 때 가장 잘 관리된다. 제기된 다양한 문제의 긴장으로 인해 포함되어야 할 필요가 있는 과정이 발전하여 집단은 지나친 실망 없이 문제를 다룰 수 있게 된다. 소개 단계에서 다른 소시오드라마 형태의 소시오드라마에 적절한 장난스러운 분위기를 만드는 대신에 전문가는 어렵고 사회적이며 정치적인 긴장을 탐구할 때 자주 제기되는 초기 어려움과 긴장을 인지하고 모든 참여자에게 적합하도록 함께 일할 수 있는 방법을 찾을 필요가 있다는 것을 집단과 공유해야 한다. 집단의 회원들은 '긴장 깨기(ice-breaker)'와 집단 내의 결속을 세우는 전략 그리고 이러한 심각한 틀 내에서 부적절하고 조작적인, 보통은 즐겁고 재미있는 전략을 사용하는 것을 인식할 수도 있다. 하지만 가능한 저항의 초기 논의는 사람들이 자신의 운명을 떠나는 어쩔 수 없는 선택에 직면하거나 지역적 또는 국가적 지도력에서 요구하는 어떤 변화에 대한 책임감에 직면할 때 회기의 끝에서 문제의 심각성을 탐구하고 더 나은 해결로 인도하도록 돕는다.

두 번째 단계인 집중(focusing)에서 소시오드라마 전문가는 최근 신문에 나온 뜨거운 정치적 주제를 제안하거나 사회적 문제에 대한 짧은 다큐멘터리 영화를 보여 줄 수도 있다. 대안적으로 회기가 선거 전이나 후에 일정이 잡혀 있다면 정치인들이 집단에게 짧은 소개 연설을 할 수도 있다. 그다음 집단은 그 주제를 논의하고 문제에 대한 배경을 제공하며 지금 이 문제를 탐구해야 한다는 긴박함을 강조한다. 대부분의 집단 구성원이 적극적으로 참여하기 어려운 대집단인 경우 리더는 더 많은 사람이 심도 있게 자신을 표현하도록 소집단으로 나눌 수 있다. 이런 소집단은 특정한 과제를 완수하거나 요약된 문제 상황을 논의하고 나중에 전체 집단에 보고할 수 있다.

세 번째 단계인 공연(enactment)에서는 집단의 주요 주제를 보여 주는 상징적인 상황을 연출한다. 이는 실제로 발생한 사건이나 모든 사람이 아는 사건 또는 문제가 되는 정치적 상황에 대한 즉흥적인 발표일 수도 있다. 공연은 상황에 나타나는 주요한 역할을 포함해야 하며 자신의 의견을 표현하는 역할의 실제 당사자(소시오드라마 회기 참여자인 경우)나 참여하지 않은 중요한 사람의 역할을 맡은 다른 참여자가 공연을 해야 한다.

각 역할의 참여자들은 이데올로기를 극대화하며 자신의 관점을 표현하도록 격려받는다. 이들은 편을 가르고 의견을 제시하며 자신의 개인적인 신념을 분명히 표현하도록 요구받는다. 그다음 이들은 다른 편과 역할을 바꾸고 다른 위치에서 가치 표현을 반복한다. 마지막으로 거울처럼 외부에서 전체 상황을 보도록 요청받는다. 이런 거리를 둔 관점에서 이들은 어떤 일이 벌어지는지 표현하고 그 상황에 대한 정치적인 해결책을 찾으려고 시도한다. 따라서 참여자들은 사회정치적인 분쟁에서 매우 다양한 위치를 탐구할 수 있는데 여기에는 완강한 사람 대 연약한 사람의 관점, 보수적 대 진보적 사상, 국수주의자 대 자유주의자 의견, 그리고 국수주의자 대 민주적인 사상이 포함되며(Bales 1970; Eysenck 1954) 자신의 위치를 방어하도록 요청받을 수도 있다.

압제적인 정권과 전체주의적인 정치 시스템의 영향을 탐구하는 소시오드라마 집단에서 구성원에게 이런 상황을 행동으로 표현하도록 제안하는 것은 적절하다. '조각 기법(sculpturing)'과 같은 사이코드라마적인 기술을 이용하여 상황을 구체화하고 권력 투쟁에 포함된 다양한 역할에 대한 회기에 초점을 맞추도록 도울 수 있다.

또한 이런 회기에서 집단 구성원들은 전쟁 시나리오의 다양한 중심적인 역할을 맡도록 요청받을 수 있는데 이는 자신이 직면하는 상황에서 역사를 직면하게 해 준다. 제2차 세계대전 동안 유럽에서 나치 통치 이후의 추유증에 대한 많은 회기에서 나는 피해자와 협력자 및 가해자, 구조자나 도움을 준 사람, 그리고 이러한 시대의 방관자의 역할을 심도 있게 탐구하는 것이 매우 건설적이라는 것을 발견했다(Kellermann 2004). 이런 역할들은 대개 전쟁 시나리오의 특정한 측면을 보는 것에 사용되지만 그 어느 것도 쉽게 묘사할 수 없으며 지나치게 단순화하지 않아야 한다. 실제성(reality)은 사람이 전쟁이라는 매우 특별한 혼란의 시기에 하나 이상의 역할을 동시에 구현한다는 점을 지지한다. 따라서 가해자이면서 피해자인 군인이 있을 수 있을 뿐만 아니라 특정한 상황에서 배반자이면서도 도움을 주는 사람이 있을 수도 있다. 마찬가지로 피해자는 상황에 따라 다른 역할을 가질 수도 있다.

우리는 이 장의 후반부에서 이런 상황에 처한 가해자(때로 '독재자'로 상징되는)와 다양한 피해자(또는 '사람들의 적')의 특정한 역할을 더 논의할 것이다.

이런 연기 후에 집단은 일종의 마무리가 필요하다. 하지만 정치적 소시오드라마에서 이상적인 마무리는 '완료'와 '진정'을 추구하는 것으로 제한되지 않는다. 앞에서 강조했듯이,

> 나는 모든 회기가 반드시 긍정적인 분위기로 종료되어야 한다고 생각하지 않는다. '완벽한 승리' 이후 석양 뒤로 사라지고 그 후 행복하게 살았다는 환상을 주는 주인공이 등장하는 동화처럼 끝나는 몇몇 사이코드라마는 갈등을 충분히 다루지 않을 경우 기만이 될 수 있다. 이런 경우 주인공이 해결되지 않은 갈등을 인지하고 어려운 상황에 직면하거나 또는 불확실한 미래를 예상하는 마지막 장면을 소개하는 것이 더 생산적일 수 있다. 이러한 마지막 장면은 열려 있고 삶 자체에 예기치 못하는 일이 있으며 미래의 행복을 보장하지 않는다는 것을 보여 준다. 이런 사고는 완벽한 사이코드라마 회기는 있을 수 없으며 단지 다소 정직하고 더 인간적일 수 있다는 것을 가정한다. (Kellermann 1992, p. 157)

마찬가지로 해결할 수 없었고 더 나은 해결책을 찾는 데 시간이 더 필요한, 끝나지 않은 많은 정치적 소시오드라마의 끝에서 우리는 자주 비슷한 느낌을 받을 수 있다.

마지막 단계인 공유(sharing)는 정치적 소시오드라마에서 특히 중요하다. 이 후기-활동 보고 단계에서 참여자는 자신이 배운 것을 처리한

다. 하지만 이는 훨씬 덜 개인적이고 사이코드라마보다 훨씬 덜 감정적이다. 브레히트(1963)의 소외 원칙(alienation)에 따르면 사실 참여자는 감정적인 면에서 거리를 두고 자신의 경험을 이성적이고 비판적으로 생각하도록 요청받기도 한다.

'소외 효과(alienation effect)' 또는 '거리두기 효과(distancing effect)'라고 번역되는 브레히트의 *verfremdungseffect*는 관객이 수동적으로 관람하기보다는 극장 공연에 적극적으로 반응하도록 격려하기 위해 정치적 소시오드라마에 도입된다. 이러한 효과는 참여자가 지나치게 관련되고 자신의 성격을 과도하게 규명하지 못하게 한다. 오히려 관객은 행동에서 자신을 분리하고 거울 기법, 구체화, 역할교대와 같은 장치를 사용하여 그 후 어떤 일이 일어나는지를 보도록 독려된다. 이 'V-효과'는 사물을 이상하거나 다르게 볼 수 있게 하며 새로운 관점을 열고 사람들이 스스로 생각하고 판단하지 않도록 자극하여 사물에 새로운 빛을 제공하기 위해 소개된다. "이는 옳지 않아요. 반드시 그만두어야 합니다. 그 일에 대해 무언가를 합시다!" 따라서 이전에 무능하고 소외되었던 관객은 지역사회의 일에 정치적으로 더 관여하게 되고 상황을 개선하기 위해 다른 사람들과 무엇을 해야 하는지 논의할 동기를 더 부여받게 된다.

이 마지막 단계 동안 가능한 한 많은 참여자에게 자신을 표현할 기회가 필요하다. 관객들은 생각을 공유할 뿐만 아니라 서로 주의 깊게 듣고 반응이 있는 대화에 관여하며 가능한 많은 상대방의 필요와 가능성을 고려하는 창의적인 문제 해결의 여정을 시작하도록 격려받는다. 물론 이 토론은 정부에 편지를 보내는 것이든 지역사회 모임을 주도하거나 시위를 조직하는 것이든 사회적 행동을 포함하는 정치적 변화에 대한 건설적인 제안으로 이끄는 것이 목적이며 사람들이 이 단일 회기의 범주를 넘어서서 실제 지역사회에 참여하도록 영감을 줄 것이다.

사례

헨릭 입센(1882)의 사람의 적(An Enemy of the People)이란 연극은 대중의 비이성적인 경향과 이들이 지지하는 위선적이고 부패한 정치 체계의 본성을 묘사하며 또한 얼마 전까지 많은 소련 연방 국가들에 존재했던 끔찍한 공산주의 압제의 핵심을 설명한다.

불가리아의 한 정치적 소시오드라마 회기에서 참여자 중 한 사람은 자신이 스탈린과 아직 마무리하지 않은 일이 있다고 발표했다. 오래전에 그는 스탈린의 동상을 의도적으로 파괴했고 결국 6년 동안 수감되었다. 그는 당시 현 정부에게 보상을 요청했지만 성공하지 못했다.

집단원 중 한 사람이 스탈린의 역할을 연기했고 그 사람에게 예전 독재자에게 자신의 분노를 표현하도록 했다. 연설 후에 그 사람은 자신의 반감을 상징적으로 강조하기 위해 스탈린의 동상을 다시 파괴했고 대중은 그에게 큰 갈채를 보냈다. 그 사람은 분명히 자신의 시스템 속 오랜 절망에서 벗어날 필요가 있었고 마음속에 있던 생각을 말하고 난 뒤 놀랍도록 안정되었다. 모든 사람이 그 사람의 이야기를 듣고 갈채를 보낸 것은 심오한 영향을 미쳤다. 마침내 그 사람이 두려워하지 않고 '스탈린에게 맞섰을' 때 모든 사람에게 자신의 이야기를 한 것으로 보였다. 스탈린 역할을 연기한 사람은 거의 말하지 않았고 전반적으로 공산주의 체제를 대표한 것으로 보였다. 가해자 역할의 교체는 없었지만 사람들은 자신의 삶의 이야기를 공유했고 스탈린을 연기한 사람들은 반드시 들어야 했다. 회기가 진행되고 초점이 그 사람에게서 전반적인 대중에게로 옮겨지면서 '대중의 적'이란 개념이 부상했다.

이 경멸적인 용어는 불가리아와 많은 다른 공산 국가에서 사용된 중심 개념으로 정권에 대한 정치적 반대자를 의미했다. 이러한 반대자들은 전체적인 사회에 반대한다는 혐의를 받는다. 그들은 인권도 없는 '비인간'이 되고 투옥되거나 사회에서 추방당하며 버림받은 사람으로 간주된다. 영원히 낙인이 찍히기 때문에 이런 국가에서 '대중의 적'으로 지명되는 것에 대한 두려움이 팽배하다. 조지 오웰 책 1984에서처럼 이런 사람들은 누군가에 의해 또는 심지어 자기 자녀의 고소로 혐의만으로도 사형을 포함한 중죄를 선고받을 수 있다.

집단은 실제 고문 생존자뿐만 아니라 생존자들의 자녀와 아버지가 비밀경찰이었던 사람을 포함한 가해자의 자녀로 구성되었다. 이런 세부사항을 참여자가 공유함으로써 전체 집단에 두려움이 여전히 존재함이 분명해졌다. 전체주의적 체제에서 새로운 민주주의로의 전환은 참여자들에게 깊은 영향을 미쳤고 완전한 언론의 자유는 여전히 인정받을 수 없는 것이었다. 따라서 회기 끝에 우리는 불가리아 국민에게 심각한 상처가 영향을 미치고 있으며 여전히 치유에 시간이 필요하다고 결론지었다. 하지만 이 회기는 목소리를 내고 느낌과 생각을 공유하기 위한 또 하나의 발걸음이었고 그런 면에서 언론의 자유를 위한 심오한 표명이었다.

전체주의적 리더십

압제적인 정치 체제에 의해 불리한 대우를 받은 사람과 일하는 것은 어쩔 수 없이 전체주의의 위험과 그 체제가 가진 거대한 권력을 이해하려는 노력과 전반적인 대중에게 여전히 영향을 미친다는 것을 알게 된다. 대부분의 이런 권력은 대집단과 군중을 어떻게 통제할 것인가에 대한 철저한 이해에서 온다. 대집단에서 우리가 배운 것이 있다면 이들이 좋은 점과 나쁜 점을 함께 가진 양날의 칼로 작용할 수 있다는 것이다.

긍정적인 측면에서 대집단은 계급, 카스트 또는 인종의 공산주의 정신을 구현한다. 이는 외부의 위협에서 대중을 보호하고, 개인의 능력을 넘어서는 방식으로 불행한 구성원들을 돌보는 것과 같은 숭고한 행위를 가능하게 할 수 있다. 대집단은 사회의 배경을 형성하고 정부가 존재하는 한 집중된 혜택과 분산된 비용에 대한 잠재력을 갖는다. 따라서 사람들은 합의된 규칙과 사회의 규정에 따르기 위해 어릴 적부터 사회화된 특정 국가의 시민이 된다.

하지만 매카이(1841)와 르봉(1896)이 먼저 설명했듯이 사람들은 대집단에서 미칠 수도 있다. 군중은 범죄 행위를 저지를 수 있는 분별없는 실체가 될 수도 있다. 이기적인 지도자는 파괴적인 목적으로 군중을 이용할 수 있다. 르봉에 따르면 군중은 이성에 근거하기보다는 비논리적인 생생한 이미지로 생각하는 경향이 있어서 군중의 정신은 '민주주의'와 '동포애' 그리고 '평등'에 대한 미사여구로 통제된다. 또한 대중은 과장된 (참을 수 없는) 감정을 표현하고 깊이 생각하지 않고 빠르게 행동한다. 따라서 군중의 일원이 된 개인은 거의 무적이라고 느끼며 자신을 잃어버리는 경향이 있다. 현대에서 오사마 빈라덴은 이런 집단 히스테리를 이용하여 대중을 자신의 원한과 폭력적인 메시지에 넘어가게 하여 9월 11일에 비행기로 테러를 감행했다.

이러한 전술은 마오쩌둥, 스탈린, 히틀러, 무솔리니, 마샬 티토, 차우세스쿠, 안토네스쿠, 이디 아민, 아타튀르크, 프랑시스코 프랑코, 야쿠부 고원, 카라지치, 케말, 레주언, 멩기스투, 파벨리치, 살라자르, 수하르토, 장제스, 폴 포트, 밀로세비치, 페디낭, 후안 페론, 풀헨시오 바티스타, 피델 카스트로, 피노체트, 마누엘 노리에가, 김정일, 카다피, 코메니, 이란 국왕, 그리고 사담 후세인을 포함하는 역사 전반의 정치적 인물들에 의해 거리낌 없이 사용되어 왔다. 군중은 의심이나 저항 없이 이들을 기꺼이 따랐다. 비록 이들 국가의 모든 시민이 이런 압제자들을 살인자나 폭군으로 보지는 않지만 많은 사람은 이들의 이름을 언급하는 것만으로도 소름이 돋는다. 이러한 압제자들은 거대한 부당함, 불필요함 또는 부자연스러운 죽음, 그들의 전쟁 의도나 격화로 야기된 죽음, 기근, 대량 학살(정부에 의한 개인이나 사람들의 살인), 재정착, 또는 추종자들에 의한 죽음에 책임이 있다. 하지만 권력을 가진 이런 지도자들은 자신들의 집단 정체성과 공통적인 목적을 정의하여 집단을 위한 공통된 지렛대이기도 하였다. 이런 사람들은 자신들이 지배했던 국가에서 소시오드라마 연기의 대상이 될 수 있다. 사실 이러한 지도자들의 권력을 파괴하는 상징적인 방법으로 구소련과 최근의 이라크의 국민들은 매우 소시오드라마적인 방식으로 압제자들의 동상을 파괴했다.

정치적 소시오드라마는 사람들이 비판적인 사고와 자기주장 능력 개발을 통하여 대중 심리에 영향을 받지 않도록 자신을 방어하도록 돕는 것을 목표로 한다. 이런 노력은 필연적으로 위험한 군중과 집단 행동에 대한 사람들의 경향을 이해하고 인정하는 것을 포함한다. 또한 이런 소시오드라마는 사람들이 자신을 위해 일어서게 하고 용기를 주며 그런 상황에서 목소리를 높이도록 강화하는 것도 포함한다. 하지만 기본적으로 모든 노력은 어쩔 수 없이 민주주의의 지도를 통해 정치적 재교육과 같은 것을 받도록 인도할 것이다.

민주주의 지도를 통한 정치적 재교육

대부분의 정치적 소시오드라마 회기는 지금까지 압제당하는 국가 내에 팽배한 대안적인 정치 체제를 강조한다. 서구 세계에서 이러한 대안은 대개 어떤 형태로든 민주주의의 기본을 담고 있다. 오늘날 세계적인 경향이 예전의 공산주의와 독재 및 독단론에 기반을 둔 정부의 권위적인 체제를 대체하는 선거 민주주의를 지향하고 다른 정치적 정당을 지향하는 편협성을 보이기 때문에 이는 매우 자연스러운 과정이다. 이런 전체주의적인 체제는 패배했고 자유 민주주의는 서구에서 우세한 정치적인 체제가 되었다. 예를 들면, 소련의 극적인 붕괴는 동유럽의 많은 국가에서 자유와 정치적 자유를 위한 선천적이고 우주적인 갈망을 보여 준다. 그 이후에는 민주주의가 세계적으로 부상되어 왔으며 오늘날 세계 대부분의 사람들에게 민주주의는 정치적으로 합법적이고 지배적인 체제이다.

하지만 민주주의는 자동적으로 주어지는 것이 아니며 교육은 부상하는 민주주의에만 적용되지도 않는다. 민주주의를 위한 교육은 자주 인정되거나 무시됨에도 불구하고 성숙한 민주주의에 중요하다. 민주주의는 반드시 정기적으로 지도되고 복습되어야 하며 정치적인 소시오드라마는 이런 가르침을 제공하고 정부의 대안적인 체제와 비교하여 민주주의의 상대적 가치를 보여 주어야 한다. 따라서 청소년 및 청년과 함께하는 소시오드라마 회기는 민주주의가 국제적인 평화를 촉진하고 경제적 성장과 번영을 육성하는 방식에 특히 초점을 맞추어야 한다.

민주주의를 위한 교육은 쉬운 일이 아니며 반드시 조직적인 방식으로 접근해야 한다. 선거를 통한 현명한 선택, 법의 중요성을 이해하고 가치를 두는 것, 사회를 개선하기 위해 협력하는 것, 정치적 반대자에게 인내를 보여 주는 것, 미디어가 제공한 정보를 판단하는 것, 사회적 및 정치적 생활에서 적극적인 참여자가 되는 방법을 아는 것, 그리고 다른 것을 용납하는 것은 반드시 주의 깊게 논의되고 고려되어야 한다. 특정한 형태의 정치적 소시오드라마는 사람들이 이러한 기술을 배우도록 도울 뿐만 아니라 민주 시민에게 필요한 태도를 개발하도록 도울 수 있다.

이러한 민주주의 훈련에서 소시오드라마의 가치는 소시오드라마가 사람들이 적극적인 참가, 비판적인 사고에 근거한 학습, 더 나은 사회를 효과적으로 창출할 수 있는 시민이 되도록 돕는 것을 추구한다는 것이다. 소시오드라마는 강의를 통해 하향식 접근 방식을 제공하기보다는 협력, 언론의 자유, 역할극 시뮬레이션, 그리고 기타 창의적인 방식을 위한 기회를 참여자에게 제공한다. 이런 소시오드라마 형태는 기술적으로 사용되면 참여자의 시민 기술을 개발하고 민주적인 가치에 자연적으로 헌신하도록 하는 일에 성공할 수 있다. 이러한 측면에서 이 방법은 강의와 독서에 주로 의존하는 프로그램의 결과와 비교하여 긍정적으로 평가된다.

하지만 우리는 언제나 민주주의 자체가 사회의 모든 불평등을 제거할 수 없다는 것과 사회적 발전의 측면에서 기적을 일으키지는 않는다는 것을 기억해야 한다. 1990년 노벨 문학상을 받은 멕시코의 작가 옥타비오 파스는 다음과 같이 말했다.

민주주의는 만병통치약이 아니다. 민주주의는 함께 사는 생활 방식이며 사람들이 서로 죽이는 것을 막는 체제이기 때문에 정부가 평화적으로 새롭게 할 수 있으며 대통령이 선거를 통해 집무실로 들어갈 수 있다. 민주주의는 우리가 어떻게 함께 살 수 있는지 가르쳐 준다. 그 이상은 아니다. (1990년 12월 10일 노벨상 수상식에서 한 연설, Frangsmy 1991 인용)

결론

정치적 소시오드라마의 이론과 실행은 아직 초기 단계이다. 광범위하게 수용되기 위해서 정치적 소시오드라마는 더 연구되어야 하고 더 넓은 체제의 지역사회 건설의 상황으로 통합될 필요가 있다. 일반적인 정부 교육 체제는 특별한 약속을 확실히 제공하지만 평가 연구를 통한 탄탄한 결과가 참여자들에게 진정한 변화를 만들 수 있다는 주장을 확증하는 것이 필요하다.

이런 평가 결과가 출간될 때까지 정치적 소시오드라마의 겸손한 목표는 많은 지역사회에 팽배한 정치적 무관심을 없애는 것일 수 있다. 소시오드라마 집단의 참여자들이 공공 및 사회적 분야에서 자동적으로 뚜렷해질 수는 없지만 우리는 모든 소시오드라마 참여자가 사회적 영향력을 가질 수 있다고 가정할 수 있다. 최소한 소시오드라마는 확실히 지역사회 참여를 높이고 참여자들이 이전에는 없었던 용기를 얻어 더 큰 상황에서 자신의 목소리를 높일 수 있도록 강화시킬 것이다.

다양성 소시오드라마

집단 회기 도중에 한 아프리카계 미국인 소녀가 머리를 테이블에 기대고 흐느끼며 말하기 시작했다. "미국에서 흑인으로 산다는 것이 어떤 것인지 당신들은 몰라요!" 집단 구성원들은 그 소녀가 흐느끼는 동안 그녀를 바라보며 당황해서 조용히 앉아 있었다. 그 소녀가 조금 진정되자 집단 리더는 다음과 같이 말했다.

그래요. 우리는 미국에서 흑인으로 산다는 것이 어떤 것인지 모릅니다. 하지만 남미 사람, 아시아계 미국인, 그리고 미국에 새롭게 이민 온 사람들이 어떤지는 압니다. 그리고 우리는 비유태인 집단에서 유일한 유태인이라는 것이 어떤 것인지도 알며 이 사회에서 동성애자인 것이 어떤 것인지 그리고 에이즈 환자인 것이 어떤 것인지와 이유 없이 소수자라는 이유로 무시당하는 것이 어떤 것인지도 압니다. 우리는 모든 소수자의 고통을 나누고 나와 다른 사람에 대해 매우 편협한 세상에 살고 있다는 것을 깨닫습니다. 당신의 상황에 대해 조금 더 나누어 주시면 이곳에서 또는 어떤 사회에서 다르다는 것이 어떤 것인지 함께 공유해 보겠습니다.

이것이 다양성 소시오드라마의 시작이었다.

　다양성 소시오드라마는 다양성으로 인한 편견, 선입관, 인종차별, 외국인 혐오, 편협, 낙인찍기, 그리고 부정적인 편견에 대해 사람들이 어떻게 느끼는지를 다룬다. 일반적인 예로는 이민자, 아프리카계 미국인, 동성애자, 일본인, 독일인, 유태인, 아랍인, 빈곤층, 여성, 노인, 장애자, 못생긴 사람, 뚱뚱한 사람 등이 포함된다. 사회적 다양성에 대한 문헌에서 설명했듯이 편견은 모든 이질적인 사회에 존재하는데, 이는 연령, 성별, 혼인 여부, 재산, 직업, 인종, 국적, 출생지, 사회경제적 지위, 성적 취향, 문화, 종교, 정치적 신념, 그리고 신장과 체중 및 장애와 같은 신체적 요인과 일반적인 외모뿐만 아니라 많은 다른 변수의 차이에 근거한다.

　블래트너(2006)는 한 집단 구성원의 실제 경험을 사용해 석사 과정 학생들이 역할극을 하며 문화 간의 소통을 하는 소시오드라마 회기를 다음과 같이 설명했다.

　20세가 채 되지 않은 한 남성이 친구와 이야기하며 카페에 앉아 있었다. 갑자기 옆 테이블에 있던 여성이 "변태! 구역질이 나!"라고 소리를 지르고 그에게 술을 부어 얼굴과 셔츠가 흠뻑 젖었다. 그 남성은 창피해서 아무 말도 하지 못하고 식당 주인을 쳐다보고 있었고 충격을 받은 친구는 도움을 요청했지만 아무도 도와주지 않았다. 50대인 그 여성은 게이 남성들을 향해 계속 화를 내고 있었다. 그때 누군가 그녀의 뒤로 걸어와 어깨를 만지며 "저는 제 남자를 만나지 못해 정말 화가 나요."라고 말했다. 또 다른 사람이 말하기를 "저는 너무 가라앉는 제가 싫어요. 당신이 그렇게 행복해하는 것을 견딜 수가 없어요." 세 번째 학생은 그 남성을 만지며 그의 내적 목소리를 내는 것처럼 "이건 불공평합니다! 당신은 제게 그렇게 말할 권리가 없어요."라고 말했다. (p. 30)

다양성을 보도록 사람들을 초대하는 것(우리가 어떻게 서로 다른지)은 사이코드라마적인 나눔을 강조하는 보편성(우리가 어떻게 서로 비슷한지)을 보는 것과 정반대이다. 사이코드라마 과정의 마지막 단계에서 사람들은 기본적으로 모든 종류의 외적인 차이에도 불구하고 인간으로서 서로 유사성을 느낀다. 사이코드라마의 참여자들은 모두 너무 엄격하거나 관대한 부모를 가지고 있으며 때로 두려움, 슬픔, 자신감, 또는 모든 사람에게 보편적인 느낌을 느끼기 때문에 자신만이 특정한 문제를 가진 것이 아니라는 점에 놀란다. 최종 분석에서 사람들은 모든 차이에도 불구하고 단순히 자신은 인간이라는 점을 깨닫고 위안을 받는다. 심지어 때로 다르다고 느낀다는 점도 배운다.

　하지만 사이코드라마와는 대조적으로 소시오드라마는 특정한 각 개인이 아니라 일반적인 사람들에게 특별히 초점을 맞추며 다양성이 중심 이슈가 된다. 집단의 생명 전반에 걸쳐 개인보다 집단이 강조되며 '우리'와 '그들'이 '나'와 '당신'보다 장려된다. 소시오드라마의 목적은 매슬로우(1977)가 제시한 다음의 질문에 대한 답을 찾는 것이다. "우리는 어떻게 현재 분리된 인류와 서로 아무런 관계가 없는 상호 배타적이며 고립된 집단이 지니는 차이를 초월할 것인가? 우리는 어떻게 우리를 나누는 계급, 종교, 성별, 인종, 국적, 종족, 전문적 집단, IQ

집단의 장벽을 넘어 접촉하는가?"(p. 15) 이런 심오한 질문들은 대답하기 쉽지 않다. 매슬로우는 계속해서 말한다.

> 2억 명이 아니라 두 사람이 함께 사는 것조차 어렵다. 우리가 서로 다르고 이러한 차이를 용납하는 것을 배우지 않았기 때문에 전인으로 성장하기 위해 우리의 자율과 자유로운 선택 및 허용을 유지하기 위한 방법으로 사회를 건설하는 것은 어려울 것이고 이런 상황에서 최선의 타협을 하는 것은 결코 만족스러운 타협이 되지 않을 것이다. (1977, p. 20)

이런 차이를 연결 짓기 위해 다양성 소시오드라마는 상투적인 이름 붙이기와 특징적인 속성을 포함하여 보편적인 인간의 인지 과정을 재창조하고 탐구한다. 이러한 탐구는 우리가 매우 주관적이며 대개는 왜곡된 방식으로 사람들을 정기적으로 판단한다는 점을 분명히 해 준다. 니스벳과 로스(1980)는 주변의 복잡한 인간 세계를 이해하기 위해 사람들이 이용하는 인식적 구성물과 도식을 인지하는 인식 과정의 실수를 추적했다. 하지만 이러한 구성물은 단순한 일반화뿐만 아니라 대개 다른 사람의 의도에 대한 편견과 잘못된 성향을 포함하는 것에 근거한다(Heider 1958). 심리분석은 이러한 잘못된 인식 투사, 부재, 또는 현재의 개인에 대한 과거의 내재된 모습의 전이를 다룬다.

이러한 주관적인 개인 인식 과정의 결과로 우리는 자신을 정상으로 보면서도 보통 다른 사람에 대해 매우 판단적이 된다. 코미디언인 조지 칼린은 "당신보다 느리게 운전하는 사람은 멍청이고 당신보다 빠르게 운전하는 사람은 미치광이"라고 말했다. 2000년에 쓴 비폭력 대화(*Nonviolent Communication*)란 책에서 로젠버그는 판단적인 평가에 대한 경향을 비슷하게 설명했다. "누군가 교통 체증 중에 내 앞에 차를 세우면 내 반응은 '이런 멍청이!'일 것이다. 이 말을 할 때 우리는 다른 사람이 왜 그런 식으로 행동하는지를 생각하고 소통한다"(p. 16). 따라서 우리는 얼마나 쉽게 판단적인 사고가 대인적인 분쟁을 야기할 수 있는 경멸적인 판단 진술로 이끌 수 있는지를 볼 수 있다.

다양성

다양성 소시오드라마는 사람들이 많은 측면에서 자신과 비슷한 사람과 함께하는 것을 좋아하고 자신과 다른 사람들은 잘 이해하지 못한다는 단순한 개념에 기초한다.

이는 성별 차에서 분명하게 드러난다. 남성과 여성은 서로 약간은 다르지만 특별한 것은 아니다. 하지만 다른 별에서 온 것처럼 보이는 것은 자주 간과된다. 따라서 화성에서 온 남자, 금성에서 온 여자(*Men are from Mars and Women are from Venus*)라는 존 그레이(1992)의 책은 다른 성별을 이해하려고 절박하게 노력하는 많은 사람에게 위안이 되었다. 마찬가지로 연구는 각 집단이 어떻게 생각하고 느끼며 연관 짓고 행동하는지에 대해 집단에 따라 많은 차이점이 있다는 것을 발견해 왔다. 이런 다양성은 자연스럽게 위협적인 소통 문제를 창출한다. 사실 문화(언어, 의상, 전통), 인종 집단(같은 조상이라고 추정), 사회경제적인 지위, 의견, 종교적 신념, 그리고 많은 다양한 차이점들은 소통의 문제를 야기한다. 따라서 각 집단의 구성원이 이런 기본적이고 유전된 차이점을 인식하고 다른 사람의 언어를 배우면 그들 사이의 이해는 훨씬 쉬워진다.

물론 이를 실천하기는 어렵다. 다른 사람의 속마음을 이해하는 과정에서 그 사람을 이해하려는 시도는 그 사람에 대한 이전의 편견에 다소 기초한다는 것이 곧 명백해진다. 다른 사람에 대해 인식된 특징이 그 사람에 대한 실제 특징에 근거한다고 자신 있게 말할 수 없다. 어원적으로 **편견**이란 단어는 '미리 판단함'에서 왔으며 어떤 사람을 실제로는 모르면서도 이전에 형성된 판단을 적용한다는 것을 의미한다. 그렇다면 '사람은 어떻게 이전의 추정 없이 다른 사람의 인상을 만들 수 있는가?'라는 질문이 생긴다.

맥레, 스탱거와 휴스톤(1996)은 고정관념이 무엇인지 알아보았고 다음의 질문에 답하려고 시도했다. 고정관념은 감정적인가 아니면 인지적인가? 개인의 머릿속에 있는 것인가 아니면 문화적 환경인가? 정확한가 아니면 정확하지 않은가? 집단 간 차별을 야기하는가 아니면 단순히 합리화시키는가? 각 경우에서 연구는 대답이 둘 다일 수 있다고 보았다. 고정관념의 양방향성과 복잡성을 수용할 수 있는 다수준적인 통합적인 이론적 접근 방식은 아직 완전하게 개발되지 않았지만 주요한 해결되지 않은 이슈에 대해 분명한 진술을 제공한다.

사람의 인식이 일반화의 형태에 근거하기 때문에 사람들은 다른 사람에 대한 실제적이고 믿을 만한 관점이 아니라 잘못된 가정과 상투적인 이름 붙이기에 근거할 수 있음을 인식할 필요가 있다. 예를 들면, 한 남성이 여성을 이해하려고 노력할 때는 자신과 전혀 다른 사람을 이해할 수 있는 능력 면에서 언제나 일정 부분 모호함이 존재한다. 여성이 실제로 무엇을 생각하고 느끼는지 이해하기 위해 남성은 일정 기간 그 여성과 역할을 바꾸어야 하고 여성 역할을 연기하는 남성 배우처럼 삶의 모든 측면에서 전적인 여성이 된다. 하지만 여성의 관점에서 세상을 보는 것이 조금 더 쉽기는 하지만 도달할 수 없는 많은 것이 아직 남아 있고 그러한 이해를 대부분의 다른 여성에게 일반화하는 것은 여전히 불가능하다. 다른 사람이나 다른 집단을 진정으로 이해하는 것은 정말 어렵기 때문에 이런 사실은 우리에게 독특한 느낌을 남기게 되고 인간 인식에 대해 우리를 더욱 겸손한 위치에 서게 한다. 결코 연결될 수 없는 근본적인 차이가 있고 우리는 우리의 편견과 함께 살아가야 한다는 것에 감사할 필요가 있을 수도 있다.

다음은 우리가 다른 사람을 어떻게 판단하며 이런 판단으로부터 어떻게 사회관계 측정 과정을 만드는지 살펴보고 행동에 있어서 인간 인식 과정을 탐구하는 연습이다. 참여자들은 서로 짝을 이루어 반대편에 선다. 전체 연습 중에는 정숙을 유지하고 서로 또는 전체 과정의 끝에는 집단으로 나눔을 갖는다. 그다음 다른 파트너를 선택하고 같은 과정을 반복한다. 지도자는 집단원들이 각 지시사항을 짧은 시간에 마칠 수 있도록 하여 천천히 다음의 지시사항을 제시한다.

1. 상대방을 쳐다본다.
2. 상대방이 어떤 사람인지 알려고 노력한다.
3. 객관적이고 서술적인 것만을 본다.
4. 판단을 하고 상대방의 성품에 대한 실마리로 추측을 한다(예 : 상대가 안경을 썼다면 그 사람이 지적이라는 것을 의미하는가?).
5. 그 사람을 공감하려고 노력한다. 그 사람은 무엇을 느끼고 생각하는가?
6. 상대방의 역할을 맡을 때 당신은 어떻게 느끼는가?
7. 이런 측면에서 그 사람은 당신과 비슷한가 아니면 다른가?
8. 지금 그 사람에 대해 긍정적인가 아니면 부정적인가?

9. 그 사람과 더 친해지고 싶은가 아니면 거리를 더 두고 싶은가?

10. 이를 행동으로 나타낸다.

문화적이고 종교적인 다양성을 탐구하기 위해 집단에서 사용할 수 있는 많은 유사한 연습이 있다. 예를 들면, '아일랜드 비폭력 행동 훈련 및 교육 네트워크(Irish Network for Nonviolent Action Training and Education)'는 이런 분쟁에 익숙하지 않은 북아일랜드의 다양한 분쟁을 보여 주는 역할극 연습을 포함한 적극적이고 경험적인 준비 연습을 고안해 왔다. 이런 역할극에서 한 사람은 개신교 신자 역할을 담당하고 상대방은 가톨릭 신자 역할을 담당한다. 이 두 사람은 각 역할에서 중요한 이슈들을 서로 언어로 표현하고 자신이 어떻게 느끼고 상대측에 왜 만족하지 못하는지 그리고 장래의 꿈이 무엇인지 등을 표현한다. 끝난 후에는 자신의 경험을 나누고 서로 친해지는 것을 방해하는 많은 차이점에 대해 토론한다. 사람들은 민족 중심적인 경향의 사람들이 보통 문제가 많다는 것을 발견한다.

민족 중심주의

자신이 세상의 중심인 것처럼 세상을 개인적인 관점에서 볼 때 우리는 이들을 '자기 중심적'이라고 묘사한다. 마찬가지로 몇몇 사람이 세상의 중심인 것처럼 세상을 자신들의 문화적인 관점에서 볼 때 우리는 이들을 '민족 중심적'이라고 부른다. 이런 집단의 자아도취에 대한 다양한 표현이 모든 다양성 소시오드라마의 주제가 된다.

민족 중심주의는 대부분 사회의 보편적인 특징인 것 같다. 페스팅거(1954)의 사회비교 과정에 따르면 사람들은 유사한 견해와 능력을 가진 집단으로 이동하며 이런 자기 확인에 대한 욕구에 만족하지 못하면 집단을 떠나는 경향이 있다. 일반적으로 사람들은 자신의 국가, 자신의 종교 그리고 자신의 문화적 전통이 더 우월하다고 느낀다. 다른 나라에서 온 사람들끼리 만나면 보통 국가적인 자긍심의 표현으로 자기 나라가 성취한 것을 자랑한다. 크로아티아 사람은 전쟁 이후 자신들의 성취를 자랑하고 한국 사람은 새로운 자동차를, 이탈리아 사람은 자국의 음식을 자랑한다. 이들에게 이러한 성취는 단순히 감탄스럽고 특별할 뿐만 아니라 '세계 최고'이다. 그 결과 이들은 자신의 민속 음악, 자신의 음식, 그리고 자신의 풍습과 전통을 선호한다. 국제회의에서 이들은 자신의 국가를 열정적으로 대표하고 올림픽 경기에서는 자국의 선수들을 응원한다. 자국의 과학자가 노벨상을 받으면 자신이 받은 것처럼 자랑스럽게 생각한다. 하지만 가장 중요한 것은 각 집단이 자신의 인종 집단에 깊은 충성심을 느끼며 자신의 국가에 충성을 맹세한다는 것이다. 이런 소속감은 자신이 누구인지에 대한 본질을 정의한다. 제2차 세계대전 이후 독일과 같은 몇몇 경우를 제외하고 모든 시민은 깊은 민족주의자이며 자기 민족 중심주의적인 느낌을 갖는다.

하지만 재미있는 점은 이런 충성심과 자긍심 및 소속감을 좀 더 조사해 보면 우리는 언제나 더 작은 단위로 차별성을 갖는다는 것이다. 예를 들면, 나는 자신을 유럽 사람이라고 소개했지만 '진짜 이탈리아 사람'인 것이 여전히 더 자랑스럽다는 한 이탈리아 남성을 만났다. 하지만 얼마 후 이 남성은 자신이 사실 이탈리아인이라기보다는 코르시카 사람이며 다른 지방과 공통점이 별로 없다는 것을 인정했다. 또한 코르시카에는 북부와 남부 지방에 사는 사람 사이에 차이점이 있으며 도시와 시골에 사는 사람 사이에도 차이가 있다는 것을 명백히 했다.

그 남성은 바스티아에 살았기 때문에 보니파시오의 농부와는 매우 다르다고 생각했다. 그러더니 그 남성은 부자와 가난한 사람 그리고 특정한 집안 출신 사이에 큰 차이가 있다고 인정했다. 그는 "수 세기 전부터 이런 각기 다른 집안은 서로 친하지 않았다."고 설명했다. 그는 계속해서 다른 집안은 이상한 종류의 파스타를 요리하지만 그의 집안은 '지상 최고의 파스타'를 요리한다고 설명했다. 나는 로미오와 줄리엣의 서곡을 듣고 있는 것처럼 느꼈다.

이러한 지역적인 애국심의 결과로 국가적인 민족 중심주의의 원래 느낌은 우리가 사회 하위 집단의 계층을 통해 계승된다는 것을 완화해 준다. 결속과 이해는 기울기의 문제로 보이며 이탈리아 사람은 서로에 대한 깊은 이해를 확실히 가지지만 코르시카 사람은 심지어 더 깊은 이해를 가진다. 아마도 이것이 우리가 어떤 사람을 처음 만나면 "어디 출신인가요?"라고 묻는 이유일 것이다. 이런 질문은 상대방을 빠르게 특정한 지리적 지역으로 분류할 수 있도록 돕고 전반적인 판단을 할 수 있도록 하며 우리와의 거리를 즉시 결정할 수 있도록 해 준다.

하지만 민족 중심주의는 상대방과 우리의 수동적인 위치에 영향을 줄 뿐만 아니라 다음 사례에서 설명하는 것처럼 폭력적인 분쟁에 대한 우리의 적극적인 관여의 중요한 결과를 야기한다. 거리에서 다투는 두 남성에 대해 듣는 것은 우리에게 무의미하다. 우리는 그들이 누구인지 모르며 무슨 일로 다투는지도 모른다. 하지만 다투는 사람 중 하나가 우리가 아는 사람이고 우리가 싫어하는 누군가와 다투고 있다면 우리는 갑자기 흥분하고 감정적으로 관여하게 된다. 몇몇 경우 우리는 심지어 충성심과 '우리 편'과의 동질성으로 싸움에 참여하는 것을 고려하기도 한다. 왜 참여했는지 질문을 받으면 우리는 '그 사람도 나와 같이 했을 것'이라고 대답한다.

사람들은 자신의 관점에서 다른 사람들을 판단하고 차이점보다는 유사점에 끌리기 때문에 어쩔 수 없이 모든 사람을 낯선 사람으로 본다. 이런 낯선 사람은 아무리 잘해도 이해하기 어렵다. 최악의 경우 종족의 단일성을 위협하고 적이 된다.

각기 다른 문화적 집단이 만나면 보통 초기의 흥미로움은 빠르게 사라지고 각 집단의 사람들은 점점 더 실망하게 된다. 천천히 긴장이 증가하고 규범이나 규칙과 관련된 마찰이 생기며 대개 다수는 소수에게 자신들의 관습과 전통적인 규범을 강요하는 결과를 낳는다. 이러한 규범은 '적합'하기 위해 그리고 집단에서 용납받기 위해서 어떻게 행동해야 하는지에 대한 지배적인 가치를 포함한다. 이런 사회화 과정은 사람들이 더 큰 공동체를 규명하도록 돕고 그 사회에서 완전한 구성원으로 용납될 수 있도록 도우며 모든 수준에서 작용한다. 이런 작용이 일치하는 사람에게는 동질성과 함께함이라는 좋은 감정을 만들지만 그렇지 않거나 다른 가치와 규범을 가진 소수자인 사람은 조용히 추방된다. 조만간 그러한 소수 집단의 개인들은 '그들 중의 하나'가 된다.

민족 중심주의는 자기-영속적이다. 집단 양극성으로 설명한 과정에서(Sunstein 1999) 별개의 집단은 자신들에게 빠질수록 다른 사람들과 더 다르다고 느끼며 전보다 더 급진적이고 극단적인 지위를 차지한다. 사람들은 자기 사람들에게 자신의 관점을 표현한 후 자신의 의견에 더 자신감을 가지며 더 극단적이 되는 경향이 있기 때문에 우리는 인종차별 집단이 자신의 내적 집단의 상호적인 강화 결과로 어떻게 더 극단적이 되는지 관찰할 수 있다. 따라서 우리는 서로 근접하여 사는 다른 인종 집단이 조만간 충돌할 것이라고 가정할 수 있다.

다문화 사회는 동화(통합)와 다원성(다양성) 사이에 적절한 균형을 찾을 필요가 있다고 강조한다. 동화는 한 장소에 사는 모든 다양한 사람들 가운데 (하나의 언어와 같은) 공통점이 있어야 한다는 것을 의미한다. 반면 다원성은 공존하는 '과일 샐러드' 모델처럼 내부에 개별성(자신의 종교를 실행할 수 있는 것과 같은 자유)을 위한 충분한 공간이 있어야 한다는 것을 의미한다. 때로 이 두 모델은 결합하기 어렵고 사람들과 정부는 항상 둘 중 하나를 선택해야 한다. 두 형태 모두 대가를 치러야 하므로 개연적으로 어느 것도 완벽하지 않다.

미국을 예로 들어 보자. 일반적으로 이민자에 대한 너그러운 태도가 있지만 '미국인'이 되려고 오는 사람들에 대한 암시적이고 노골적인 요구도 있다. 이는 이들이 미국의 언어, 역사, 그리고 관습을 배우고 미국의 백인계 개신교 문화를 받아들이며 자신의 출생 국가보다는 미국을 우선시하도록 하는 미국인의 삶에 반드시 참여해야 함을 의미한다.

> 우리는 다양성이 언제나 옛 세계의 불협화음이 아니라 신세계 교향곡이 되는 것을 반드시 볼 수 있도록 해야 한다. 여러 인종과 문화가 뒤섞인 이곳은 반드시 세계에서 유례가 없고 바벨탑이 되지 않는 가장 풍성하고 가장 다양한 공화국을 만들어야 한다. (Simon 2005)

캐나다와 같은 국가는 더 많은 다원성을 허용하며 시민들이 새로운 나라의 시민(예 : 캐나다 사람)이면서도 자신의 문화적 전통을 유지하도록 장려한다.

어떻게 다양성을 관리할 것인가

최악의 경우 다양성 분쟁은 공개적인 충돌, 전쟁, 그리고 심지어 민족 정화를 야기하기도 한다. 하지만 다양성 자체가 자동적으로 폭력을 이끌지는 않는다. 폭력에 대한 사회적 다원성(인종, 종교, 인종적 차이)의 영향에 대한 광범위한 연구에서 룸멜(1997)은 다음과 같이 결론지었다.

> 정치적 권력이 군사 정부나 군주와 같은 초다원적인 집단이나 공산주의나 파시즘과 같은 초다원적인 이데올로기에 집중되어 있다면 다원적인 단위의 존재 여부를 떠나 폭력의 가능성이 매우 높다. 권력이 비민주적인 것에 집중되어 있고 인종이나 종교와 같이 개인의 사회적 집단 구성원에 매우 의존적이라면 집단적인 폭력 가능성 역시 매우 높다. (p. 173)

심지어 모든 다양성 갈등이 언제나 폭력을 야기하는 것은 아니더라도 반드시 내적 집단의 긴장을 야기하며 그들 자신이 사회에 대해 파괴적이기 때문에 어떻게 효과적인 방식으로 이들을 관리할 것인가에 대한 질문은 항상 존재한다.

다양성을 어떻게 관리할 것인지에 대한 전문적인 문헌은 풍성하며 유익하다(Baytos 1995; Gardenswartz & Rowe 1998; Hayles & Mendez-Russel 1997). 오바이런(2005)은 정신의료 부문에서 초문화 훈련의 현 상황에 대한 광범위한 개관을 발표했다. 또한 문화적 또는 다양성 이슈를 홍보하는 풀뿌리, 변호, 정치적 집단도 있으며 대중에게 다양성 훈련을 제공하는 조직적 개발 기관과 극장 기업들도 있다. 대부분의 이런 프로그램은 소시오드라마 방식, 다양한 역할극 요소 그리고 원래는 사이코드라마를 위해 만들어진 행동 방식을 사용한다. 하지만 높아진 전문성으로 인해 이런 기관은 오늘날 자신의 기술을 특정한 대상에게 사용하거나 성별, 성적 취향, 추행, 인종, 장애 또는 문화의 문제를 탐구하는 것과 같은 특정한 다양성에 초점을 맞춘다. 예를 들면, 기관 자문은 다양성을 더 잘 이용하고 다양성 위기를 관리하거나 직장 내의 다양한 문화적 하위 집단 간의 공개된 갈등을 방지하기 위해 조직의 구성원들을 지도할 수 있다. 이들은 매우 다양하고 다문화적인 직장을 관리하는 것이 직원 만족과 관련이 있다는 것을 발견했다. 따라서 다양성 인식과 훈련은 오늘날의 진화하는 시장에서 더 일반적이 되었다. 이러한 직장 상황 내에서의 목표는 차이를 인식하는 것뿐만 아니라 인정하고 모든 직원과 고객이 동등과 존경으로 취급받는 분위기를 만드는 것이다.

다양성 관리의 혜택을 극대화하기 위해 이러한 많은 프로그램은 다음과 같은 권고사항을 강조한다.

1. 다양한 시민 간의 계약은 가능한 보상되어야 한다.
2. 확립된 기본 규정과 사회적 규범(예 : 동등성)이 있어야 한다.
3. 소수자의 상처받은 자아상에 별도의 관심을 가져야 한다.
4. 학습경험은 갈등과 경쟁이 아니라 협력과 상호 의존에 기반을 두어야 한다.

다양성 소시오드라마는 자체의 전략과 방식 내에서 이러한 권고사항을 실행하려고 노력한다.

이 모든 일에서 다양성 소시오드라마는 소시오드라마, 사이코드라마, 또는 집단 작업의 형태와는 다르게 소시오드라마 전문가의 개인적 지위를 검사한다. 여러 다양성 주제들은 즉각적으로 주관적인 파트너로 규명하는 소시오드라마 전문가와 관련된다. 소시오드라마 전문가 자신의 선호, 선입견, 그리고 의견들은 어쩔 수 없이 직간접적으로 표현된다. 따라서 다양성 소시오드라마의 집단 지도자는 반드시 매우 특별한 문화적 정체성을 균형 있게 적용해야 한다. 이들은 한편으로는 자신의 문화적 정체성에 굳건히 기반을 두고 다른 한편으로는 집단에서 발표되는 다른 문화에 대한 깊은 지식이 있어야 한다. 하지만 모든 개별적인 인간의 신념은 그 자신의 문화에서만 이치에 맞는다는 문화적 상대주의의 입장을 취하는 것이 가장 중요하다.

하나 이상의 문화적 정체성을 가지고 성장한 참여자는 다양성 소시오드라마에서 특별한 보조적 기능을 가진다. *Mohammed Cohen*(Kayat 1981)에서 설명한 대로 이런 사람들은 한 나라에서 태어나 다른 나라로 이민을 갔거나 부모가 2개의 다른 문화적 배경이나 종교를 가졌을 수 있다(예 : 세르비아인 아버지와 크로아티아인 어머니, 아랍인 어머니와 유태인 아버지 등). 그 결과 이들은 하나 이상의 언어를 구사할 수 있고 '안으로부터' 두 문화에 익숙하고, 두 문화 구성원들 간에 소통을 제공하는 매우 귀중한 '조정자'가 될 수 있다. 대개 이들은 편견 없이 양쪽 문화를 순수하게 볼 수 있는 유일한 사람들이다. 또한 이들은 양쪽 문화를 연결하려는 개인적인 관심을 가지고 있으며 이러한 노력에 상당한 에너지를 투자한다. 다문화적인 사람들이 이중 정체성을 복잡하고 실망적인 것으로 경험했기 때문에 소시오드라마 집단은 이 상황을 집단에 이용 가능한 자산으로 재구성한다. 이러한 개인들은 집단에 두 가지 별도의 다른 관점을 제공할 뿐만 아니라 이들의 결합이 정말로 가능하다는 확신을 제공한다. 이 다문화적인 유산의 한 극단적인 예를 독일 나치 아버지와 유태인 집단 학살 생존자 어머니를 가진 한 여성에게서 볼 수 있었다. 그녀는 이 두 반대되는 정체성을 함께 연결하는 데 엄청난 고통을 받았다. 하지만 그녀는 스펙트럼의 양쪽을 진정으로 이해할 수 있었고 다른 참여자들이 서로 이해할 수 있도록 노력했다.

다양성 소시오드라마의 과정

다양한 상황에 따라 다르게 적용되겠지만 다양성 소시오드라마는 전형적으로 7단계를 통해 전개된다.

1. 워밍업
2. 집단 인구학
3. 초점
4. 연기
5. 해결
6. 종결 의식
7. 공유와 프로세싱

워밍업

워밍업 단계에서 소시오드라마 전문가의 기본적인 과제는 놀이를 통해 양쪽 집단의 유대 분위기를 형성하는 것이다. 이는 다음과 같은 어색함 깨기 연습을 통해 이루어질 수 있으며 집단이 점차 다양성에 초점을 맞추도록 도울 수 있다.

참여자들은 천천히 그리고 빨리 방을 걸어 다니면서 서로 부딪히지 않도록 조심한다. 잠시 후 서로 고의적으로 어깨를 부딪치라는 지시를 받는다. 이 방법은 '충돌'의 이슈와 신체적 접촉에 집단을 준비시킬 수 있으며 신체적 접촉에 대한 장벽도 무너뜨릴 수 있다. 그다음 전체 집단은 큰 원을 만들고 차례로 자신의 이름을 소개하고 움직임을 동반하여 "안녕하세요."라고 말한다. 참여자들이 전체 집단을 만날 수 있는 기회를 제공하고 집단이 그들을 어떻게 보는지 관찰할 수 있도록 각 사람의 소개를 흉내 내거나 거울 기법으로 반응한다. 마지막 소개 후에 모든 참여자는 원을 깨지 않고 서로 안쪽으로 밀면서 어깨를 붙인다. 이렇게 하면 거친 숨, 불평, 또는 에너지를 보여 주는 기타 다른 소리를 동반할 수 있으며 각 개인은 팀으로 함께하는 것을 확대한다. 이런 즉각적인 유대감 형성은 내재된 구조와 집단의 힘을 전체적으로 강조한다.

집단 인구학

집단이 서로 준비가 되면 이제 집단의 구성을 볼 시간으로 특정한 범주에 따라 집단이 행한 광범위한 인구학적 조사가 여기에 포함된다. 분광사진(spectogram)을 통하여 소시오드라마 전문가는 빠르게 방대한 설명 정보를 수집할 수 있다. 분광사진은 전문가의 질문에 대한 대답에 따라 참여자를 상상의 연속체에 배치한다. 예를 들면, 참여자는 빠르게 성별, 연령, 신장, 출생지, 종교, 결혼 여부, 인종, 또는 의견에 초점을 두는 관련된 다른 변수의 차이에 따라 집단을 형성한다. 이러한 반복된 집단 나눔은 경직된 패턴을 누그러뜨리고 인간의 인식과 내적 집단 변수의 비언어적 모델의 부분적인 회귀를 자극하는 비설명적이고 비범주적인 혼란을 만든다.

개인적인 차이에 대한 다른 연구와 마찬가지로 집단 인구학적인 분광사진은 상호 배타적인 범주(예 : 남성 혹은 여성)의 명사적 측정(예/아니요, 이것 또는 저것)이나 수적(예 : 좋아함) 측정(많거나 적거나), 또는 간격 측정(예 : 연령)에 기초할 수 있다. 또한 관심, 능력, 동기, 성격, 교육, 기술, 취미 또는 감정을 잘 표현하거나 하지 않는, 감정적으로 안정되거나 신경질적인, 지배적/순종적, 쾌활/우울, 사교적/수줍어하는, 의존적/독립적, 믿음직한/의심스러운, 관습적/비관습적, 또는 기타 유사한 개성의 연속적인 특징에 기초할 수 있다.

'다름'의 긍정적인 요인을 강조하기 위해 집단은 각 사람이 '특별'할 수 있는 방식에 초점을 맞출 수 있다. 참여자들에게 자신이 집단의 다른 사람들과 매우 다르다고 믿는 것을 설명하도록 요청할 수도 있다. 예를 들면, 손가락이 4개인 사람도 있을 수 있고 10명 이상의 형제자매가 있는 사람도 있을 수 있으며 스와힐리어를 유창하게 말할 수 있는 사람이 있을 수도 있다. 집단 리더는 최소한 표면적인 수준에서 차이점을 인정하도록 집단에게 칭송이나 칭찬의 음성적 표현과 함께 특별한 것에 대한 반응을 하도록 하여 긍정적인 요소를 강화할 수도 있다.

다른 사람과의 거리, 친밀함, 그리고 사람 간의 중립을 탐구하기 위해 다양한 사회측정 연습 또한 행동이나 종이로 사용될 수 있다. 이런 연습에는 자석 수영장에서 비슷한 사람에게는 끌리고 다른 사람과는 멀어지도록 수영하는 사람을 상상하는 것을 포함할 수 있다. 어떤 일이 일어나는지 보기 위해 과정을 역으로 한다.

초점

특정한 주제에 초점을 맞추기 위해 집단 리더는 참여자에게 자신과 가장 비슷한 사람과 가장 다르다고 생각하는 사람을 집단 안에서 선택하라고 제안할 수 있다. 이 연습이 인기인, 고립된 사람, 가능한 소수 하위 집단의 사회측정학적 규명은 아니지만 사용된 다양한 범주로부터 집단 규범을 추정하고 편차로서 일탈을 바라보고 일상성으로서의 동질성으로 인도할 수 있다. 이 특정 집단에서 '정상'과 '일탈'이 된다는 것이 무엇을 의미하는지에 대한 논의가 뒤따를 수 있고 '정상 상태'의 분광사진을 사용하는 것은 이 점을 더 구체화할 수 있다.

보통 이런 연습은 특정한 다양성 이슈에 초점을 맞추는 충분한 자료를 촉진한다. 집단은 전문가에게 밝혀진 현상의 언어화에서 혜택을 입을 것이다. 이런 관찰은 공유된 중심 이슈나 집단의 관심 또는 숨겨진 집단 간의 분쟁을 형성할 수도 있다. 사용된 용어에 관계없이 집단 구성원들은 일탈의 중심 이슈를 깊게 느끼고 더 탐구해야 한다는 긴박한 필요를 인식해야 한다.

이런 집중 연습의 결과로 집단은 다른 집단에 대해 하위 집단이 어떻게 생각하는지 탐구할 필요가 있다. 여기서 원래 개인적 피드백을 제공하기 위해 만들어진 '은밀한' 기술이 집단 일반화를 위해 사용될 수 있다. 모든 남성과 같은 특정한 하위 집단이 다른 하위 집단인 모든 여성에게 등을 돌리고 앉는다. 여성에게 자신들이 하는 말을 남성들이 듣지 못하는 것처럼 남성에 대해 공개적으로 말하도록 요청한다. 남성들이 듣고 있을 때는 보통 말하지 못하는 것을 포함하여 여성들이 하고 싶은 말은 무엇이든지 하도록 격려한다. 여성들의 말이 끝나면 남성들은 돌아앉아 자신이 들은 말에 응답한다. 그다음에는 반대로 해

본다. 다양성 이슈가 어려울수록, 소수 집단의 규모가 작을수록, 이런 모든 집중 연습의 결과는 더 폭발적일 것이다. 따라서 소시오드라마 전문가는 발전하는 감정적인 반응을 담기 위한 충분한 신뢰가 집단에 형성되어 있고 적절한 후속 작업(follow up)이 완수되는지를 반드시 확인해야 한다.

연기

연기의 중심 단계에서 주요 역할, 위치 그리고 선택한 이슈의 상호관계 및 갈등이 규명된다. 그 후 갈등이 있는 특징적인 다양성 장면을 연기하는데 여기에서 일탈적인 연기자는 집단의 공유된 기대에 부응하는 데 실패한다. 사람들은 자신의 다양성으로 인해 편견이나 인종차별에 노출된 상황을 발표할 수 있다. 이 장의 시작 부분에서 언급한 아프리카계 미국인 여성은 자신의 피부 색깔 때문에 취업을 거절당했던 취업 면접을 연기했다. 어떤 참여자는 동성애자인 자신에게 그리고 또 다른 참여자는 이슬람교도인 자신에게 사람들이 어떻게 반응했는지 보여 주었다. 여러 참여자들이 소시오드라마에서 역할을 맡았고 자신의 내면과 자신들 사이 그리고 양쪽 집단 외부에서 어떤 일이 일어났는지 말로 표현하도록 요청받았다. 소시오드라마의 이 단계는 대부분 사이코드라마의 역할극과 기술에 근거하며 여기에서는 더 논의하지 않을 것이다.

크로아티아의 부코바에서 있었던 한 다양성 소시오드라마에서 최근에 다음과 같은 상황이 연기되었다. 한 어린이가 유치원에 등록하기 위해 엄마와 할머니와 함께 가고 있었다. 입구를 지나자 크로아티아 사람이었던 할머니는 이 유치원 건너편에 있는 세르비아 유치원이 아니라 당연히 이 크로아티아 유치원에 등록해야 한다고 확고하게 말했다. 하지만 더 진보적이고 전쟁의 긴장을 완화시키기 위해 세르비아 어린이와 크로아티아 어린이가 함께 놀기를 원했던 엄마는 망설이면서 할머니의 조언에 따랐다. 그녀는 "그래요, 하지만 우리가 벌써 이 나이에 아이들을 갈라놓는다면 크로아티아와 세리비아의 어린이들이 어떻게 함께 사는 것을 배울 수 있나요?"라고 물었다. 다양한 기대를 가진 크로아티아 사람, 세르비아 사람, 어린이, 할머니, 그리고 사회의 5개 주요 역할이 정해졌고 각각은 자신의 주요 메시지를 강조했다. 가능한 해결을 시도하면서 그 집단은 모든 어린이가 함께 놀 수 있는 혼합된 유치원이 있으면 좋겠다고 제안했지만 모두는 이 시기와 연령에서는 불가능할 것이라는 것을 깨달았다. 나눔 시간에 우리는 이 사회의 유행인 국제결혼을 논의했다. 하지만 대부분의 참여자는 다원적인 사회를 위한 시기가 무르익지 않았기 때문에 양쪽 사회 모두에서 그런 결혼이 거부될 것이라고 느꼈다.

해결

연기 후에 그 집단은 다원주의의 촉진과 반대자들과의 가능한 공존을 찾을 수 있는 대안적 해결책을 찾기 위해 실험적인 조사를 실시했다. 자각을 한 다음 소시오드라마 전문가는 제7장에서 자세히 설명할 정서, 정신 내부, 대인관계, 그리고 전체 전략으로서의 집단이라는 갈등관리의 네 가지 전략 중 하나 또는 전부에 초점을 맞출 수 있다. 여기에서는 행동 지향적인 연습과 함께 간략한 예시만 제공할 것이다.

정서

이 첫 번째 단계에서 그리고 더 심화하고 대결을 극대화하기 위해 집단에게 "네!"라고 말하게 하고 다른 집단에게는 "아니요!"라고 말하도록 한다. 참여자들은 상대편을 이기기 위해 자기 집단의 힘을 이용하며 전문가는 그들에게 소리를 지르고 신체적인 힘을 사용하여 상대편에게 억압된 모든 적의를 표출하라고 요구한다. 이 연습 후에 있는 합리성은 양쪽 집단이 자신의 에너지를 모두 분출하고 '자신의 싸움을 싸우면' 정신 내부 집단 작업에 더 열리게 될 것이라는 데 있다.

정신 내부

정신 내부(직관) 단계에서 각 집단은 상대 집단의 반대편에 서고 상대 집단의 고정관념적인 관점을 먼저 언어화하고 분출한다. 예를 들어, 중심 주제가 남성과 여성의 선입견을 다루는 것이라면 함께 선 여성들은 "모든 남성은 성차별주의적인 돼지이다!"라고 말할 수 있다. 남성은 "모든 여성은 신경질적이다!"라고 말하며 반응할 수 있다. '집단에 대해 말하고' 자신의 태도에 대한 일반화를 극대화하도록 허용받고 격려받는 것은 개인적인 책임을 줄이고 선입관을 더 쉽게 표현하도록 해 준다. 다른 관점에서 그 문제를 보기 위해서 양쪽 집단이 나중에 역할을 바꾸어 상대 위치에서 가졌던 관점을 표현하도록 할 수도 있다. 역할교대의 주요 목적은 상대방의 관점에서 인지적인 왜곡과 고정관념적인 속성을 탐구하는 것이다. 때로 자신이 가진 잘못된 인식을 수정하기 위해서는 새로운 관점에서 자신을 보는 것이 더 수월하다. 결과적으로 인식에서의 이상적인 이동이 발생하고 이 새로운 인식을 포함하게 된다.

대인관계

집단 간 갈등을 분명히 하고 대인관계 분야에서 적극적이고 경험적인 탐구를 제공하기 위해 양쪽 집단 사이에 상징적인 벽을 세운다. 이 벽은 영역적인 프라이버시로서의 표시와 좋은 이웃 간의 담처럼 개인적인 통합을 보호하는 역할을 한다. 하지만 불일치의 잠재적인 근원과 그들 사이에 있는 어려움을 분명히 하는 '공용 재산'이기도 하다. 이는 즉각적인 상호작용과 직접적인 소통에 장애가 된다. 상상의 벽으로 나뉘어 공존하는 영역을 찾고 비폭력적인 소통을 제공하기 위해 소시오드라마 전문가는 참여자들이 적절한 동의를 할 수 있도록 중재 기술을 사용할 수도 있다. 집단은 마침내 그 벽을 어떻게 할 것인지 결정하도록 요청받는데(더 높일 것인지, 지금 그대로 둘 것인지, 아니면 허물 것인지) 이는 갈등에 대한 다양한 해결책을 상징한다.

전체로서의 집단

양쪽 집단은 경쟁 게임을 시작하도록 지시를 받는데 승리하는 집단이 게임을 마칠 때 방에서 더 많은 의자를 차지한다. 따라서 참여자들은 대결 상황에서뿐만 아니라 자기 집단의 정체성에 개별적인 반응을 해야 하고 협력을 위해 전체 집단을 이용해야 한다. 그다음 경쟁적인 게임과는 대조적으로 승리나 패배로 끝나지 않는 새로운 게임처럼 협력에 바탕을 둔 비경쟁적인 게임을 한다(Orlick 1982; Sobel 1983).

종결 의식

갈등이 잘 규명되고 가능한 해결책이 도출된 소시오드라마의 끝에서 실제 관계는 살아 있는 조각상, 노래 또는 침묵의 순간과 같은 종결 의식을 통해 확인된다. 집단이 만족할 만한 동의를 했다면 악수나 침묵의 파이프 피우기 또는 평화 조약 노래를 불러 만남을 종결할 수 있다. 이러한 의식은 집단이 공개적으로 자신들의 동의를 발표하고 분쟁을 뒤로 하며 미래의 협력으로 나아가도록 돕는다.

공유와 프로세싱

각 소시오드라마는 회기 끝에 공유와 프로세싱을 위해 상당한 시간이 필요하다. 이전 단계에서 표현된 고통스러운 개인적인 내용으로 인해 집단은 이제 더 거리를 두고 인지적으로 회기를 처리할 필요가 있다. 이 단계에서 집단 구성원은 원으로 앉는 것이 좋다. 원은 각 참여자의 동등한 지위를 강조하고 모든 사람과 소통을 제공하기 때문에 다양성 이슈의 논의를 위한 적절한 틀을 제공하고 이전의 다양성 범주를 새로운 관점으로 바꾼다.

또한 회기의 초점을 이민에 대한 공공 정책과 같이 사회에서 논의된 실제 다양성 이슈와 연결 짓는 것은 집단 지도자나 참여자 중 누군가에게 좋은 시간일 수도 있으며 일부 구성원이 자신의 지역사회 내에서 그런 이슈에 더 적극적으로 참여할 수 있도록 이끌 수도 있다.

결론

세상이 작아지면서 문화 간 교류의 기회와 도전이 증가하고 충돌이나 상호 교환 및 풍성함을 선도하고 있다. 다양성 소시오드라마는 이러한 도전을 탐구하는 새로운 방식과 이용 가능한 광범위한 다양성에 대한 대안을 제공할 수 있다.

우리는 여기에서 주로 문제점으로서의 다양성에 대해 논의하였다.

하지만 볼칸(2002)에 따르면 대부분의 사람은 자신의 대집단(또는 인종) 정체성의 보존과 유지와 연관된 우려에 사로잡히지 않을 때 인간의 다양성을 즐길 수 있다. 다양성 소시오드라마는 다른 상황에서는 절대 만날 수 없었던 완전히 다른 배경을 가진 사람과 따뜻하고 자발적이며 열정적인 만남의 기회를 만들 수 있다. 하나의 집단에서 다른 배경을 가진 사람과 함께하는 것은 성장과 대인관계 학습 그리고 네트워크 건설에 커다란 자극제가 될 수 있다. 각 사람의 고유한 문화적 배경을 통하여 참여자는 풍성하게 해 줄 수 있는 다른 무엇인가를 알 수 있는 기회를 갖게 된다. 최소한 다양성 자체는 우리의 상상을 넘어서는 성장을 위한 힘을 제공하며 집단의 경험을 더욱 흥미롭고 재미있게 해 준다.

또한 다양성 소시오드라마는 사람들이 편견이나 공개된 적대감 없이 자신의 민족 중심주의를 공유할 고유한 기회도 제공할 수 있다. 이렇게 될 때 다양성 소시오드라마는 외부적 실체에서 일반화의 편견이 없는 결론에 도달할 수 있기 때문에 개인적인 태도이 변화를 제공할 수 있다. 하지만 다양성이 실제적이면 소시오드라마 참여자는 더 관용적이 될 수 있다(Amir 1976). 이러한 관용은 우리와 다르게 보고 소리를 내며 생각하는 모든 사람이 나쁘거나 위험하지 않다는 것과 그들도 권리와 욕구를 가지고 있으며 그들을 있는 그대로 존중해야 한다는 것을 배울 필요가 있다는 것을 깨닫는 것에서 온다.

이러한 목표 외에도 다양성 소시오드라마는 편견 자체에 대항하여 싸우는 공통 기반을 찾기 위하여 외부의 문화 및 종교적 다양성을 넘어서려고 시도한다. 클린턴 전 미국 대통령은 이 비전을 다음과 같이 매우 간결하게 표현했다.

오늘날 세계의 진짜 차이점은 유태인과 아랍인, 개신교와 가톨릭, 그리고 이슬람교와 크로아티아 및 세르비아 사이에 있는 것이 아니다. 진짜 차이점은 평화를 포용하는 사람들이고 이를 파괴하려는 사람들이며 미래를 보려는 사람과 과거에 집착하려는 사람들 간의 문제이고 팔을 벌리는 사람과 주먹을 움켜쥐는 사람들 간의 문제이다. (보스니아의 사라예보 국립 극장에서 사라예보 시민들에게 1997년 12월 22일에 한 연설, Public Papers 1997, p. 1814)

대부분은 이 말에 동의할 것이다.

하지만 소시오드라마 전문가가 사람들을 서로 더 관용하도록 할 수는 없다. 단순히 사람들에게 민족 중심적이 되지 말라고 요구하는 것은 불가능하다. 소시오드라마가 성취할 수 있는 것은 참여자들이 고정관념의 낙인 대상이 되는 고통을 나누도록 지원하고 격려하여 우리의 편견적인 인식을 탐구하는 것이다. 이런 일이 공적으로 발생할 때 더 의식하게 되고 내가 바라기로는 장래에는 더 민감할 수 있게 될 것이다. 또한 참여자는 낯선 사람에 대한 자신의 민족 중심주의와 고정관념적인 낙인에 대한 경향을 더 의식하게 될 것이다. 이는 다른 사람을 만났을 때 더 겸손하게 하고 문화 간의 만남을 덜 실망스럽게 할 수도 있다. 마지막으로 이 과정이 발전하면 참여자는 자신에게 자부심을 느끼고 자신의 고유한 자산과 독창성에 감사하면서 다른 사람의 관점에서 풍성함을 볼 수 있는 적절한 균형을 찾을 것이다.

이런 일이 일어나지 않고 인종차별이 여전히 많은 국가에서 시급한 문제가 되고 있더라도 다양성 소시오드라마는 편견과 인종차별의 공개적인 표현에 대한 공공 정책을 만드는 것의 중요성을 강조할 것이다. 이러한 공공 정책은 극단주의자들이 인종 긴장을 야기하기 위해 언론 자유를 남용할 수 없도록 하고 소수자를 제한하는 법을 엄격히 집행해야 한다.

후기 : 분리의 벽

베를린 장벽이 무너졌고 남아프리카 공화국의 인종 분리 체제도 없어졌다. 하지만 세상의 다른 부분에서 평화롭게 함께 살 수 없다는 이유로 사람들을 분리하기 위해 새로운 벽이 건설되고 있다. 이스라엘에 세워진 최근의 보안 장벽이 그 예이다. 이스라엘 국민들에게는 분명히 안전감을 제공했지만 팔레스타인 사람에게는 실망감을 주었다. 하지만 나 자신을 포함해 더욱더 많은 사람이 '두 국민을 위한 2개의 국가' 공식을 믿기 때문에 중동 분쟁의 해결을 위한 첫 단계일 수도 있다. 최선의 해결책은 아니지만 지금 실행할 수 있는 유일한 방법으로 보인다.

이 해결책은 모레노의 사회측정학적 개념으로 집단 간 분쟁의 원인 중 하나를 설명해 주는 '포화점(saturation point)'에 세워졌다(1953, p. 560). 다른 2개의 문화적 집단이 물리적으로 근접하여 공존할 때 그리고 그 구성원이 서로 지속적인 상호작용 과정에 있을 때 충돌할 수밖에 없다는 가정에 근거했으며 포화점은 대집단이 사회적 긴장이나 전쟁 없이 소집단을 흡수할 수 있는 크기가 된다(Moreno 1943/1972). 간단히 말하면 너무 많은 다양성이 사회적 긴장을 만든다는 것이다. 따라서 해결책은 다소 덜 분리된 사회를 갖는 것이다. 뒤집어 말하면 어떤 집단이 공존을 발달시키려면 집단에 충분한 공통점과 동질성이 있어야 하며 이는 모든 집단의 기본적인 필요조건이 된다.

일반 상식이 아니냐고 말할 수 있지만 이는 우리가 사는 세상과 우리가 속한 집단에 심오한 결과를 제공한다. 우리는 우리가 속하기로 선택한 집단에서 일정한 양의 다양성만을 포용하는 것으로 보인다. 포화점을 초과하면 보통 일종의 폭발이 발생하여 집단이 갈라서게 되고 유대감이 더 많은 새로운 집단이 형성되기 시작한다.

상당한 다양성에도 불구하고 어떻게 해야 가능한 적은 마찰을 일으키며 함께 살 수 있는가 하는 문제에 대한 정치적인 해결책으로 스위스의 주(canton) 체제를 참고할 수 있는데 그곳은 권력의 분립과 분권주의를 추구한다. 스위스는 독일, 프랑스, 이탈리아, 그리고 레토로만 사람으로 이루어졌음에도 불구하고 여러 세기 동안 번영과 평화 속에서 살아 왔다. 언어 집단 간에 그리고 개신교와 가톨릭 사이에 분쟁이 제기될 때마다 스위스는 서로 다투는 집단에게 자치적으로 통치하도록 허용하여 분쟁을 해결해 왔다. 따라서 단일 주는 반쪽 주로 나누어지고 새로운 주가 형성되며 교감이 하나의 주에서 다른 주로 옮겨 가게 된다. 이런 방식으로 스위스는 각기 다른 언어, 문화, 종교, 그리고 전통을 가진 사람들이 평화롭고 조화롭게 살 수 있도록 허용하는 시스템을 발전시켜 인종적으로 나뉜 국가에 특별히 적절한 체제를 만들었다. 이 시스템은 우리 모두에게 기본적인 진실을 유지할 수 있도록 해줄 수 있다.

소시오드라마에서의
갈등 전환

앞 선 장에서 우리는 위기 상황, 정치적 격변, 그리고 다양성에서
적용하는 소시오드라마의 이론과 실행을 논의했다. 이런 모든
적용은 해결되지 않을 경우 개인 간의 갈등이 될 긴장을 고조시키는
예비 단계로 볼 수 있다. 인간이 만든 트라우마는 절망을 유발하고 어
쩔 수 없이 권력 투쟁을 야기하며 다양성은 집단 간의 긴장을 만든다.
따라서 이 장에서 우리는 소시오드라마의 실행과 관련된 갈등 전환에
대한 통합적인 접근 방식을 발전시킬 것이다.

소시오드라마적인 갈등 전환 전략은 고전적인 사이코드라마와 상당
히 다르다. 사이코드라마에서 악역은 보통 회기 중에 빠지고 다른 구
성원이 그 역할을 맡는다. 갈등 전환 소시오드라마에서는 실제 악역
이 연기 공간에 초대된다. 사실 한 집단에서의 많은 주인공과 다른 집
단에서의 악역들이 같은 회기 내에서 자신들의 문제를 제시한다. 주된
어려움은 주인공과 악역의 사이가 매우 나쁘다는 것이다. 잘해도 사소
한 갈등이 있으며 심하면 서로 전쟁을 벌인다.

이는 익숙한 상황이다. 왜냐하면 국가적인 열망이든 아니면 개인적인 열정에서 동기를 부여받았든 역사 전반에 걸쳐 사람들은 정기적이고 반복적으로 갈등의 집단적 결과로 전쟁의 횃불을 들었다. 전체 사회는 미움과 복수의 비극적인 시나리오를 만들었고 다시 만들었다. 집단 간 차별과 폭동, 테러, 그리고 폭력적인 적대감은 매일 신문의 국제면을 지속적으로 채운다. 이런 상황에서 소시오드라마는 어떤 기능을 하는가?

소시오드라마적인 갈등 전환은 전 세계에서 사용되는 갈등 해결과 협상 전략을 위한 강력한 보조 수단이 될 수 있다. 장난스러운 상호작용, 역할극, 그리고 갈등 상황 시뮬레이션에 기초하기 때문에 참여자가 위협적이지 않고 경험적인 환경에서 해결책을 모색할 수 있도록 해준다. 이런 보호 상황에서 이런 종류의 소시오드라마는 해결하기 어려운 갈등에 대한 창의적인 해결책을 제공할 수 있다. 최소한 세계의 많은 국가에서 정말 필요한 폭력적 전쟁을 대체할 수 있는 대안적인 기반을 마련할 수 있을 것이다. 몇몇 체계적이고 강경한 협상이나 중재 전략과는 반대로 소시오드라마적인 갈등 전환은 처리, 응축, 전환, 관리, 그리고 갈등 이해에 대해 더 부드러운 접근 방식을 제안한다. 갈등에 대한 최선의 해결(재해결)을 하나의 접근 방식이 제공할 수 없기 때문에 몇몇 고질적인 갈등은 해결되지 않을 것이며 우리는 때로 갈등과 함께 사는 방법을 배워야 하고 전보다 조금 덜 악의적이 되고 덜 폭력적이 되는 것에 만족해야 한다.

분쟁과 적대감

"때로 공격적이게 하는 집단 간의 적대적인 태도는 세계의 가장 심각한 문제 중 하나이다. 지금까지 심리적인 연구는 이를 설명하는 데에는 성공했지만 치료하지는 못했다"(Argyle 1991, p. 23). 일부 사람들은 집단 심리치료사가 세계적인 사회정치적 문제에 개입하지 않아야 한다고 생각하지만 어떤 사람들은 보편적인 집단 간 갈등을 고려하지 않고서는 치료가 불가능하다고도 말한다. 이스라엘에서의 내 경험으로는 후자의 관점에 동의한다. 신체적인 생존을 위한 스트레스가 일상적인 걱정이 될 때 다른 걱정들은 그리 중요해 보이지 않게 된다. 매일 폭력적인 집단 간 충돌에 직면해 있는 곳과 사회의 다양한 하위 집단이 양극화되어 있는 곳에서는 갈등 전환이 생존자들로 하여금 비극적인 경험을 다룰 수 있도록 돕는 긴급하고 중요한 과제가 된다.

게다가 참여자가 사회적 정체성을 밝히고 다른 사람과 자신을 거울로 들여다보게 되는 순간 모든 집단 상황에 갈등이 야기된다. 대인관계가 발전하면서 사람들은 자연적으로 자신이 사는 사회의 문화적인 고정관념과 적대감 중 일부를 희생양으로 삼아 투쟁-도피(fight-flight) 및 집단 갈등의 익숙한 징후를 표명하여 재연하기 쉽다. 파월(1989)이 지적했듯이 "소집단은 사랑과 미움, 통합과 분열, 그리고 삶과 죽음의 양극으로 모든 인류의 운명에서 그 기초를 수반한다"(p. 278). 소시오드라마 전문가인 우리가 긴장을 야기하는 갈등 중 일부를 방지 또는 관리하도록 도울 수 있다면 트라우마가 적어질 것이고 위기 개입을 위한 필요도 줄어들 것이다.

모레노(1953)는 더 평화로운 공존을 위해 가능한 필수조건을 제시했지만 그의 이론이 소시오드라마를 위한 충분한 기반으로 간주될 수는 없다. 이 조건들은 지속적으로 사회적 갈등의 발전을 설명하지도 못할 뿐더러 갈등 해결의 실행을 인도할 분명한 원칙도 제시하지 못한다.

하지만 사회학, 사회심리학, 그리고 인류학에서의 집단 간 분쟁에 대한 문헌은 소시오드라마에서의 갈등 전환을 위한 강한 이론적 기반을 제공하기에 충분히 풍성하다. 갈등은 에밀 뒤르켐, 칼 마르크스, 막스 셸러, 게오르그 짐멜, 그리고 막스 베버와 같은 고전적인 사회사상가와 도이치(1973), 페스팅거(1954), 프랭크(1967), 프롬(1973), 고프먼(1963), 레빈(1948), 파슨스(1967), 그리고 셰리프와 셰리프(1969) 같은 후기 사회조사자가 이용한 핵심 설명 변수이다. 이들은 테일러와 모하담(1987)이 요약한 여섯 가지 주요 요소를 포함하여 집단 간 갈등의 사회심리학적인 다양한 측면을 설명했는데 이는 갈등의 근원을 다르게 설명한다.

1. 현실적인 갈등
2. 사회적 정체성
3. 공정
4. 상대적 박탈
5. 엘리트
6. 5단계 모델

제안된 일을 서로가 실행하고자 한다면 갈등 해결에 대한 전문적인 문헌에는 갈등을 협력으로 전환하고 모든 종류의 관계에 평화를 가져오기 위한 모델과 전략으로 가득하다(Bisno 1988; Bloomfield & Moulton 1997; Cornelius & Faire 1989; Crum 1976; Curle 1971; Donahue & Kolt 1993; Filley 1975; Fisher & Brown 1988; Fisher & Ury 1981; Galtung 1996; Mindell 1995; Pruitt & Rubin 1986; Rose 1998;

Rosenberg 2000; Rothman 1992; Rummel 1975-1981; Sharp 1973, 2005; Slaikeu 1996; Walters 1981; Walton 1969; Woodhouse 1991).

평화 추구에의 심리학적 지식 적용

이 많은 학문 분야와 제휴하는 전문가 중 일부는 갈등 해결과 전쟁 예방에 대한 국가 정책 입안자에게 조언하기 위해 응용사회과학자라는 새로운 직업을 육성하려는 다양한 시도에 참여했다. 이 직업은 사회심리학과 심리치료의 프리즘을 통해 주요 문화적·정치적 및 사회적 사건들을 살펴본다. 정치인들에게 영향을 주기 위한 정신보건 전문가들의 최초의 시도 중 하나는 제2차 세계대전 몇 년 전에 네덜란드 의학회(Netherlands Medical Society, 1939)가 주도한 전쟁 '예방' 위원회에 의해 수행되었다. 그들은 다음과 같은 공개서한을 전 세계의 정부 당국자, 신문, 그리고 개인들에게 발송했다.

> 저희가 보기에 세계는 인류를 분명하게 전쟁-정신병(war-psychosis)으로 이끌 심각한 위험이 있어 보입니다. 전쟁이란 모든 파괴적인 힘이 인류를 파괴하는 것을 의미합니다. 전쟁은 기술과학으로 인류를 전멸시키는 것을 의미합니다. 인간의 모든 측면에서처럼 심리적 요소들은 전쟁의 복잡한 문제에서 매우 중요한 부분을 수행합니다. 전쟁을 예방하려면 국가와 각국의 지도자들은 반드시 전쟁에 대한 자신들의 태도를 숙지해야 합니다. 자기 인식을 통해 세계적인 참화는 예방될 수 있습니다. … 저희는 국가들이 종합적인 자기 보전을 인지하도록 이 편지를 보내며 이런 강력한 본능이 전쟁의 소멸을 위해 가장 강한 동맹이 될 수 있습니다.

30개국 339명의 정신과 의사가 이 편지에 서명했다. 많은 격려 편지를 받았지만 그중에 독일과 이탈리아 그리고 일본에서 온 것이 없었다는 사실은 놀랍지도 않다.

제2차 세계대전의 엄청난 결과는 이 위원회의 경고를 확인해 주었지만 지속적인 폭력을 예방하려는 다른 정신과 의사들의 시도를 막지는 못했다. 실제로 1945년 프루겔은 우리가 전쟁을 대규모 비행의 하나로 보아야 한다고 제안했다. 그는 만약 심리학이 개인의 비행을 다루는 데 사용될 수 있다면 국가의 더 커다란 비도덕을 다루는 데도 도움이 될 수 있다고 가정했다. 그 결과 전후 기간 동안 주요했던 노력은 나치의 행동을 심리학적인 이론으로 설명하며 그들의 대규모 학살의 행동을 이해하려는 것이었다. 몇몇 유명한 반유대주의는 정신질환이나 범죄적 경향으로부터의 고통이라고 분석하고 진단했다. 하지만 나치의 사랑스러운 부모이면서도 동시에 잔인한 살인자라는 것이 너무 복잡한 사례라고 밝혀졌고 분명한 설명 없이 여러 해 동안 모순되는 논쟁에 관여한 정신분석학자들이 기관에 가득하게 되었다.

다른 과학적 관점에서 1950년대 초의 일련의 전문가들은 게임이론(Axelrod 1984), 결정이론, 그리고 통계적 모델링에 기초하여 인간 갈등의 일반적인 이론을 개발하려고 시도했다. 하지만 하티와 모델(1991)에 따르면 이러한 시도는 대부분 실패했다.

1960~1970년대 초기에 베트남 전쟁에 반대하면서 인본주의 심리학 영역의 많은 심리학자들이 국제 평화 촉진에 관여하였다. 이 접근의 가장 영감을 준 저항 중 하나는 미국인 심리학자인 칼 로저스(1965)였다. 그는 전 세계적인 대인관계, 결혼, 인종관계, 집단관계, 또는 국가 간의 문제를 해결하기 위해 정신보건 전문가들에게 참만남 집단의 원

리를 사용할 것을 제안했다. 미국과 소련 사이에 평화를 이루고 모든 인류 사이에 형제애의 교감을 촉진하기 위한 전체론적인 정치 도구로 치료 집단이 사용될 수 있다고 믿은 인본주의적 심리학자들이 로저스를 따랐다. 동일 선상에서 그리고 동일한 인본주의적인 움직임 내에서 매슬로우(1977)는 다음과 같이 제안했다.

> 소통, 이해, 친밀, 신뢰, 개방, 정직, 자기 노출, 피드백, 인식, 비교, 관용, 인정, 친밀, 사랑을 촉진하는 모든 방법과 의심, 편집증적인 기대, 두려움, 다르다는 느낌, 적대감, 방어, 질투, 경멸, 모욕, 생색, 양극화, 분열, 소외, 그리고 분리를 줄이는 모든 방법은 선하다. (p. 16)

이 분야는 지난 50년간 훨씬 더 인기가 있었으며 여전히 유행하고 있다. 현대의 세계적인 테러(Covington et al. 2002) 속에서 정신보건 전문가들은 무엇이 '테러리스트 움직임'을 만드는지 설명하려고 애쓰고 있다. 그 결과 이제 많은 기관에서 평화를 추구하기 위해 신기하저인 지식을 적용하고 있다. 또한 정치적 행동과 같이 이 이슈에 헌신하는 학제 간 전문가 잡지도 다양해졌다. 이 잡지는 정치적 행동, 기관, 과정, 그리고 정치 및 개별적인 정치 행동을 포함하기 위해 광범위하게 해석되는 정치적 행동의 일반 분야에 대한 독창적인 연구를 발표한다.

최근 정치적 상황의 선두적인 정신분석학자는 버지니아대학교의 정신 의학과 교수인 바믹 볼칸이다. 그는 전 세계의 매우 다양한 집단 간 갈등을 협상하고 자신의 이해를 활용하여 협상하고 해결하는 자문이다. 그의 기여 중에 대집단 정체성(예 : 종족, 국가, 종교, 이데올로기)에 대한 이해는 실행자들이 심리분석적인 렌즈를 통해 사회적 과정을 검증하고 이런 과정이 덜 악의적이 되도록 해 준다. 정신과 인간 상호작용 연구 센터(Center for the Study of Mind and Human Interaction)의 동료들과 함께 볼칸(1999)은 대집단에 반하는 인종적 긴장을 줄이기 위해 여러 학문 간 방법론을 개발했다. 이 접근 방식은 평화롭고 융통성이 있는 공존, 통합, 또는 흡수를 촉진한다. 나무의 느린 성장과 분기처럼 느린 전개를 반영하는 '나무 모델'이라는 별명이 붙었으며 세 가지 기본 요소 또는 단계를 갖는다.

1. 상황의 심리정치학적 진단은 관여된 집단 구성원들의 다양성에 대한 심층적인 인터뷰를 포함한다. 임상심리학자, 역사학자, 정치과학자 등의 학제 간 연구팀은 두 집단의 관계와 강조할 상황에 대한 주요 측면을 연구한다.
2. 상대 집단 구성원 간의 심리정치학적 진단은 수년에 걸친 수일의 모임 과정으로 구성된다. 이런 모임에서 저항이 표면으로 들어나고 밝혀지며 해석되어서 더 합리적인 소통이 발생한다.
3. 협력적인 행동과 대화 과정에서 성장하는 기관은 통찰의 해석을 실제 사회와 정치적 정책 그리고 대중에게 분명한 효과를 주는 행동 및 프로그램에 부속한다.

전쟁 문제에 대한 심리학적 해결책을 찾으려는 초기 노력은 어떤 면에서 마하트마 간디, 달라이 라마, 마틴 루터 킹 2세가 제안한 갈등 해결을 위한 종교적이고 영적인 접근과 관련이 있다. 먼저 마하트마 간디의 비폭력 철학은 보편적으로 적용되었다. 그리고 14가지 권고사항과 대화를 통해 불일치를 해결하려고 했던 현 티베트 불교의 달라이 라마의 사상은 폭넓게 받아들여진다. 마지막으로 마틴 루터 킹 2세 목사의 영향은 이 평화 운동에 핵심이었다. 조지아 주 애틀랜타에 있는 에벤에셀 침례교회에서 1967년 12월 24일에 한 평화에 대한 크리스마스 설교에서 그는 다음과 같이 말했다.

> 우리가 지구상에서 평화를 원한다면 우리의 충성심은 부분이 아니라 반드시 전 기독교적이어야 한다는 것을 먼저 제안하고 싶습니다. 우리의 충성심은 반드시 우리의 인종, 우리의 종족, 우리의 계급, 그리고 우리 국가를 초월해야 합니다. 어떤 사람도 혼자 살 수는 없습니다. 어떤 국가도 혼자 설 수는 없습니다. 그리고 우리가 노력하면 할수록 지구 상에는 전쟁이 더 많을 것입니다. 이제 하나님의 심판이 우리에게 임했고 우리가 형제로 함께 사는 것을 배우지 않는다면 우리 모두는 바보처럼 함께 망할 것입니다. (King 1967)

하지만 적대적인 힘에 의해 부당하게 공격받은 사람에게 형제애를 요구하기는 어렵다.

간디의 비폭력 원칙은 영국과의 싸움에서는 좋은 결과를 이끌었지만 인도의 힌두교와 이슬람교 사이의 높아지는 긴장을 막지는 못했다. 많은 사람들은 간디의 비폭력이 인도에서 힌두교에 의한 이슬람교 소수자의 실망스러운 대우와 분리주의 이슬람 국가인 파키스탄의 요구로 실패했다고 생각한다. 광범위한 불신과 미움이 힌두교와 이슬람교 사이에 자라났고 독립 전날에 인도 전역에서 폭동이 발생했다. 인도는 피바다가 되었고 100만 명이 목숨을 잃은 것으로 추정된다(Wolpert 1991).

이런 종교적인 폭동은 간디의 비폭력에도 불구하고 여전히 정기적으로 발생한다. 예를 들면, 2002년 인도 아마다바드(간디가 입양된 고향)에서 힌두교 폭도들은 이슬람교도들에게 말할 수 없는 야만적 행위를 저질렀다. 폭동은 2개월 이상 지속되었고 거의 1,000명이 사망했다. 이 폭동은 미움으로 시작하여 끔찍한 범죄로 발전했다. 한 이슬람 폭도가 세계 힌두교 협의회 활동가들이 탄 기차에 돌을 던지고 불을 질러 59명이 죽었는데 대부분 여성과 어린이들이었다. 열차 공격 다음 날 경찰은 이슬람 거주지에서 난폭한 수만 명의 사람 중에서 1명도 체포하지 않았다.

위에서 언급한 많은 평화활동가와 인본주의 심리학자들이 심리학적인 관점에서 올바르지는 않았지만 집단 간 분쟁은 전문가들이 예상한 것보다 분명히 훨씬 더 복잡하고 바꾸기 어렵다. 그들은 일부 긴장이 실제적이고 상당한 논쟁에 기반을 두었다는 것을 인지하지 못했을 뿐만 아니라 일방적인 만남의 접근 방식보다 갈등 전환에 대한 통합적인 접근 방식을 요구하는 감정, 정신 내부, 인간 사이, 그리고 갈등의 전체로서의 집단 사이에 차이를 두지 않았다.

기본적인 공격성

가장 명백하게 놓친 것은 갈등의 출처로 기본적인 적대감 또는 사악한 인간 성향을 인지하는 것을 거부했다는 점이고(Adams 1989; Staub 1989) 절망에 대한 반응보다 본능적인 공격성인 프로이트의 주장(1930)을 거의 열성적으로 거부했다는 점이다(Okey 1992). 그 결과 갈등 해결을 위한 그들의 접근 방식은 본능, 의욕, 유전적 구성, 환경적 자극, 그리고 사회적 상황을 포함하는 인간 공격성의 가능한 다중 편향적인 현실적인 평가가 결여되었으며(Bandura 1973) 따라서 다양한 방식으로 갈등을 다루어야 할 필요도 결여되었다.

이러한 인본주의적 심리학자와는 대조적으로 나는 소시오드라마적인 갈등 전환의 적절한 접근 방식은 반드시 "네 이웃을 사랑하라."는 원칙에 대해 비평했던 프로이트의 주장을 고려해야 한다고 믿는데 그 이유는 다음과 같다.

> 인간은 사랑받기 원하는 부드러운 창조물이 아니다. … 강력한 공격성을 공유한다고 생각되는 본능적인 재능을 가진 창조물이다. 그 결과 이웃은 그들을 위해 … 고통을 야기하고 고문하며 죽이는 사람이 되었다. … 삶과 역사의 모든 경험에 직면했을 때 누가 이 주장에 문제를 제기할 용기가 있겠는가? (1930, p. 111-112)

프로이트에게 미움과 파괴가 보통은 잠복해 있지만 쉽게 나타나고 대랑 정신병 수준까지 심화될 수 있는 선천적인 인간 본성을 만족시키는지 물었을 때 아인슈타인도 이 질문에 마찬가지로 몰두해 있었다. 프로이트의 긴 응답은 사람이란 본성적으로 공격적인 창조물이라서 내적으로 자제하든가 아니면 외적으로 사회에 의해 자제될 필요가 있다는 짧은 문장으로 요약할 수 있다. 이런 본성적인 공격성의 결과로 프로이트는 매우 얇은 인간 문화와 문명이 파괴되면 원시적인 유목민처럼 충돌할 것이라고 경고했다. 프로이트(1930)는 계속해서 "사랑으로 상당한 수의 사람들을 함께 묶는 것이 언제나 가능하기 때문에 자신의 공격성을 받아들일 수 있는 사람은 언제나 있다."고 말했다(p. 114).

불행히도 프로이트의 관찰은 여전히 유효한 것으로 보인다. 역사는 죽음과 파괴만을 원하는 잔인한 사람들이 있다는 것을 가르쳐 왔다. 우리는 특정한 경우 눈이 멀고 감정이 없는 혐오감이 있는 사람들이 있다고 가정할 수 있는데 나는 이것을 '무조건적인 사랑'과 정반대되는 개념으로 '무조건적인 미움'(Halasz & Kellermann 2005; Kellermann 2005)이라고 불러 왔다. 심지어 폭력적인 수단일지라도 이러한 미움에서 자신을 방어하는 것이 정당화되어야 한다. 이런 상황에서 전쟁 자체를 유전적으로 비윤리적이라고 볼 수 없다. 어떤 사람이나 국가가 외부 공격이나 기본권의 위협에서 자신을 방어하면서 이런 공격성에 저항하고 있다면 군대는 '정당한 전쟁'을 하는 것으로 인정될 수 있다 (Johnson 1981, 1987).

인간 공격성의 원시성이나 다양한 폭력 및 비폭력적인 방어 수단에 대한 프로이트의 이론을 전체적으로 논의할 공간은 없지만 나는 소시오드라마적인 갈등 전환을 다룰 때 이 이슈에 대해 굳건한 위치를 잡는 것이 중요하다고 믿는다. 따라서 나는 여기에서 보여 준 갈등 모델에 감정적인 차원을 추가했다.

또한 사회학적인 관점에서 나는 소시오드라마가 사회적 갈등이나 합의의 이론에 굳건히 자리를 잡아야 한다고 믿는다. 파슨스(1967)와 머튼(1968)의 기능주의 이론에 따르면 사회적 균형(과 사랑)은 이상적인 미덕이다. 하지만 사회적 불일치는 자연적으로 칼 마르크스의 갈등 이론의 일부이다. 게다가 렌스키(1966)에 따르면 협력과 갈등(사랑과 미움)은 사회에 공존하여서 몇몇 갈등은 개인이나 집단의 목표를 달성하기 위한 인센티브를 제공하는 양념처럼 매우 바람직할 수도 있다. 협력을 통하여 사람들은 자신들의 차이점을 집단을 풍성하게 하고 성공하게 하는 자산으로 볼 수도 있다. 따라서 사람들의 차이점은 집단에 전체적으로 가치 있는 자원을 더하기 때문에 좋을 수 있다. 반대로 파괴적인 갈등은 한 사람은 이기고 다른 사람은 반드시 지는 경쟁적인 세계관에 기초한다(Deutsch 1973). 가시적인 갈등 해결 전략을 제안하려는 모든 시도는 사람과 사회 그리고 협력과 경쟁이라는 기본적 관점을 반드시 고려해야 한다.

사람 사이의 갈등은 인간관계에 보편적으로 존재하며 모든 집단 활동에서 특히 가시적이 된다. 집단에 함께한다는 단순한 사실은 구성원 사이에 언제나 어느 정도의 마찰이 있을 것이라는 것을 예측하게 한다. 이런 마찰이 집단에 명백히 부정적인 영향을 줄 수 있지만 꼭 나쁘거나 병리학적으로 제거해야 하는 것은 아니다. 오히려 위기의 상태처럼 갈등은 건강한 관계에서 정상으로 보일 수도 있고 적절히 관리한다면 발전과 성장 그리고 새로운 학습을 위한 기회일 수도 있다(Bach & Goldberg 1974; Cornelius & Faire 1989; Gans 1989; Ormont 1984). 이 이슈에 대해 우리는 "집단 분석가는 집단에서 협력과 갈등의 균형에 민감하도록 훈련을 받으며… (그리고) 중앙집권적이고 분리적인 힘 모두 존재한다는 것을 집단 구성원들에게 알려야 한다."고 주장한 파인 (1988)의 도움을 받는다(p. 57).

많은 국가에서의 사회적이고 정치적인 긴장을 고려하면 발전과 유지 그리고 갈등의 해결에서 건설적이고 파괴적인 갈등 사이의 구별은 굉장히 희미해졌다. 몇몇 실행자들은 사람들이 공개적으로 서로 적대적인 상황에서 긴장이 저절로 사라지길 수동적으로 기다리거나 집단이 나눠지도록 위협하는 일반적인 소외감으로 어떻게 발전하는지 관찰하면서 당혹스러운 혼동과 무력감을 느낀다. 어떤 실행자들은 싸움이 대표하는 모든 다양한 관점에 대한 충분한 고려 없이 정통적이고 자동적인 해결 기술을 이용한다. 그 결과 집단의 탐구적이고 치료적인 과정을 위해 필요한 갈등은 치료 과정에서 충분히 탐구되지 않는다.

문헌의 조사에 대한 여러 집단 치료사와의 인터뷰(Bisno 1988; Cowger 1979; Deutsch 1973; Donahue & Kolt 1993; Doob 1985; Fisher & Ury 1981; Walton 1969)와 내가 경험한 결론에 따라 나는 여기에서 갈등 전환의 네 가지 전략을 설명하고 소시오드라마에서 논란이 되는 내용을 논의할 것이다.

갈등 전환

복잡하고 거의 무한한 갈등의 출처를 고려하면 관리는 확실히 만만치 않은 일이다. 확실히 전환 접근 방식은 어떤 싸움인가에 따라 선택될 수 있다. 모든 갈등에는 감정, 정신 내부, 상호작용, 그리고 집단과 관련된 변수들이 연속적으로 존재한다. 소시오드라마 전문가는 반드시 다중 갈등 원천이 밝혀지면 다양한 감정적, 개인적, 인간 사이, 그리고 승계와 조합에 있어서의 사회적 수준에 대한 개입을 선택하며 하나 또는 전부에 초점을 맞추도록 선택해야 한다.

예를 들면, 공격의 억제가 긴장을 유발하는 원인으로 보인다면 소시오드라마 전문가는 먼저 공격성의 감정적 표현에 초점을 맞추고 상대방에게 솔직하게 '말을 붙이거나' 아무에게도 해를 주지 않고 절망을 없애는 싸움이나 경쟁을 하는 방식을 찾도록 제안해야 한다. 나중에 감정 전이와 관련된 이슈가 지배적으로 되면 정신 내부 전환을 강조하는 개인적인 접근 방식을 사용할 수도 있다. 소시오드라마 전문가가 중재자나 소통 제공자로 연기하는 대인관계 접근 방식은 상호관계 장애가 관찰될 때 선택할 수 있다. 마지막으로 세계적인 집단 역동성 요인이 갈등을 야기한 것으로 보인다면 전체적으로 집단에 대한 갈등의 의미 분석을 고려할 수도 있다.

〈표 7.1〉은 이 네 가지 개요의 중복되고 매우 상호 연관된 접근 방식, 이론적 기반, 그리고 주요 목표를 제공해 준다. 이 모두는 함께 갈등 전환의 일반적인 모델을 구성하며 전환 과정의 다양한 단계에서 승계하거나 조합하여 통합적으로 사용될 수 있다.

표 7.1 갈등 전환 접근 방식 모델

접근 방식	이론적 기반	주요 목표
감정	절망-공격	억압된 공격성의 표현
정신 내부	감정 전이-부재	집요한 왜곡의 수정
대인관계	상호작용	개선된 소통
전체로서의 집단	집단의 사회심리학	집단 역동성의 전환

지도자는 다음과 같은 방식으로 이 네 가지 갈등 전환 접근 방식을 단순하고 명료하게 해석할 수 있다.

1. 여러분은 가득 찬 절망으로 화가 났습니다. 여러분 각자가 공격성을 표현하고 몸에서 제거한다면 서로 더 잘 지낼 수 있을 것입니다.

2. 여러분은 서로에 대해 참을 수 없어서 화가 났습니다. 두 분 모두는 다른 사람보다 자신에 대해 더 말하여 자신의 화에 대해 책임을 져야 합니다. 만약 상대방이 원하는 사람이 아니라는 것을 깨닫는다면 있는 그대로의 모습으로 서로 받아들이고 함께 잘 지낼 수 있을 것입니다.

3. 여러분은 함께 잘 지내지 못하기 때문에 화가 났습니다. 문제는 여러분 중 한 사람에게 있는 것이 아니라 여러분 사이의 특별한 상호관계 또는 상보성에 있습니다. 두 사람이 종합적으로 주고받는 방법을 배운다면 더 잘 협력할 수 있을 것입니다.

4. 여러분은 여러분을 분쟁의 위치에 서게 한 '그 사람들' 때문에 화가 났습니다. 여러분의 관계에서 이 외부적인 압박을 인지하고 구별하며 대처하는 법을 배운다면 서로 더 잘 지낼 수 있을 것입니다.

나는 대인관계 갈등 전환에 대한 이 네 가지 접근 방식이 모두 포괄적이고 모든 것을 요약해 준다고 믿는다.

감정적 접근 방식

감정적 접근 방식에 따르면 공격성은 원시적이고 본능적이며 거의 동물의 그것과 같다. 이런 공격성은 경계 방어, 약탈 공격성, 내적 남성성 공격성, 두려움에서 유도된 공격성(탈출하려는 시도가 선행됨), 공격 대상이나 다른 동물로 야기된 과민 공격성, 모성 공격성(보호적), 또는 도구적 공격성 중 하나로 동기가 부여된다(Moyer 1968). 이는 자기 보호, 경쟁(사회적 갈등), 후손의 약탈에 사용된다(Brain 1979). 셰프(1994)가 강조했듯이 전쟁 또한 국수주의와 유혈 복수에 근거하여 선동된다.

환경적 상황과 행동의 기능성에 따라 인간과 동물이 보이는 공격적 행동의 유사성은 명백하다. 인간의 경우 자주 이런 공격성을 생물학적인 존재의 계승을 보호하려는 원시적 경향인 '원시성'이나 논리 또는 이유를 초월하는 '성전'과 같은 것으로 묘사한다. 행동이 이런 원시적 수준에서 기능하면 인간은 결과를 생각하지 않고 필요한 것을 취하며 야만적이고 이기적이 된다. 이것은 분명히 반사회적이지만 이런 비이성적인 행동은 도덕적 판단의 대상이 될 수 없으며 전적으로 공리주의적이고 생리적인 욕구로 야기된 것이기 때문에 '악'이라고 표현할 수 없다. '미움'은 유전적으로 필요한 무엇인가를 상실하는 기본적인 두려움의 표현이기 때문에 쉽게 이해될 수 있다.

참여자가 이런 감정을 인식하도록 하기 위해 소시오드라마 전문가는 양측이나 나란히 사는 국가 사이의 국경이 포함되어 있는 상황을 연기하도록 집단을 초대할 수 있다. 이들 사이에는 강이나 열린 평지와 같은 일반적인 경계가 있다. 중간은 '무인' 지대이다. 양쪽 지역은 서로 거의 또는 전혀 접촉 없이 다른 문화를 가진 사람들이 살고 있다. 때로 강을 건너는 다리가 있기도 하지만 항상 그런 것은 아니다. 참여자는 이쪽이나 저쪽을 선택하고 이들 사이에 즉흥적으로 상호작용을 한다. 이 역할극 연습은 어느 한쪽의 가치 있는 자원의 보유나 토지 분쟁과 같은 갈등 요인을 담거나 양측의 각기 다른 욕구에 초점을 맞출 수도 있다. 연기 후에 집단 구성원들은 드라마의 여러 순간에 받은 느낌을 논의하며 자신의 경험을 나눈다.

이런 연습은 국경 분쟁에 쉬운 해결책이 없다는 것을 빠르고 분명하게 보여 준다. 사실 갈퉁(1996)에 따르면 전쟁은 2,000개 이상의 국가(문화, 종교, 역사로 함께 연결) 중 하나가 단지 200개 주(지형학적으로 정의된 영토나 국가)와 경쟁할 때 발생한다. 쉽게 말하면 여러 집단의 사람들은 다른 사람이 아니라 바로 자기 측 사람들의 지배를 받기 원한다.

프루겔(1945)에 따르면 전쟁은 다음을 제공한다.

- 모험(미지의 유혹, 새로운 기회, 희생이나 금욕주의)
- 유대감(공유된 관심과 사회적 연합으로 국가에 함께 단결)
- 안도(개인적인 걱정과 제한, 선행하는 사회적 염려)
- 사람들의 공격성에 대해 사회적으로 용납되는 배출구

전쟁을 하게 되는 이 모든 이유는 탐욕과 많은 국가 지도자들의 오만이다.

어떤 이유에서건 우리는 자신을 지키기 위해 필요하다고 인식하는 경쟁적인 국경 권력이 전쟁을 벌일 것이라고 예상할 수 있다. 카인과 아벨 이후로 이런 진쟁은 열정적인 사업이었으며 사람들은 경쟁으로 인해 서로 공격하고 살인과 도륙을 했으며 수천 가지 이유로 서로를 모욕해 왔다. 잘 발달된 살인 본능을 가진 전사가 죄책감이나 가책 없이 자신의 기술을 실행해 왔으며 풍성한 보상을 받았고 자기 측 사람들에게 칭송을 받았다. 국경 권력을 위한 경쟁으로 인해 이런 전쟁은 정당하며 분쟁은 합리적인 이유에 근거한다고 받아들여졌다.

갈등에 대한 이런 원시적인 관점은 오늘날 평화를 사랑하는 사람들에게는 혐오스럽게 보이겠지만 모든 갈등 전환 접근 방식에서 반드시 고려되어야 한다. 이 감정적 접근 방식에 따라 일하는 소시오드라마 전문가는 기본적으로 사람들의 억압된 분노를 방출하도록 격려하여 분쟁을 해결하려고 시도한다. 이 접근 방식에 깔린 주요한 가정은 달러드와 동료들(1939)에 의해 잘 알려졌고 후에는 비코비츠(1989)에 의해 재공식화된 절망-공격성이론이다. 이 관점에 따르면 개인의 목표 지향적인 활동에서의 절망이나 간섭은 그 사람이 선천적이든 반응적이든 공격적으로 반응하게 하며(Simmel, Hahn & Walters 1983) 어떻게 해서든 표현을 찾아야 한다. 충분한 배출구가 거부되면 공격성은 압력 밥솥처럼 증기가 차게 되고 압력을 덜기 위해 폭발하며 다양한 정서 및 신체적 장애를 야기한다(Rubin 1969; Smith 1992).

공격성을 없애는 최선의 방법은 분명한 표현을 통하여 배출하는 것이다. 하지만 이런 배출이 꼭 폭력적인 대결일 필요는 없으며 대리적인 카타르시스 경험을 통해 조절될 수 있다. 이러한 감정에 대한 사회적으로 용납되는 배출구는 국제적으로 대결하는 스포츠 경기에서 장려되고 허용된다.

소시오드라마 역시 대리적이고 공격적인 활동에 안전하고 적절하며 다른 사람에게 분노를 어떻게 표현해야 하는지 배우는 일종의 실험실이다. 이런 표현적인 접근 방식에서 참여자는 일반적인 사회적 상황에서 재치 있게 행동하고 제한된 특성보다는 솔직하고 직접적인 방식으로 자신이 현재 분노를 표현하도록 격려된다. 대면 집단, 생체 에너지 요법, 게슈탈트, 그리고 사이코드라마와 같은 행동 지향적인 집단 치료 형태와 마라톤, 민감성, 그리고 인간 잠재력 성장 집단에서 참여자는 자신의 분노를 언어적으로 표현하며 비명을 지르고 빈 의자를 치거나 바닥을 때리거나 벽에 물건을 집어 던지도록 격려되며 여기에는 주로 매트리스나 베게 또는 고무 방망이가 사용된다. 싸움에 관련된 두 사람은 서로 밀치거나 원하는 방식으로 레슬링을 하도록 격려된다(단, 아무도 다치지 않도록).

이런 적극적인 접근 방식은 잘 구조화되어 있지 않은 언어적 상호작용의 정신분석적 틀 내에서는 용납되지 않지만 다양한 방어의 해석에서 나타난 것과 같은 감정적인 표현에 초점을 맞추는 것(Rutan, Alonso & Groves 1988) 역시 언어 집단 치료에서 강조된다. 다른 사람에게 직접 분노를 표현하는 것은 또한 참여자를 대인관계 갈등에서 수동적이기보다는 단호하게 행동하도록 가르치는 모든 행동 적극성 훈련에서 강조된다. 먼저 자신의 분노를 신체적으로 표현하는 접촉을 한다. 둘째, 분노가 없기를 바랄 수도 있지만 정당한 감정으로 분노를 받아들인다. 셋째, 남아 있는 절망을 탐구하고 가능한 분노의 출처를 규명한다. 넷째, 비언어적 및 언어적 분노 표현 방식을 시도한다(예 : 자세, 목소리, 시선을 통하여). 이 과정에서 전에는 표현하지 못했던 느낌을 가능한 모두 배출한다. 마지막으로 참여자는 치료 상황 밖에서 새롭게 배운 행동을 시도한다.

표현이 완화를 이끈다는 개념은 쉽게 수용된다. 이러한 해방은 자주 신경증 환자의 특성인 절망-공격-억압-억제의 악순환을 깨도록 돕는다. 하지만 이러한 감정적 접근 방식이 갈등을 해결할 수 있는지 여부에 대해서는 여전히 의문의 여지가 있다. 비평가(예 : Tavris 1983)들은 공격적인 표현이 갈등 해결을 하지 못할 뿐만 아니라 사람들을 전보다 더 분노하게 한다고 주장한다. 마찬가지로 아동에 대한 연구에서 축적된 방대한 증거를 바탕으로 밴두러와 월터스(1965)는 공격적 행동에 참가하는 것은 공격성이 줄어들기보다는 원래의 행동 수준을 유지하거나 또는 더 심하게 한다고 결론지었다.

관련된 사람의 성품 또한 반드시 고려되어야 한다. 감정적으로 억제되고 억압받은 사람과 일치를 지나치게 염려하는 강박적 성격 그리고 양심의 기준에 집착하는 사람들의 남은 분노에 표현이 배출구를 제공하지만 공격성을 폭발적으로 분출하는 충동적 성격의 사람들은 자신의 명백한 분노를 억제하기 위해 내적 통제를 개발할 필요가 있으며 이 접근 방식에 덜 적합하다.

또한 표현의 효과는 자신의 명백한 공격성에 대한 사람들의 반응에 매우 영향을 받는 것으로 보인다. 분노의 표현이 보복과 만나면 대개 경험은 완화가 아니라 새로운 절망을 낳는다. 표현이 용납되고 악역이 공개적으로 잘못을 인정할 때만 새로운 경험이 화해가 되고 아마도 교정이 될 것이다. 따라서 지금까지 가지고 있던 분노를 표현하는 것은 갈등 전환을 위한 더 인지적이고 인간관계 접근 방식에 새로운 길을 여는 중요한 학습경험이 될 수 있다.

정신 내부 접근 방식

정신 내부(intrapsychic) 접근 방식에 따르면 갈등은 괴로움, 불신, 또는 분노를 가진 다른 사람을 보는 우리의 성향에 근거한다. 이 접근 방식 근저에 깔린 주요 전제는 다른 사람의 부정적인 주관적 평가 때문에 사람들이 서로 거부한다는 것이다. 예를 들면, 여성은 남성에게 "당신이 너무 이기적이어서 우리는 당신을 좋아하지 않아요!"라고 말할 수 있다. 정신 내부 접근 방식은 이 경우 남성의 이기심이 아니라 여성의 인식에 초점을 맞춘다. 분명히 남성은 여성의 기대대로 살지 않으며 여성은 더 감사할 필요가 있다.

국제 관계에 있어 다른 사람의 경멸적인 평가는 일반적이고 폭력적인 분쟁의 분출로 이끌 수 있다. 볼칸이 예를 든 것처럼 알카에다 테러 집단은 모든 미국인을 제거해야 할 악마이자 이교도라고 보며 많은 미국인은 수염이 난 이슬람교도를 비슷한 방식으로 본다. 많은 이스라엘 사람은 팔레스타인 사람을 하등하다고 보며 대부분의 팔레스타인 사람은 이스라엘 사람을 공유해야 할 땅을 약탈한 사람들이라고 생각한다. 집단을 이렇게 '우리'와 '그들'로 나누는 것은 정신 내부 접근 방식과 매우 연관된 사회정체성 이론(Tajfel 1981)으로 자세히 설명되어 왔다. 국가가 인종이나 언어 또는 종족으로 나누어지면 집단 망상은 재선을 원하는 정치인의 손에 놀아나기 쉬운데 이는 모든 것을 외부의 적에게 돌리고 국가의 내적 단합을 강화할 수 있기 때문이다(Robins & Post 1997). 모든 공격성이 다른 집단에게 분출되기 때문에 집단 간 긴장은 사라진다.

*Bloodlines: from ethnic pride to ethnic terrorism*이라는 책에서 볼칸(1997)은 사람들은 자신이 속한 대집단의 정체성을 보호하고 유지하기 위해 서로 죽인다고 주장했다. 집단의 '우리가 됨'은 치명적이어서 자기 조상이나 혈통에 영향을 주는 잘못에 대해 복수를 강요받게 된다. 수백 년에 걸친 종족 정신과 국가에 생명을 헌신하는 사람들이 이런 상황에 기여한다.

하지만 '우리'와 '그들'의 이런 분류의 일부는 분명히 다른 집단의 지각적 왜곡에 기초하며 때로는 사이코드라마적인 거울 기법의 사용을 통해 분명해진다. 우리는 우리의 일부인 개인에게 무엇인가 있기 때문에 다른 사람을 미워하는 것을 알게 되며 다른 사람에게서 그것을 확인하는 것을 매우 싫어하게 된다.

제6장에서 우리는 민족 중심적인 프리즘을 통하여 다른 사람을 보는 집단의 경향을 설명했다. 또한 우리는 집단이 근접하게 될 때 부정적인 이미지를 다른 사람에게 투사하는 것이 증가한다는 것도 관찰했다. 정신 내부 접근 방식을 따라 일하는 전문가(practitioner)는 기본적으로 갈등을 겪는 하나 또는 양측이 경험하는 적대감에 초점을 맞추고

그들의 주관적인 인식의 표현으로 적대감을 해석하여 갈등을 해결하려고 시도한다.

서로 매우 주관적인 방식으로 개인과 대면하는 것은 더 현실적인 관계를 위한 기초를 만들 수 있다. 사람들은 다른 사람의 새롭고 더 긍정적인 밝은 부분을 알게 될 수도 있다. 악역에서 자신에게로 초점을 바꾸어 사람들은 자신을 부인하는 창고로서 악역이 하는 역할을 더 깨닫게 된다(Pines 1988). 자주 이것은 현재의 사회적 네트워크와 유사한 역할에서 그리고 나중에는 원래 가족 내의 같은 역할에서 흔적을 찾을 수 있다. 갈등은 과거에 완수하지 못한 요청에 대해 다른 사람을 비난한다는 것을 어느 한쪽이 알게 될 때 해결될 수 있다. 소시오드라마 전문가의 훈련에 따라 이 모든 작업은 어느 정도 행동으로 실행될 수 있다.

모든 설득의 집단 심리치료사들이 정신 내부 접근 방식을 빈번하게 사용하지만 갈등 해결 기술로서의 효과는 논쟁의 여지가 있다. 비평가들은 정신 내부적인 적개심의 출처를 강조하여 다른 사람의 실제 악한 본성이 충분히 인정되지 않기 때문에 이 접근 방식이 대인관계 갈등을 해결할 수 없다고 주장한다. 다른 사람에게 자신의 분노를 표출하는 대신 자신을 돌아보도록 격려받고 그 결과 자신이 하지 않은 잘못에 대해 자신을 비난할 수도 있다.

따라서 합법적인 공격성은 절망에 원래 책임이 있는 사람에게 향하지 않고 억제, 무의식적 흡수, 또는 부차적으로 제한될 수 있다. 옹호자들은 이 비판이 어떤 사람의 정신 내부적인 마음의 상태가 어떻게 다른 사람에게 영향을 주는지 사물 관계 모델의 정신 내부적인 관점을 고려하지 않아 너무 단순화시키고 부정적으로 본다고 생각한다. 따라서 '투사기'와 '목표물' 둘 다 역동성이 동일한 교환 내에서 분석될 때

정신 내부 접근 방식은 큰 효과를 낸다.

하지만 인간관계 갈등은 어느 한쪽만 전적으로 잘못하고 상대방은 전적으로 죄가 없는 경우는 거의 없다. 보통 "싸움을 하기 위해서는 두 사람이 필요하다." 결과적으로 전문가들은 각 사람의 정신 내부적인 세계만이 아니라 갈등을 하는 양측의 상호작용에 초점을 맞추어야 한다.

대인관계 접근 방식

대인관계 접근 방식 근저에 깔린 주요 가정은 갈등이 여러 가지 이유로 사이가 좋지 않은 두 사람이 포함된 사회적 상황에서 주로 발생한다는 것이다. 예를 들면, 우리는 가치와 신념이 우리와 다른 사람, 우리가 좋아하는 것에 보답하지 않는 사람, 우리에게 악의적이며 학대하고 일반적으로 불친절한 사람을 싫어하는 경향이 있다. 매력과 유사성 사이의 상호관계는 사회심리학 문헌에 잘 설명되어 있다. 거래이론, 강화이론(Byrne & Clore 1970), 그리고 교환이론(Homans 1961)과 같은 여러 이론들은 상호성, 상호 의존, 균형, 그리고 관계에 포함된 양측 사이의 상보성이 충분하지 않으면 대인관계 갈등이 발생한다고 강조한다. 상보성(Carson 1969)은 권력 상태나 제휴 측면에 대한 상호관계와 연락 그리고 통제나 동등성 측면에 대한 대칭적 대인관계를 의미한다(Bateson 1979).

다양한 종교 신자나 분파 신도 간의 폭력적인 갈등은 언제나 존재해 왔으며 그 사례는 풍성하다. 힌두교와 이슬람교의 공존은 거의 상상할 수도 없다. 모든 것이 이들을 갈라놓는다. 세상을 다르게 볼 뿐만 아니라 사회의 개념도 다르며 동등성과 계급 제도에 대한 생각도 다르다. 그 결과 이들 사이에는 불신과 평가 절하 그리고 두려움이 있으며 영국이 철수한 후에는 인도와 파키스탄 사이에 전쟁이 계속되었다(1947~1949, 1965, 1971). 이라크의 두 주요 이슬람교 분파인 수니파(sunni)와 시아파(shiite)의 경우도 마찬가지이다. 이 두 집단은 정말 유사하지만 매우 첨예한 정치적 차이가 있다. 기독교에서도 우크라이나 정교, 러시아 정교, 그리스 가톨릭, 로마 가톨릭 교회 간의 불화는 수 세기 동안 지속되어 왔다. 게다가 이들 모두는 개신교 교회와 경직된 관계이다. 종교적 교리는 언제나 이런 분쟁에서 역할을 해 왔으며 유대교, 기독교, 이슬람교의 세 아브라함 계통 종교 간의 수 세기에 걸친 증오는 그 어느 때보다 첨예하다. 마지막으로 나이지리아에서는 이슬람교와 기독교 사이에 빈번한 접전이 있다. 최근의 종교적인 폭동은 마호메트 선지자를 만화로 풍자한 것에 대해 북쪽 지역의 이슬람교가 항의하여 발생했다. 이 폭동으로 30명 이상의 기독교인이 두 주요 이슬람 마을에서 죽었다. 이후 칼로 무장한 기독교 군중들은 오니차에서 이틀간의 보복 공격을 감행하여 80명 이상을 죽였다.

초환성과 협력 대신 이런 대인관계 갈등은 긴장과 마찰 그리고 경쟁, 질투, 또는 권력 투쟁이란 특징이 있으며 양측은 '나는 옳고 당신이 잘못했다' 또는 '나는 선하고 당신은 악하다'라고 생각한다. 불가피하게 적절한 소통이 없는 것이 공통적인 문제이다. 양립할 수 없는 양측의 정면충돌은 대인관계 갈등을 야기한다(Rogers 1965).

이러한 갈등은 양측이 계속 서로를 자극하는 한 증폭되며 몇몇 경우 최종적이고 폭력적인 대결로 끝이 난다. 게임이론(Luce & Raiffa 1957)에서 설명했듯이 갈등 중인 사람들은 두 남자가 서로 총을 들고 대결하러 오는 고전적인 결투처럼 서로 경쟁적인 게임을 하며 그 결과 1명이 승리하고 나머지 1명은 패배한다. 블룸필드와 레이스(1969) 그리고 블룸필드와 몰턴(1997)은 갈등 강도가 점진적으로 증폭되는 것을 설명했다. 사소한 논쟁이나 단순한 다툼이 군사적 충돌이 있는 다툼으로 증폭되며 마침내 군사력이 관여하는 공개적인 전투를 하게 된다. 각 단계의 발전은 증가된 폭력(또는 위협)적 상황으로 가도록 압박을 하거나 해결책을 제공하여 폭력을 벗어나는 상황으로 이동하게 되는 사건과 조건에 영향을 받는다.

파괴적인 승리/패배 시나리오와는 다른 방식으로 다툼을 해결하기 위해 전문가들은 이들이 평화를 유지하도록 하여 양측을 중재하려고 시도한다. 중재는 중립적인 제3자가 갈등을 벌이는 양측 사이에 자발적인 동의를 제공하려고 시도할 때마다 발생한다(Folberg & Taylor, 1984; Walton 1969). 심리분석 집단 지도자는 상호작용을 조정하기 위해 소통을 제공하고 관계에서 성인 빛 유치한 요소를 지지하는 미묘한 거래와 피드백 메커니즘을 인정하여 갈등 당사자들의 이해를 개선하려 시도하고 상호작용의 통역관과 촉매제로 행동하여 중재자의 역할을 수행한다(Rapoport 1988). 더 행동 지향적인 집단 지도자들은 갈등 당사자들이 상호 용납할 수 있는 해결에 도달하도록 돕기 위해 충고, 페어플레이 지도, 논리, 외교, 감정적인 완화를 사용하여 중재한다.

하지만 성공적인 중재가 꼭 상호 합의를 의미하지는 않는다. 블러드(1960)에 따르면 다른 만족스러운 중재의 결과는 다음과 같을 수도 있다.

- 타협 : 절반씩 양보하여 요구사항의 일부를 얻음
- 양보 : 한쪽이 요구를 포기하고 우아한 후퇴를 허용함
- 종합 : 지금까지 고려하지 않았던 새로운 해결책을 찾음

- 분리 : 서로 각자의 길로 감
- 수용이나 본질적인 체념과 합의 도달에 실패한 것을 인정 : 동의하지 않기로 서로 합의함

마찬가지로 결혼 치료에서 갈등하는 부부는 결혼을 유지하거나 이혼하게 되더라도 더 높은 동의 수준에 도달할 수 있다(Sholevar 1981).

맥스웰 존스의 카리스마적인 리더십 스타일(Ascher & Shokol 1976)은 치료 공동체 내에서 진화한 갈등에 대하여 또 다른 창의적인 중재 전략을 제공한다. 존스는 사람들의 충돌을 교묘히 다시 정의하여 갈등을 해결하는데 '말썽꾸러기'는 '모험가'가 되고 '권력 투쟁'은 '결정권 공유'가 되며 '갈등'은 '직면'이 되어 잠재적으로 부정적이고 파괴적인 대인관계 긴장을 긍정적인 학습의 기회로 전환하는 데 성공했다. 전 세계의 교육가와 기관 자문들은 이러한 많은 교묘한 재구성 방법을 사용한다.

관련 문헌들은 제3자(예 : Fisher 1983; Rubin 1980)를 통해 성공적으로 중재하여 다양한 갈등에서 비폭력적인 해결책을 찾는 설명으로 가득하다. 하지만 이 주제(예 : Deutsch 1973)에 대한 교재는 갈등 당사자들의 초기 태도가 비호환적이고 관계가 대결과 경쟁에 기반을 두지 않고 초기 위치가 호환적이고 관계가 협력과 신뢰에 기반을 둔다면 대인관계 접근 방식은 더 효과적일 것이라고 강조한다.

상호 역할교대

소시오드라마에서 갈등 전환에 자주 권장되는 가장 일반적인 행동 지향적인 중재 기술은 상호 역할교대이다. 사이코드라마에서 차용한

이 기술은 악역이 다른 사람의 입장에 서면 상황에 대한 새로운 관점을 갖게 되고 자신들의 차이를 화해할 수 있다는 가정에 기반을 둔다 (Kellermann 1992).

주인공과 악역이 대인관계 갈등에 관여되면 첫 번째 단계에서 두 사람은 자신의 입장을 분명히 한다. 그다음 두 사람은 역할을 바꾸어 주인공은 악역을 맡고 악역은 주인공을 맡는다. 새로운 역할에서 상대방의 입장을 연기한다. 그러고는 다시 원래의 입장으로 돌아가 대답할 기회를 갖는다. 필요하다면 이러한 역할교대는 상황의 모든 장단점을 분명히 하기 위해 필요한 만큼 계속한다. 양측이 만족하면 상황에서 빠져나와 거울을 보는 것처럼 외부에서 자신들을 본다. 다른 집단의 두 사람이 두 역할을 연기하고 기본적인 논쟁을 요약한다. 원래의 두 당사자는 외부의 공정한 입장에서 본 것에 대해 언급한 다음에 문제에 대해 가능한 해결책을 찾는다. 각자는 양측의 관점을 고려하려고 시도하여 창의적인 해결책을 찾을 기회를 갖는다.

역할교대는 일종의 상호 이해와 화해를 제공하기 위해 악역이 즉각적으로 입장을 바꾸도록 한다. 하지만 명백하게도 상호 역할교대가 갈등 당사자들의 마음을 자동적으로 바꿀 수 있는 것은 아니다. 불행하게도 대인관계와 집단 간 갈등에서의 상호 역할교대의 긍정적인 결과는 드물고 일반적으로 화해를 유도하기 어렵다. 내 경험으로는 정면충돌에 관여된 두 사람은 상대방을 적으로 인식하는 한 서로 역할을 바꾸려고 하지 않는다. 역할교대에 동의하면 상대방의 주요 메시지를 반복하여 잠깐 동안 역할을 교대한 다음 '나는 옳고 당신이 잘못했다'는 예전의 입장으로 돌아간다.

이 기술은 초기의 입장이 호환적일 경우에만 서로 다가서게 할 수 있다. 하지만 초기 태도가 호환적이지 않을 경우 양측은 더 멀어지게 될 것이다(Johnson & Dustin 1970, p. 149). 따라서 상호 역할교대의 효과에 대해서는 아직 아는 것이 거의 없어서 모든 갈등 상황에 권고하기는 어렵고 경쟁적인 경우보다는 협력적인 관계에서 더 효과적일 것이다. 하지만 해결책이 발견되지 않더라도 이 기술은 전쟁에서 승리하려고 시도하여 긴장을 증폭시키기보다는 갈등을 끝내기 위해 해결책을 찾으려고 노력하는 더 긍정적인 분위기를 조성할 수 있다.

압제받고 트라우마를 겪은 사람들에게 역할교대를 사용하는 것은 모든 갈등 상황을 더 복잡하게 만든다. 오츠버그(1988)가 지적한 것처럼 폭력 피해자들은 자신에게 행해진 잘못에 대해 비난받는 것에 굉장히 민감하다. 따라서 일반적으로 상대방에게 상처를 받은 주인공은 그 사람과 역할을 바꾸도록 요청하지 않아야 한다. 먼저 이들은 자주 혼란스럽고 무질서한 자신의 분노와 더 접촉할 필요가 있다. 가장 중요한 것은 그들의 억압된 공격성이 먼저 강조되고 상대방의 입장을 이해하기 전에 공격성의 외적 통로를 찾는 것이 권장되는 것이다. 이 단계에서 설익은 역할교대 요청은 주인공에게 상대방의 동기를 이해하고 자신이 당한 부정의를 용납하라는 미묘한 메시지로 해석될 위험이 있다. 결과적으로 이들은 자신에게 향하는 공격성을 전환하여 죄책감을 갖거나 진정한 자신을 억누를 수 있다. 화해를 위한 상호 역할교대는 긴 트라우마 해결 과정 후에 피해자가 상대방의 역할을 맡겠다고 표현하는 경우에만 제안될 수 있다.

이러한 예방 관찰에도 불구하고 칼슨 사벨리(1989)는 역할교대가 실제 갈등 중인 당사자 간의 화해를 촉진한다는 가정을 증명하는 충분한 연구 결과를 찾지 못했다. 아마도 적개심을 분출할 사전 기간과 주인공이 상대방의 입장을 정말 듣고자 하도록 하기 위해 정신 내부적인 탐구가 있어야 하기 때문일 것이다. 결과적으로 사람과 국가 간의 오랜 평화는 역할을 바꿀 역량이 배양될 때에만 성취될 것이라는 모레노의 비전은 반드시 순진하고 비현실적인 것이라고 간주해야 한다.

대인관계 학습이 집단 심리치료에서 가장 강력한 치료 측면 중 하나라고 간주되지만(Yalom 1975) 많은 전문가는 개인적으로 대인관계 접근 방식의 중재 역할을 불편하게 생각하며 자연적인 인간 공격성의 대가로 친근한 공존과 화해의 규범을 은연중에 촉진하는 중재자로 행동하는 것을 원하지 않는다. 오히려 이들은 집단 구성원 자신이 적대적 표현의 경계에 대해 자기가 원하는 규범을 결정하는 것을 선호한다. 그 결과 많은 집단 리더는 갈등에 관련된 당사자들에게서 전체로서의 집단으로 개입의 초점을 바꾸는 것을 선호한다.

전체로서의 집단 접근 방식

전체로서의 집단(group-as-a-whole) 접근 방식에 따라 일하는 집단 지도자(예 : Foulkes 1964; Kibel & Stein 1981)는 갈등이 발생하는 전체 상황을 고려하고 집단이 개인처럼 행동하고 느끼며 생각할 수 있는 것처럼 개인적 역동성의 개념을 적용한다. 이들은 집단 간 긴장을 전체 집단의 구조 또는 일반적 시스템(Durkin 1972)의 특정한 부조화로 보며 더 큰 환경과 생태 환경의 집단에 대한 영향도 고려한다. 또한 사회 심리학은 집단에서 사회적 힘이 어떻게 전체적으로 집단의 개별적 구성원 사이의 대인관계를 방해했는지에 대한 이해에 크게 기여해 왔다(Cartwright & Zander 1968; Shaw 1976; Sherif & Sherif 1969). 호프만(2002)에 따르면 다음과 같다.

갈등 해결 분야에서의 많은 연구는 몇몇 갈등에 관련된 사람뿐만 아니라 자신이 운영해야 하는 시스템이나 사회적 구조에 의해 야기된다는 것을 보여 준다. 이런 시스템에 성자 2명을 집어넣으면 그들은 곧 서로 갈등을 일으킬 것이다.

이런 사회적 힘을 조사할 때 소집단 연구는 공격성이 집단 역동성에서 규제되는 힘이라고 가정하고 갈등과 집단 상황, 집단 구성, 집단 규모, 집단 규범, 집단 과정, 리더십 역할, 그리고 집단의 발전 단계 간의 복잡한 관계를 설명하려고 수십 년 동안 시도해 왔다. 자신의 분야 이론에서 쿠르트 레빈(1948)은 어떻게 다양한 힘이 대집단에서 변화를 제공하고 예방하는지 설명하기 위해 지형학(예 : 생활 공간), 심리학(예 : 욕구, 열망 등), 그리고 사회학(예 : 힘 분야)의 통찰을 이용했다. 레빈(1951)은 전체 상황(분야 또는 행렬)을 고려해야 한다고 믿었다. 이 전체 상황이 인간 양심과 지속적으로 상호작용하는 역동적 분야로 작동하는 사회적 화경이며 전체 심리학적 분야 또는 가족, 직장, 학교, 그리고 교회를 포함하는 '생활 공간'이기도 하다. 따라서 사람과 환경은 상호의존적이다. 사회 환경이 조정되면 구성원의 새로운 느낌이 즉시 따라오며 개인적인 구성원이 더 만족하게 되면 사회에는 더 큰 조화가 발생한다.

레빈의 이론은 영화 스타워즈에서 루크 스카이워커가 모든 것에 영향을 미치며 초자연적이거나 강한 에너지 장과 같은 것이 작용한다는 것을 암시하며 "그 힘이 너와 함께하기를 기원하노라."라고 말한 것에 간결하게 설명되어 있다. 소시오드라마적인 갈등 해결을 위해 현재의 전체로서의 집단 내에서 스카이워커처럼 말한다면 "사회가 너와 함께하기를 기원하노라."라고 개인과 집단에게 인사할 수 있다.

이 접근 방식에 따라 관리할 때 소시오드라마 전문가의 과제는 이러한 다양한 사회적 힘을 분석하고 취급하는 것이며 집단에 대한 제한적인 노력을 더 가능한 것으로 바꾸는 것이다. 이 목표를 달성하기 위해 다양한 설득 전문가들은 협력을 제공하기 위해 다소 해석적인 또는 행동 지향적인 기술을 사용하는데 이것은 "성공적인 갈등 관리를 위한 중요한 필요조건"이다(Yalom 1975, p. 355). 이 과정에서 집단의 목표에 대한 공동 관심은 증진되고 모든 집단 구성원에 의한 적극적인 참여는 격려된다. 소시오드라마 전문가는 비전투적인 집단 구성원의 자원과 반응을 포함하려고 민주적인 노력을 기울이며 이들이 기여, 반향, 또는 기밀, 결정, 그리고 집단 밖에서의 사회적 상호작용과 같은 긴급한 염려의 해결을 돕도록 초대한다.

예를 들면, 다른 종교적 기관을 향하여 폭력적인 행동을 표현하는 다양한 종교 공동체 간에 긴장이 있을 때 종교적 자유의 공통된 정책을 논의하기 위해 공동 모임에 다양한 집단 대표들을 초대할 수 있다. 유럽과 미국 일부에서는 개신교, 가톨릭, 그리고 유대교의 종교 간 모임이 다문화 공동체에서 지역 집단 간에 더 나은 이해와 공존을 이끌어 왔다. 이런 모임에서 해결책은 종교적 실행뿐만 아니라 더 나은 주택 제공, 대중교통 확대, 그리고 그 지역의 청소년을 위한 여가시설 건설을 제공하면서 발견되는 문제도 다룬다. 이런 모임은 각기 다른 배경을 가진 구성원들이 정기적으로 만나서 스포츠, 문화, 그리고 지역사회 행사에서 협력하도록 해 주었다. 이런 모임을 통하여 태도의 변화는 거의 없었지만 공개적인 폭력은 줄이고 거리 폭동이나 공개적인 전쟁으로 증폭되기 전에 갈등을 해결하는 기회를 더 제공하게 될 것이다.

대부분의 집단 분석가들은 관련 당사자의 편을 들지 않고 집단 갈등을 관찰하고 보고하는 집단에 대해 중립적 입장을 취한다. 비평가(예 : Bach 1974)들은 이런 객관적이고 수동적인 태도가 믿을 수 있는 대인관계의 개인적인 정신을 위반하며 진정한 갈등 전환을 위한 모든 노력을 불가능하게 한다고 주장한다. 이들은 자유방임적 태도(중립으로 가장)는 전투가 시작되면 전장을 떠나는 국제연합의 군대처럼 쓸모없다고 주장한다. 갈등 전환에 관심이 있는 소시오드라마 전문가는 중요한 이슈에 대해 가끔은 반드시 굳건하고 긍정적인 입장을 취해야 한다는 것이 내 입장이다.

전체로서의 집단 접근 방식은 때때로 잘못된 가정에 기초한다고 비난받는다. "수십 년의 연구와 수백 건의 조사 결과 치료 집단이 무엇인지에 대한 합의가 없기"(Kaul & Bednar 1986, p. 710) 때문에 집단에게 갈등의 책임을 물을 수 없다. 따라서 집단을 느끼고 생각하며 행동하는 특정한 실체로 볼 수 없다면 분명히 갈등도 야기할 수 없다. 집단 과정 해석과 같은 전체로서의 집단 개입은 최종 분석이 단지 상상의 초심리학적 산물이라는 것을 일깨우기 위해 시도함에 있어 순진한 망상이 될 수 있는 위험이 있다.

하지만 이러한 비판에도 불구하고 전체로서의 집단을 갈등 전환의 다른 접근 방식에 대한 가시적인 대안으로 보는 소집단 과정(예 : Hare 1976)에 대한 많은 연구를 이용할 수 있다. 런던의 타비스톡 인간관계 연구소(Tavistock Institute of Human Relations, Miller & Rice 1967; Rice 1965)의 전통에 기초한 전체로서의 집단 접근 방식이 대집단에서 갈등을 관리하기 위해 전 세계에서 성공적으로 이용되어 왔다(de Maré et al. 1991). 이 책에서 설명한 소시오드라마는 이 접근 방식의 또 다른 예이다. 집단 간 갈등의 발전과 유지 및 해결을 운영하는 위협적인 집단 과정을 무시하는 전문가는 집단 작업의 핵심을 외면하는 것이 분명하다.

결론

어떤 갈등 전환 노력도 인간의 공격성이 본능, 주도, 심리적 상태, 유전적 구성, 개인적 발달 역사, 환경적 자극, 그리고 사회적 상황을 포함하는 관련된 요소들의 복잡한 거미줄에 의해 야기되는 여러 수준 간의 복잡한 본능이라는 것을 반드시 알아야 한다(Bandura 1973). 이 상호작용은 고립된 개별적인 접근 방식을 사용하는 것보다 더 효과적일 수 있는 종합적인 전환 전략 사용을 필요로 한다.

갈등 전환에 대한 종합적인 접근 방식(Heitler 1987; Tajfel & Turner 1986)은 갈등 전환 과정의 다양한 단계에서 이해와 개입의 하나 이상 그리고 자주 모든 수준을 반드시 고려해야 한다. 사이코드라마나 행동 지향적인 치료의 틀 안에서 일할 때 약간 또는 많은 회기를 운영하는 갈등 전환 과정은 분출, 개인적인 이슈 규명, 대인관계 화해, 그리고 집단 분석의 조합을 포함해야 한다. 개입의 한 단계를 생략하는 것은 주인공에게 해결되지 않은 긴장과 완성되지 않은 갈등 전환을 남길 수 있다.

개입의 단계는 특정한 선호에 따른 우선순위로 조정되는 것으로 보이며 한 단계가 해결되면 다음 단계가 따라온다. 따라서 공격적인 표현의 감정적인 욕구가 만족되면 개인적 선호의 정신 내부 탐구 욕구가 해결을 압박한다. 이 단계에서 발전이 있으면 상응하는 상호작용과 소통에 대한 대인관계 작업이 따라올 가능성이 더 많다. 마지막으로 사람들이 자신의 신체와 정신 그리고 서로 사이가 좋으면 더 세계적인 집단 역동성과 자신을 괴롭히는 사회적 요인을 다루기 시작할 수 있다.

모델 하나에 여러 다양한 접근 방식으로 화해하는 것과 이들을 하나의 그리고 동일 집단 내에 통합하는 것은 쉽지 않다. 근본적으로 이론적인 가정과 치료 목적은 자주 모순되는 것처럼 보인다. 하지만 이런 모순은 모든 관점에서 전체적인 그림이 분석되면 사라지며 갈등 전환의 네 단계는 유연하게 종합적인 접근 방식을 이용하면 서로 호환될 수 있다는 것이 내 경험이다. 마지막 분석에서 세계적이고 전체론적인 관점이 아닌 것은 모든 갈등에 포함된 복잡하고 다측면적인 생체-물리-논리-감정-유기-사회적 시스템의 감소와 단순화이다.

분명히 갈등은 결코 완전히 해결되지 않는다. 공격성의 표현 이후 정신 내부적인 탐구와 대인관계 협상, 대집단 시스템 전환, 이전의 갈등에 기초한 어느 정도의 분노가 사람들에게 남아 있을 것이다. 특정한 상황에서 쉽게 촉발되고 새로운 연료로 옛 갈등이 다시 점화될 수 있기 때문에 남아 있는 불신은 반드시 신중하게 다루어야 한다. 이를 방지하기 위해서는 폭풍이 지나간 뒤에 양측의 감정적인 상처를 치유하기 위한 굉장한 노력이 필요하다. 이런 치료에는 상실한 사람의 심리적 애도 욕구와 죄책감 처리뿐만 아니라 진실위원회, 전범을 법정에 세우는 것 그리고 전후 평화 촉진 주도 관점에서 이전의 적과 내적 및 외적 화해에 도달하기 위한 방법을 심각하게 모색하는 것도 포함된다. 이런 활동은 다음 장에서 더 논의될 것이다.

전쟁 후 치유 및 화해

범사에 기한이 있고 천하 만사가 다 때가 있나니
날 때가 있고 죽을 때가 있으며
심을 때가 있고 심은 것을 뽑을 때가 있으며
죽일 때가 있고 치료할 때가 있으며
헐 때가 있고 세울 때가 있으며
울 때가 있고 웃을 때가 있으며
슬퍼할 때가 있고 춤출 때가 있으며
돌을 던져 버릴 때가 있고 돌을 거둘 때가 있으며
안을 때가 있고 안는 일을 멀리할 때가 있으며
찾을 때가 있고 잃을 때가 있으며
지킬 때가 있고 버릴 때가 있으며
찢을 때가 있고 꿰맬 때가 있으며
잠잠할 때가 있고 말할 때가 있으며
사랑할 때가 있고 미워할 때가 있으며
전쟁할 때가 있고 평화할 때가 있느니라.

(전도서 3:1 - 8)

전도서는 행복을 찾는 데 실패한 남성의 이야기를 전한다. 자신이 찾던 것을 마침내 포기하고 실패를 인정할 준비가 되었을 때 그 사람은 갑자기 찾는 일 자체가 즐거움이 되었고 전체 여정에서 많은 것을 얻었다는 것을 발견했다. 그는 삶이 만족스러울 때와 죽을 때, 웃을 때와 울 때, 전쟁할 때와 평화할 때 열심히 사는 것에서 오며 "천하 만사에 다 때가 있다."는 것을 깨달았다(전도서 3:1).

소시오드라마도 마찬가지이다. 앞에서 설명했듯이 갈등과 전쟁의 때에 사용될 수 있고 전후 치유와 화해의 필요가 있는 평화의 때에도 사용될 수 있다. 이 점이 이 장의 초점이다. 이런 작업은 예전에 서로 싸웠던 두 나라 간에 발생하는 고통스러운 집단 간 갈등의 잔류물을 다룬다.

베트남 전쟁을 예로 들어 보자. 1973년에 전쟁이 끝났을 때 생존자들에게 즉시 필요한 것은 무엇이었는가? 지금 그들이 필요한 것은 무엇인가? 베트남 전쟁 생존자들에게 즉시 필요한 것은 국가를 재건하는 것만큼이나 수백만의 사망자를 애도하는 일이었을 것이다. 장기간 지뢰밭을 제거하는 것 역시 명백하게 필요하며 이는 오늘날에도 여전히 긴박하다. 갈등의 반대편에서 전쟁 후 집으로 돌아온 미군들에게 즉각적으로 필요한 것은 현지 주민과는 달랐다. 귀향(Coming Home)이란 영화에서 볼 수 있듯이 군인들은 끔찍한 경험으로 인해 일반 가족과 지역사회의 삶을 박탈당했기 때문에 집으로 돌아와 많은 감정적인 삶을 재건해야 했다(Shay 1994). 깊은 감정적인 상처는 모든 전쟁 참여자에게 남았고 분쟁 당사자 모두에게 지금까지도 여전히 남아 있어서 트라우마 후 치유가 매우 필요했다. 일부 생존자들은 트라우마 생존자와 하는 사이코드라마(Kellermann & Hudgins 2000)에 대한 버지(2000)의 책에 설명된 것처럼 사이코드라마의 지원을 받을 수 있다. 하지만 이런 개별적인 상처를 치유하는 것 외에도 두 나라 국민 사이에 일종의 종합적인 화해도 필요하다. 이런 화해의 과정은 점진적이었다. 예를 들면, 전쟁이 끝난 후 20년이 조금 넘어 베트남과 미국은 외교관계를 확립했다. 하지만 두 국가 간에 무역관계와 직항이 재개된 것은 2005년이 되어서였다.

소시오드라마를 이런 전후 치유와 화해에 이용할 수 있겠는가? 필수적인 평화 촉진을 위해 개인, 소집단, 대집단, 그리고 지역사회 수준에서 어떤 일을 해야 하는가? 전쟁 직후, 몇 년 후, 몇십 년 후, 그리고 1세기 후에 생존자와 그들의 후손과 전후 화해를 할 가능성은 얼마나 되는가?

전쟁의 상처는 언제나 깊고 고통스러우며 천천히 치유되기 때문에 이러한 전후 치유와 정상화 과정에 반드시 특별한 관심을 두어야 한다. 최근의 기념식은 여러 피해를 입은 사람들에게 남아 있는 단기 및 장기적으로 필요한 것을 잘 보여 준다. 예를 들면, 구 유고슬라비아의 크로아티아, 세르비아, 그리고 보스니아 사람들은 전쟁이 끝나고 10년 내지 15년이 지난 오늘날 서로에 대해 어떻게 생각하는가? 르완다이 대량 학살에서 살아남은 다양한 사람들은 어떻게 느끼는가? 30년 전 캄보디아의 대량 학살을 한 크메르루즈에게 자신의 어머니와 형제자매 그리고 가족을 잃은 프놈펜에 사는 남자는 여전히 복수심이 남아 있는가? 제2차 세계대전에서 60년이 지난 지금 독일 수상이 유태인에게 자국이 저지른 일에 공개적으로 용서를 구하는 기념식에 참석하기 위해 유태인 대학살 생존자들이 아우슈비츠에 간다는 것은 무엇을 의미하는가? 히로시마와 나가사키에 투하된 원자폭탄 피해자의 가족들은 오늘날 미국을 어떻게 생각하는가? 운디드니에서의 학살 이후 100년 이상이 지난 지금 수 족(sioux) 인디언의 후손들은 여전히 복수심을 가지고 있는가? 아마도 대부분의 생존자들은 아직 잊지도 않았고 용서하지도 않았다고 말할 것이다(Smedes 1984).

예를 들면, 오랜 사회적 폭력의 영향을 극복하려고 수 세기를 투쟁해온 북아일랜드와 같은 사회에서(Fay, Morrissey & Smyth 1999) 용서의 개념은 그 어느 때보다 적절해 보인다. 1990년대에 양측 준군사 집단들의 일련의 정전을 이끈 성 금요일 협정(Good Friday Agreement) 제2항(1998)은 다음과 같이 진술한다.

> 우리는 죽거나 부상당한 사람들과 그들의 가족을 결코 잊어서는 안 된다. 하지만 우리는 화해와 관용 그리고 상호 신뢰를 성취하고 모든 인간의 권리를 보호하고 입증하기 위해 우리 자신을 굳게 헌신하는 새로운 시작을 통하여 그분들에게 영예를 돌릴 수 있다.

이 협정은 국민 투표에서 북아일랜드의 71% 지지를 받았고 모든 주요 정치 당들을 포용하는 지역 의회 및 권력을 공유하는 정부를 만들도록 했다. 하지만 협정의 도취감에 이어 진정한 평화를 성취하기 위해서 직면해야 했던 어려움도 나타나기 시작했다.

사람들 사이의 오랜 갈등은 단순히 평화협정으로 사라지지 않으며 아주 오랫동안 집단 간의 관계에 지속적으로 영향을 미친다. 고문이나 대량 학살과 같은 심각한 전쟁 범죄가 자행되었다면 분열을 해소하는 것이 불가능할 수도 있다. 탄압 생존자들은 심지어 여러 명백한 화해의 제스처가 있었더라도 가해자에 대한 깊은 복수심을 계속 가질 것이다. 예를 들면, 이스라엘과 독일의 정상화 과정이 제2차 세계대전으로 생긴 담을 허무는 데 큰 도약일 수 있지만 유태인 대학살의 생존자들은 결코 독일 사람과 전적으로 화해하지 않을 것이다. 정상화의 어려운 과정은 여러 세대에 걸쳐 걸릴 수도 있다. 반면 독일과 영국처럼 동등한 기반에서 싸운 경우에는 화해 과정이 훨씬 더 성공적이었다. 대부분 이러한 예전의 적들은 유럽연합에 함께 가입할 수 있었지만 제2차 세계대전 이후 반세기가 지나서야 가능했다.

그 외에도 미국이 일본의 히로시마와 나가사키에 원자폭탄을 투하한 지 60년이 지난 지금 두 나라 사이에 원한은 거의 없다. 일본 군인보다 3배가 넘는 미국 군인 약 40만 명이 전 세계적으로 전사했으며 최소 30만 명의 일본 민간인이 전쟁으로 사망했다. 하지만 잿더미 속에서 일본과 미국은 밀접한 정치적인 동맹국이 되었고 진정한 평화와 광범위한 협력을 하게 되었다.

따라서 끔찍한 전쟁 후에 왜 사람들이 다시 함께 사는 법을 배우지 못하는 것인가에 대한 객관적인 이유는 없어 보인다. 다인종 집단은 태고부터 평화롭게 함께 살았다. 그러나 전쟁 후에 이런 공존 상태에 도달하기 위해서는 단순한 평화 조약을 넘어서는 적극적인 화해 과정이 필요하다. 하지만 이런 필요성은 과거에 대부분 간과되어 왔다. 지도자들은 어떻게 평화를 만들 것인가보다 어떻게 전쟁을 할 것인가에 더 관심이 있었고 오랜 폭력적 분쟁 후 친근한 공존을 촉진하는 것에는 대개 무관심했던 것으로 보인다. 평화 조약에 서명한 후에도 자신의 이전 적과 생존 가능한 공존을 재건하기 위해 다소 시간이 필요했다.

전후 조정

분명하게도 대부분의 생존자들은 전쟁이 끝난 후 가능한 빨리 정상으로 돌아가기를 원한다. 군인들은 가정이 있는 집으로 돌아오기를 원하고 피난을 갔던 민간인들은 자신의 마을로 돌아오거나 다른 나라로 이민을 가고 일반 사람들은 빨리 과거를 잊기를 원한다. 종종 이런 조정 과정은 갑작스러운 변화를 소화하지 못하는 대부분의 피해자에게 너무 빨리 진행된다. 이들에게 있어서 하나의 실체를 끄고 즉시 다른 실체를 켜는 것은 불가능하다. 총격과 살인이 난무하는 위험한 세상에서 살아온 사람들은 전쟁이 끝난 후 며칠 내로 평화로운 공존의 세상에 적응할 것이 기대된다. 하지만 대부분의 생존자들에게 이런 조정은 여러 주, 여러 달, 여러 해가 걸리며 일부는 평생 또는 그 이상의 시간이 걸릴 수도 있다. 이런 사람들은 자신의 상처뿐만 아니라 예전 압제자와 가해자에 대한 분노로 고생한다.

예를 들면, 전쟁 후 10여 년이 지난 르완다의 생존자들과의 집단 회기에서 참여자들은 자신들의 개인적이고 대인관계적인 고통을 나누었다. 그들은 여전히 남자와 여자 그리고 아동을 도륙하기 위해 긴 칼을 사용했던 가해자가 저지른 끔찍한 만행에 대해 생생하게 기억하고 있었다. 일부는 끔찍한 시련의 명백한 흔적인 흉터가 머리에 있었다. 하지만 아무런 보상을 받지 못했고 그들의 고통도 아직 공개적으로 인정되지 않았다. 국가와 교회가 모든 사람은 반드시 화해를 위한 노력에 기여해야 한다고 선언했기 때문에 이들은 가해자와 가까운 거리에서 살도록 강요를 받았다. 그들은 이것이 전후 조정에서 가장 어려운 과제였다고 말했다. 하지만 자주 굶주림이나 빈곤과 같은 더 긴박한 문제들이 깊숙이 자리 잡은 분노보다 선행되어서 후투 족(Hutu)과 투트시 족(Tutsi) 사이의 공존 이슈는 조금 더 견딜 수 있다.

심리적 치료와 평화 건설은 반드시 모든 전후 화해 과정의 중요한 부분이 되어야 한다. 이러한 요소들은 종합적인 인간이 만든 트라우마의 여파에 대한 물질적 재건만큼 중요하게 보아야 한다. 하지만 국제 공동체가 과거 평화 유지군에 이은 다양한 경제적 및 정치적 응급 지원을 전후 사회에 지원했지만 전쟁으로 찢긴 사회의 미래에 평화 건설을 위해 화해 지원을 제공하는 일은 거의 없었다.

하지만 이런 상황은 천천히 바뀌고 있다. 오늘날 전쟁으로 찢긴 사회의 일반 대중을 위한 전후 갈등 치유의 중요성이 더욱 광범위하게 수용되고 있다. 이제 국제 공동체는 전후 재건 지원의 일부로 다양한 종류의 중재와 화해 서비스를 권장한다(Assefa 2001). 또한 전 세계에서 정기적으로 실행되고 있는 상당히 새로운 진실 및 화해 위원회 방식이 개발되었다. 사실 이것은 국제 지원 기구와 비정부 기구가 제공하는 정기적이고 종합적인 응급 서비스이다. 예를 들면, 예전의 유고슬라비아에서의 전쟁 이후 모든 인종 집단 대표(세르비아, 이슬람, 크로아티아의 생존자 포함)들은 다양한 전후 포럼과 화해 중재 집단 그리고 외상 후(post-trauma) 치료 활동에 참가하도록 초대를 받았다(예 : Agger & Jensen 1996; Audergon 2005; Klain 1992; Tauber 2004; Wessells & Monteiro 2000). 이런 집단들은 오늘날 전 세계의 전쟁으로 피해를 입은 많은 지역에서 조직되어 왔으며 예전 적에 대한 의심과 분노 그리고 복수의 악순환을 끊는 것을 목표로 한다.

역사의 상처를 치유하고 분쟁하는 집단 간에 화해를 위한 극적인 방식의 선두적인 제안자는 미국의 '살아 있는 예술센터(Center for the Living Arts)' 창설자인 아만드 볼카스이다. 그의 혁신적인 프로그램은 사회적 변화, 문화 간 갈등 해소, 화해, 그리고 문화 간 소통을 위해 드라마치료와 표현예술치료에 여러 해 동안 사용되어 왔다. 화해 프로그램의 일부로 그는 팔레스타인과 이스라엘 사람들(Abu-Nimer 1999),

한국계 미국인 및 일본계 미국인, 그리고 흑인계 미국인 및 유럽계 미국인과 일해 왔다. 그의 작업 심장에는 깊은 감정적 상처를 치유할 뿐만 아니라 상호 이해의 종합적인 경험 내에서 사람과 문화 사이에 다리를 건설하는 개인적 이야기의 힘에 대한 심오한 존경이 있다. 2002년에한 연설에서 볼카스는 자신의 전후 작업이 어떤 것인지를 다음과 같이간략하게 설명했다.

> 역사적 트라우마를 다루는 제 일은 의미를 찾는 것입니다. 이것은 추억하고 기억하는 것입니다. 이는 개인적인 이야기와 목격한 것을 나누는 것입니다. 트라우마가 어떻게 대대로 전해지는가에 대한 것입니다. 함께 일하는 것이고 우리가 개인적으로 역사에 직면했을 때 제기되는 복잡한 감정을 통합하는 것입니다. 개인적인 것과 종합적인 것이함께했을 때, 즉 한 사람의 이야기가 전체 사람의 이야기가 될 때 어떤일이 벌어지는가를 탐구하는 것입니다. 슬픔과 애도에 대한 것입니다.죽은 사람을 기억하고 경의를 표하는 것입니다. 우리 모두가 잠재적인가해자임을 인정하는 것입니다. 문화 사이에 다리를 놓는 것입니다.우리가 속한 '종족'에 대해 긍정적으로 느끼기 위한 문화와 국가적 정체성 그리고 자존심에 대한 것입니다.

이 설명은 정확하고 포괄적인 요약이며 이 책의 메시지이자 화해 소시오드라마의 목표이다.

화해의 조직적이고 종합적인 모델은 평화 건설, 갈등 전환과 전후 재건, 화해, 그리고 평화로운 수단으로 갈등 전환을 위한 초월(TRANSCEND) 시스템에 기초한 해결(PCTR) 방식이다(Galtung

1996). 이 모델은 전쟁과 폭력적 분쟁의 구조와 역동성, 기술, 도구, 그리고 평화 건설에 유용한 전후 접근 방식, 갈등 전환, 그리고 전후 재건, 화해, 그리고 치유를 가르친다. 또한 평화 건설 전략의 효과적인 개발과 실행 그리고 지역, 국가 및 국제적 수준에서의 갈등 전환을 다룬다. 이 방식은 전문가, 정치 지도자, 정책 입안자, 그리고 폭력적 및 비폭력적인 분쟁과 전쟁에 영향을 받는 지역에서 일하는 기관, 그리고 전후 상황에 있는 국가와 지역을 위해 설계되었다. 갈퉁(1998)은 (폭력 후) 재건(reconstruction), (분쟁 당사자들의) 화해(reconciliation), 그리고 (갈등 근원의) 해결(resolution)이라는 세 가지 필수 과제(3R)를 규명했다. 이 모든 세 가지 과제를 병행하여 이전의 폭력적인 악순환은 공존이라는 새로운 호순환으로 바뀔 수 있다.

소시오드라마는 이러한 전후 치유와 화해 활동을 위한 대안적 또는 보조적 방식일 수 있으며 전후 조정의 개인 및 대인관계 과정 모두를 제공한다. 소시오드라마는 전쟁에 참가한 사람들이 화해를 시작하도록 하는 단일 접근 방식으로서 다른 접근 방식이나 기능의 동반자가 될 수 있다. 이런 집단에서의 야심찬 장기간의 목표가 예전의 적들 사이에 균형과 조화를 찾기 위한 것이라면 더 겸손한 (그리고 현실적인) 목표는 양측에 희망을 주고 평화가 보존된다면 더 나은 미래의 가능성에 대한 믿음을 주입하는 것이다. 희망은 분리되고 비관용적인 사회보다는 모든 인류의 유사성과 다원적이고 관용적인 사회에서 사는 장점을 강조하는 조금 단순한 공존 경험에서 발전될 수 있다. 또한 대개 전쟁의 결과로 파괴된 '혼합'된 공동체의 낡은 의식을 재건하는 방식에 대한 적극적인 조사도 있을 수 있다.

이러한 목표를 성취하기 위해 소시오드라마 상황 내에서 다음과 같은 전후 심리학적 치유의 기본적인 전략이 시도되고 작동될 수 있다. 첫째, 참여자는 매우 안전하고 동일한 집단 환경 안에서 자신의 억압된 감정의 분출구를 찾도록 격려되고 지원받는다. 둘째, 이들은 자신의 여러 내재된 편견에 심각하게 직면하고 이것이 실제로 현실을 막고 있는지 결정하기 위해 심도 있게 탐구한다. 셋째, 시기가 무르익으면 참여자는 천천히 그리고 조심스럽게 예전의 적에게 소개되고 현재 상황과 화해/용서 사이의 적절한 균형을 찾기 위해 공개적으로 복잡한 자신들의 관계를 논의한다. 이러한 세 화해 단계와 병행하여 전쟁의 법적, 역사적, 교육적, 그리고 사회정치적 결과에 대한 대중 활동이 반드시 있어야 한다. 이런 활동은 개인 및 대인관계 전후 치유 과정의 중요한 진전을 위해 필요한 필수조건이다. 마지막으로 화해 및 중재 의식은 더 정신적인 측면에서의 전후 심리적 치유 과정으로 마친다.

이러한 다섯 단계는 〈글상자 8.1〉에 나와 있다. 여기에는 앞선 장에서 논의한 몇몇 원칙과 제7장에서 설명한 갈등 관리 접근 방식과의 기본적 유사성을 살펴본다. 하지만 전후 치유와 화해의 특정한 상황만을

글상자 8.1 전후 치유와 화해의 단계

다음은 위기 소시오드라마의 주요 단계들을 나타낸다.

1. 감정적 표현
2. 정신 내부(재연적) 화해
3. 집단 간(상호) 화해
4. 지역사회 화해
5. 평화협정 의식

고려했다.

감정적 표현

생존자들은 보편적으로 전쟁이 끝나면 혼합된 감정에 압도당한다. 생존했다는 초기 행복감이 사라지면 잔인하고 갑작스러운 충격에 직면한다. 외부의 전쟁은 끝났지만 개별적인 생존자의 내부 세계에서는 아직 끝나지 않았을 수 있다. 이들에게는 이것이 '생존에서 살아남는' 긴 과정의 시작일 뿐이다. 전쟁의 엄청난 손실을 단지 점진적으로 깨닫게 되고 긴 애도 과정이 시작되는데 때로 여생 동안 계속되기도 한다. 자신의 가족이나 친구를 보호하지 못했다는 죄책감을 가진 사람이나 충분한 정당성 없이 부상을 입힌 사람들도 마찬가지로 고통을 받을 수 있다. 그 외에도 많은 사람이 깊은 굴욕감으로 고통받는다(Lindner 2002).

마지막으로 전쟁을 경험한 사람들은 계속 다음 전쟁을 예상하게 되고 새로운 재앙이 언제라도 벌어질 수 있다는 두려움을 항상 갖는다. 예전에 트라우마를 겪은 사람들은 태풍, 이류, 지진, 또는 주요 유행병의 발생과 같은 나쁜 소식을 들으면 당황하게 된다. 종말의 전조가 발생하면 세상이 끝에 (다시) 가까워졌는지 그리고 이런 최후의 심판 시나리오에서 자신과 가정을 보호하기 위해 무엇을 해야 하는지 자문하게 된다. 예전에 트라우마를 겪은 몇몇 사람은 이런 상황에서 안내와 위안을 받기 위해 종교 지도자를 찾을 수도 있다.

하지만 생존자들의 가장 뚜렷하고 감정적인 잔류물은 자신의 (이전) 적에 대한 적개심이다. 이런 적개심은 오랫동안 남아 있으며 자제하기 어려운 복수심이 동반될 수도 있다. 몇몇 트라우마 치료사(예 : Gina

Ross)에 따르면 이러한 깊숙이 자리 잡은 미움을 처리하는 일은 지속적인 폭력과 복수의 순환에서 전쟁의 끝없는 영속화를 멈추기 위해 특별히 중요하다. 또한 참기 어려운 자기 파괴적인 힘이기 때문에 이런 미움을 품는 것은 큰 대가를 요구한다.

주요 트라우마에 대한 이런 다양한 감정적 반응은 제4장에 자세히 설명되어 있고 위기 소시오드라마가 전후 치유의 첫 단계를 위한 적합한 개입 전략이라고 제안했다. 따라서 억압된 느낌의 감정적 카타르시스를 제공하는 주요 트라우마 상황의 사이코드라마적인 연기는 선택적인 치료일 수 있고 정신 내부적인 화해 작업을 위해 충분한 초기 안도감을 제공한다.

정신 내부(재연적) 화해

감정적 안도감을 찾기 위한 필요 외에도 생존자들은 전쟁과 관련된 다양한 정신 내부적인 갈등에 직면해야 한다. 어떤 상황에서 누가 누구에게 무엇을 했고 무슨 이유로 그렇게 했는가? 자신과 다른 대표 주변의 이런 갈등은 소시오드라마가 아닌 개별적인 사이코드라마적인 개입이 필요하고 트라우마 생존자와 사이코드라마에 대한 이전의 서적에서 강조해 왔다(Kellermann & Hudgins 2000). 이 단계는 한 집단의 대표들로 하여금 상대 집단 없이 다른 집단과 끝나지 않은 일들을 해결하도록 하기 때문에 중요하다. 목적은 양측이 서로 내적 용서를 포함하는 화해를 하도록 돕는 것이다.

용서는 그들의 관계에 대한 수정을 통하여 개인이 초기의 심한 고통에 대한 경험에서 변화하도록 하는 전개 과정이다(Scobie & Scobie 1998). 이러한 용서와 관련된 혜택(최근의 관점에 대해서는 McCullough,

Pargament & Thoresen 2000 참조)은 다음을 포함한다.

- 부상당한 측이 해로운 생각, 기억 그리고 부정적인 느낌에 지배 당하지 않도록 자긍심을 높이는 것(Holmgren 1993)
- 적개심의 해방을 찾는 것(Enright et al. 1996; North 1987)
- 분노, 초조, 우울(Davenport 1991; Fitzgibbons 1986, 1998), 죄책 감(Halling 1994), 그리고 복수의 감소(Cloke 1993)

전쟁이 끝나고 난 즉시 많은 생존자는 완전히 전쟁 트라우마에 잠기게 되고 한동안 매일의 현실로부터 멀어지게 된다. 끔찍한 경험으로 인해 많은 사람은 자신을 가치 없다고 보고 자기 비난과 자기 무시에 빠지 게 된다. 어떤 사람은 자신을 다른 세계에서 왔으며 단순히 다른 '정상 적'인 사람들과 다르다고 본다. 이런 부정적인 자기 이미지는 대인관 계 화해를 시작하기 전에 반드시 다루어야 한다. 그렇지 않으면 생존 지들은 내재된 부정적인 이미지를 외부 세계에 투사하고 사람을 '선' 과 '악', '우리'와 '그들'이라는 범주로 나누는 경향이 있기 때문에 추가 적인 대인관계 혼동이나 갈등의 원천이 될 것이다. 앞선 장들은 일반 적인 분열 경향을 논의했지만 최근의 전쟁, 고문, 압제, 그리고 박해의 생존자들에게는 심화된다. 대부분의 경우 생존자들은 '그들이 우리에 게 어떤 일을 했으며' 그러한 학대의 개인적인 결과를 이해하는 것에 대해 폭넓게 이야기할 필요가 있다.

이러한 탐구 중에 주인공이나 생존자 집단은 예전 가해자의 내적 대 표와 상상으로 대면하게 하고 가해자에게 가지고 있는 오래된 적개심 을 표현하도록 격려한다. 이런 고통스러운 대면은 실제 가해자가 아니라 그 역할을 하는 다른 사람과 이루어진다. 자원자나 훈련받은 '보조자아'를 자리에 없는 '악한' 사람 대신 선택한다. 소시오드라마 연기 내에서 예전의 고문 생존자에게 그 사람에 대한 자신의 느낌을 표현하도록 격려한다. 예를 들면, 9.11 테러 공격의 피해자 가족은 테러리스트와 오사마 빈 라덴의 역할을 연기하는 보조자와 대면할 기회를 갖는다. 이렇게 내부의 '악'한 대상을 외적으로 표현하는 것은 '악'한 대상과 분리하게 해 주어 그 자체로 안도감을 준다. 이 치료 과정의 다른 치료 측면은 사이코드라마에 대한 내 이전의 책에 자세히 설명되어 있다(Kellermann 1992).

나중 단계에서 생존자들은 '정신 내부 화해'의 길을 고려하고 일종의 내적 용서에 도달할 필요가 있을 수 있다(Staub & Pearlman 2001). 오래된 분노를 가지고 있기 위해 사용되었던 모든 에너지를 더 잘 사용하게 하고 일종의 내적 평화를 제공하므로 이는 바람직한 일이다. 또한 생존자들은 오랫동안 억눌렀던 자신의 더 다정한 측면을 다시 발견하게 된다. 성공적일 경우 이러한 대리적이고 재연적인 용서는 생존자들이 과거를 잊고 그들을 용서하기 시작하도록 도울 수 있다.

이런 종류의 소시오드라마 화해 작업은 모레노의 사이코드라마와 소시오드라마에서 부분적으로 진화한 헬링거(2002)의 체계적 배열 접근 방식과 비슷하다. 헬링거 또한 대량 학살과 전쟁의 가해자를 포함하여 자리에 없는 사람을 대표하기 위해 집단의 참여자를 이용했다. 이런 배역들은 특별한 방식으로 서로의 관계에 따라 자리를 잡지만 소시오드라마와는 달리 주인공이나 전문가가 설명하는 대로 특정한 역할을 연기하지는 않으며 말도 하지 않는다. 단지 상황에 적합하다고 느끼는 방식으로 직관적으로 자세를 취하거나 움직인다. 지도자가 때

때로 개입하여 특정한 곳에 서거나 앉거나 또는 눕도록 지시하고 주인공은 외부에서 모든 것을 보거나 상황에 참여한다. 이러한 많은 배열회기는 고대나 현재의 전쟁 경험에 기초하여 용서와 화해의 주제에 초점을 맞춘다. 이런 회기에서 어린이들 또한 용서의 상징적 연기로 자기 부모에게 절하고 경의를 표하도록 요청받는다.

헬링거의 가정 배열은 가톨릭의 고해 성사에 기초한 것으로 보인다. 하지만 보이는 것과는 다르게 헬링거(2002)는 이 절차가 가해자가 피해자로부터 사면 요청하는 것을 옹호한다는 것을 부인했다. "피해자가 자신의 권리인 것처럼 가해자의 죄책감을 용서하면 용서는 매우 나쁜 결과를 가져온다. 진정한 화해가 있으려면 무죄인 측은 배상할 권리뿐만 아니라 그것을 요청할 책임도 가진다"(p. 22).

화해 소시오드라마의 상황 내에서 이러한 종류의 정신 내부 작업은 집단 간에 실제적인 화해 작업을 진행하는 데 필요한 단계이다. 이것 없이는 상호 화해는 성공할 가능성이 없을 것이고 전보다 더 큰 분노를 유발할 수도 있다. 또한 상대방이 느낌에 반응하지 않아도 되는 동일 집단 내에서 예비 정신 내부(재연적) 작업을 하는 것을 선호한다. 하지만 이러한 작업이 적절히 완수된다면 예전 적과의 사이 또는 피해자와 가해자 사이의 실제 대면은 양쪽 모두에게 덜 고통스러울 것이다.

집단 간(상호) 화해

확실히 전쟁에 참여한 사람들 간의 화해 모임은 매우 고통스럽다. 오랜 협상과 평화 조약 체결 후에는 가능하다면 폭력에서 회복하기 위해 대개 예전의 적과 서로 거리를 둘 필요가 있는 '진정' 기간이 있다.

하지만 물리적인 거리를 제공하는 것이 언제나 가능한 것은 아니다.

구 유고슬라비아나 르완다(Athanase 2001)와 같은 많은 전후 국가에서 적들은 싸움이 끝난 후 바로 다시 함께 살아야 했다. 자신의 마을(혼합된)로 돌아온 사람들은 공존 외에 선택의 여지가 없었다. 예전의 적들이 새로운 폭력의 순환을 주도하지 못하게 하기 위해 긴급한 화해 과정이 급하게 필요했다. 압제와 고문의 생존자들은 매일 자신의 가해자를 만났다. 르완다 출신의 집단은 대량 학살에 참가한 이웃 사람이 아무 일도 없던 것처럼 사업을 시작하려는 것을 보았을 때 절망으로 치를 떨었다고 불평했다.

이런 폭발적인 전후 긴장 지역 내에서는 교육, 경제, 정치, 문화를 염려하는 사람들을 포함하여 복잡한 집단 간 갈등이 지속적으로 발생한다. 따라서 이런 이슈를 논의하기 위해 공공 포럼 내에 지역사회 교환을 위한 기반이 즉각적으로 필요하다. 이러한 기반은 외교적 사명, 이교 간 위원회, 그리고 문화 교환 프로그램 내에서 깨지기 쉬운 대화를 지속하고 새로운 폭력으로 이끌기 전에 가능한 오해를 청산하며 공식적인 분위기에서 오랜 갈등의 가능한 잔류물을 논의하기 위해 주도될 수 있다.

이런 논의는 대개 정치인과 공무원의 폐쇄된 상황에서 일어난다. 하지만 화해를 위한 소시오드라마는 누구에게나 열려 있어서 일반 사람들이 자신의 염려를 발표하고 대인관계와 지역사회 문제에 대한 자신의 해결책을 찾을 기회를 갖는다. 때로 이런 집단들은 여성에 의해서 그리고 여성만을 위해서 더 쉽게 형성된다. 집단을 형성한 후 이들은 여성들이 염려하는 이슈만을 다룬다. 대개 여성은 실제 싸움에 참여하지 않으며 협력적인 분위기에서 아동 보호, 가사, 가정 문제에 관심이 있기 때문에 이런 집단들은 새로운 공존을 위한 사회의 주춧돌이자 미래의 교량이 된다(예 : 심지어 예전 팔레스타인에도 유태 여성과 아랍 여성들이 대가족으로 자녀를 함께 모유 수유하던 때가 있었다).

예전의 적이 소시오드라마 회기에 참석할 때 모레노의 원래 만남의 개념은 대화를 위한 가시적인 구조를 형성한다. 이 구조는 두 동등한 집단 사이에 정직한 모임뿐만 아니라 정직, 인식, 선택, 그리고 신체적 용납에 기초하여 다른 사람들과 함께하는 대안적 방식을 찾는 것을 포함한다(Schutz 1973). 이 구조는 용납, 신뢰, 그리고 비폭력 원칙에 근거를 둔 인간적이고 평등주의적이며 공정한 사회에 대한 비전으로 인도된다. 휴스톤(1996)에 따르면 이러한 집단 간 만남에는 네 가지 형태가 있다. 첫째는 접촉으로 전통적인 사이코드라마와 같이 모든 개인의 고유성을 강조한다. 이 형태는 참여자를 나누는 것이 아니라 연합하게 하기 위해 만남을 사용한다. 둘째, 집단 간 접촉으로 개인이 아니라 집단을 강조하고 전통적인 소시오드라마처럼 일반화를 위해 능력을 개선한다. 셋째는 교차 범주화 접촉으로 만남에서 집단 정체성의 하나 이상의 요소를 강조한다. 마지막으로 넷째 형태는 재범주화 접촉으로 그 목적은 도가니 형태로 모든 사람에 대한 하나의 공통 정체성을 만드는 것이다. 이러한 여러 형태의 접촉은 장기적인 해결을 위한 두 가지 일반 선택사항을 제공하는데, 첫 번째는 집단을 개인적인 요소로 나누어 참여자가 개별적으로 무엇을 공동으로 공유하는지를 강조하는 것이고 두 번째 선택은 참여자들이 소통과 집단 간 상호작용을 전체 집단으로서 개선하도록 강화하는 것이다.

하지만 사실 전쟁 후에는 예전의 적을 직접 만날 기회가 거의 없다. 과거에 서로 해를 끼친 집단들은 자신의 느낌을 나누려고 함께 모이지 않는다. 이런 모임이 생긴다면 원래의 폭력이 발생하고 오랜 시간이 지난 후에 화해에 특별히 초점을 두지 않는 것을 목적으로 하게 될 것이다. 예를 들면, 제2차 세계대전 당시 서로 대항하여 전투를 한 양측의 퇴역 군인들이 2005년 60주년 추모식에서 처음으로 만났다. 또한 과거에 어떤 일이 있었는지 이해하기 위해 오랜 세월이 지난 후에 예전의 가해자와 피해자가 함께 모이도록 하는 특별한 시도도 있었지만 대개 실제 전쟁 참여자들이 직접 만난 적은 없다.

결과적으로 이러한 만남에서 자녀들은 제외되었다. 예를 들면, 전쟁에 참가했던 부모들은 직접 만날 수 없었지만 유태인 대량 학살 생존자와 나치 가해자의 자녀들은 유럽과 미국 그리고 이스라엘에서 자신들의 공통된 과거를 이야기하기 위해 장기간의 대화 집단에서 지난 수십 년간 가끔씩 만나 왔다. 또한 미국(Helmes 1990)과 남아프리카공화국 등에서는 흑인과 백인이 자신들의 공동 역사를 논의해 왔다. 마찬가지로 중동의 이스라엘과 팔레스타인(Abu-Nimer 1999; Halaby, Sonnenschein & Friedman 2000), 구 유고슬라비아의 다양한 인종, 그리고 르완다/부룬디의 후투 족과 투트시 족의 혼합 집단도 국제적인 재단들이 조직하고 자금을 지원하여 장단기적인 화해와 분쟁 해결을 시도했다. 마지막으로 여성 집단, 청소년 집단, 그리고 신앙에 기반을 둔 기관에서 적극적인 일반 남성들과 여성들의 감동적인 이야기 수집도 갈등 예방에서 중요한 역할을 했으며 평화 건설이 반 통게렌 등(2005)에 의해 발간되었다.

화해 방식은 반드시 지역 상황에 따라 자연적으로 조정되어야 한다. 예를 들면, 르완다에서 지도자들은 순수한 언어적 방식만으로는 부적절하다는 것을 발견하여 다양한 표현예술을 시도했고 나중에 제시한 자료를 돌아보고 논의했다. 케스터(2001)는 이런 프로그램들이 상당히 성공한 증거를 제공했다. 한 흥미로운 결과는 집단에 참가한 사람들이 가해자가 한 일을 이해할 경우 더 용서할 의사가 있다는 것이다.

용서를 목적으로 예전의 적과 직접 대면하는 것은 실제적인 화해 과정을 위해 중요하다. 이런 집단과 가장 가까운 것은 겨우 1980년대에 시작된 상당히 새로운 현상인 다양한 진실 및 화해 위원회(truth and reconciliation commission, TRC)이다. 이러한 24개 위원회의 목록은 http://www.usip.org/library/truth.html에서 찾을 수 있다. 최초이며 가장 잘 알려진 위원회 중 하나는 남아프리카공화국에서 열렸다. 1995년 11월 30일에 진실 및 화해 위원회의 의장으로 임명된 투투 대주교는 다음과 같이 말했다.

> 저는 깨끗하게 하기 위해 상처를 여는 본 위원회의 작업으로 곪는 것을 멈출 수 있기를 바랍니다. 저희는 능숙하지 못하고 과거는 과거라고 말할 수 없는데 이는 그것이 과거가 될 수 없고 다시 돌아와 저희를 괴롭힐 것이기 때문입니다. 진정한 화해는 대가를 지불해야 하는 용서에 기반을 두기 때문에 결코 값싸지 않습니다. 용서는 어떤 일이 잘못되었는지 아는 것과 진실의 공개에 기반을 두어야 하는 회개에 달려 있습니다. 따라서 여러분은 알지 못하는 것을 용서할 수는 없습니다…. (Tutu 2000)

TRC는 원인, 본질, 그리고 과거의 인간 권리 위반의 범위를 밝히고 재활 방식을 찾으며 피해자의 고통에 보상하도록 시도하여 피해자와 증인 그리고 가해자의 경험을 들을 수 있는 공청회를 통해 진실회복 과정을 제공하는 것을 목적으로 한다. 또한 TRC는 범죄가 정치적인 동기였고 자신의 행동에 관련된 정보를 공개했다는 것을 증명한 가해자에게 사면을 준다. 남아프리카공화국의 경우 TRC는 전에 말하지 않던 사람과 과거의 피해자 그리고 현재 생존자의 목소리를 듣도록 했는데 모든 사람이 들어야 했다. 어느 순간 데스몬드 투투는 자신의 조국 앞에서 흐느끼기 시작했다. 그 후 많은 남아프리카공화국 사람들은 자신의 이웃을 새로운 방식으로 보기 시작했다.

진실 위원회는 확인감과 혼자가 아니라는 느낌을 제공하지만 감정적 트라우마의 종합적인 치유를 위해 필요한 치료적 과정은 제공하지 않는다. 증언을 하고 공동 기념식에 참여하는 것이 위안을 줄 수는 있지만 그 자체로 과거와 쉽게 합의에 이르게 할 수는 없다. 나는 사이코드라마와 소시오드라마 집단 회기의 적절한 조합이 이런 진실 위원회를 위한 강력한 보완이 될 수 있다고 믿는다. 이런 회기들은 생존자들을 위한 추가적인 트라우마 치료 도구로서뿐만 아니라 과거와 아주 깊은 수준에서 주인공의 현재 삶에 대한 드라마에 적극적으로 참여하는 집단 구성원에게도 중요하다. 결과적으로 상대방은 종종 전쟁이 끝난 후 처음으로 '인간'으로 간주된다.

일련의 출판물에서 볼칸(1988, 1997, 1999)은 아랍과 이스라엘, 러시아와 에스토니아, 터키와 그리스, 아르메니아와 세르비아 및 크로아티아, 그리고 조지아와 남오세티아의 대표와 자신의 집단 간 대화 작업을 설명했다. 그는 수년 동안 3개월마다 적의 대표가 비공식적인 협상을 위해 일련의 대화에 참석하면 이들이 자신의 대집단이 공유한 정서의 대변인으로 발전한다는 것을 관찰했다. 이런 모임에서 그는 사과와 용서의 개념과 가까운 정서는 자신이 '아코디언 현상'이라고 이름 붙인 것과 관련되어 있다는 것에 주목했다. 이 현상은 서로 압박하다가 상대 참여자들이 갑자기 화해한 뒤에는 다시 뒤로 물러서는 반복적인 아코디언의 패턴을 말한다. 각 측에서 역사적인 상처의 정신적인 대표가 나오기 때문에 초기 거리는 공격적인 태도와 느낌을 유지하려는 방어적인 움직임이다. 상대편이 너무 가까이 다가오면 서로 해를 끼치거나 복수의 표적이 된다.

따라서 우리는 화해의 과정이 조금씩 지속적인 노력이 필요한 길고 어려운 것이라는 것을 인정해야 한다(Dajani & Carel 2002). 이 어려운 과정에 지름길은 없으며 갈등하는 집단 간에 존재하는 실제적인 차이를 심각하게 고려하지 않고 강요하거나 서두를 수 없다. 모든 화해 과정은 이른 해결을 위한 압박 없이 한 번에 한 단계씩 느린 속도로 진행하는 것이 필수적이다. 볼칸은 다음과 같이 말했다(2002).

> 자신을 국제적인 '갈등 해결'의 실행자라고 부르는 사람들은 사실 가능한 빨리 대집단 사이의 정체성 차이를 없애려고 강요하거나 공존과 관련된 이슈를 다룰 때 너무 성급하게 '사과'를 구하고 '용서'에 초점을 맞추면 해가 될 수도 있다.

화해 집단은 자주 초문화 이해와 평화 건설의 철학 안에서 기능한다. 예를 들면, 네베 샬롬/와하트 알 살람의 유태인-아랍 마을에 있는 평화학교는 1979년부터 정기적으로 집단 간 대화 프로그램을 운영해 왔다. 이런 집단들이 정치적 실체를 바꿀 수 없기 때문에 이들은 유태인-팔레스타인 관계의 이해를 개선하도록 도울 수 있다고 믿는다. 이런 이해는 참여자들이 자신의 즉각적인 주변에서 사회적이고 정치적인 변화를 촉진하도록 동기를 부여하고 따라서 장기간에 걸친 대규모 변화의 기반을 준비하기를 바란다. 할라비와 소넨셰인(2004)은 다음과 같이 말했다.

> 평화학교는 문제를 숨기고 유태인과 아랍인이 동등하지 않으며 차별적인 기존의 권력관계를 유지하려고 한다고 주장하며 공존의 대인관계 접근에 언제나 도전해 왔다. 여기에서 우리는 집단 간에 기반을 두고 '올바른 방식'으로 만남이 이루어졌더라도 우리의 실체를 바꾸지 못한다는 점을 반드시 강조해야 한다. 경제적 및 정치적 권력이 이 실체를 만들었고 오직 이런 힘만이 이를 바꿀 수 있다. (p. 374)

이런 관찰 결과에 따르면 지역사회 화해의 공적 상황 내에서 공평하고 공정한 방식으로 차이를 해결하려는 진성한 노력 없이는 전적인 전후 치유나 화해는 있을 수 없다. 따라서 여러 법적, 역사적, 교육적, 그리고 조정의 사회정치적 결과는 거시적인 사회학적 수준에서 더 큰 지역사회 상황 안에서 해결되어야 한다.

지역사회 화해

전후 지역사회 화해는 공정한 평화 정착, 정의, 의무, 책임, 그리고 공적 기념식을 포함하는 복잡한 공적 과정이다. 일반 사람들은 집단 간 화해에 대해 상향식 접근 방식으로 차이를 만들 수 있지만 하향식 접근 방식 내의 정부는 이러한 공적 과제를 실행할 책임이 있다. 다음의 과제는 모두 필요하지만 충분하지 않은 화해의 조건들이다.

첫째 과제는 공정한 평화 정착을 이루는 것이다. 페르시안 걸프와 르완다 그리고 코소보에서의 최근 무장 갈등은 어려움을 보여 주며 공정한 방식으로 전쟁을 끝내는 것의 중요성을 보여 준다. 전쟁이 나쁘게 마무리되면 미래의 유혈사태에 대한 씨를 뿌리는 것이라는 것을 우리는 안다. 따라서 정부는 어떻게 전쟁을 마치고 전쟁에서 평화로 쉽게 이동할 수 있는지에 대한 기본적인 규칙을 결정해 왔다. 물론 가장 명백한 것은 갈등에 관여한 모든 사람의 기본적인 살 권리와 자유를 보장하는 정당한 평화 정착이다. (정기적으로 업데이트되는 이런 정착의 예는 http://www.usip.org/library/pa.html의 '평화협정 디지털 수집'에 나와 있다.)

이 책을 저술하던 시기에 다르푸르에서는 이런 평화가 없었기 때문에 그곳의 사람들에게 다른 무엇보다도 필요한 것은 시민과 정부 사이의 강력한 평화협정이다. 이 협정은 정부가 결코 국민을 몰살하는 권력을 갖지 못하게 하도록 해야 한다. 그러나 주로 국제 공동체가 이들에게 관심을 갖지 않았기 때문에 평화 회담을 하지 못하고 있다.

둘째 과제는 정의를 성취하는 것이다. 이 과제는 고 나치 사냥꾼인 시몬 비젠탈이 "아직도 범죄자들이 설치고 있는데 어떻게 생존자들이 밤에 잠을 잘 수 있겠는가?"라고 했던 질문에 기초한다. 이 질문은 정의가 없다면 화해도 없고 전후 트라우마 치유도 있을 수 없다는 것을 의미한다. 헤이그 국제전범재판소는 자신의 범죄에 책임이 있는 포악을 저지른 사람을 가두는 한 방법이다. 민주적인 국가는 억압받은 공동체를 대표하기 위해 주장할 수 있는 도덕적 권위를 다시 확립하는 신뢰성의 원칙을 반드시 되풀이해야 한다(Borneman 1997).

기본권을 뻔뻔하게 위반해 왔던 지역의 지도자들이 전쟁 범죄에 대해 공공 재판을 받게 하고 전쟁 범죄를 저지른 모든 분쟁 지역의 군인들에게도 책임을 물어야 하며 무고한 시민들이 가혹한 전후 과정에서 벗어나도록 해야 한다. 하지만 균형 잡힌 재정적 보상은 가해 국가의 전체 사회가 책임을 져야 한다. 마지막으로 일종의 전후 재활과 패배한 국가의 개혁이 자주 필요하다. 여기에는 무장 해제뿐만 아니라 인권 교육과 민주주의 훈련도 포함된다.

하지만 여러 이유로 많은 전쟁 범죄 가해자들은 고소를 당하지 않았다. 가해자에게 정의가 실현되지 않으면 피해자는 다시 사회에 실망하게 되는데 첫 번째는 실제 범죄가 발생했을 때이고 두 번째는 그들이 벌을 받지 않을 때이다. 때로는 우선 범죄가 저질러졌다는 것을 충분히 인식하지 못할 수도 있다. 세상은 사람이 죽었을 때 다르게 보는 것 같다고 피해자들은 느낀다. 이것은 제2차 세계대전 중의 유태인 대량 학살, 1915년 미국에서의 몰살, 1994년 르완다, 1970년대의 캄보디아 대량 학살, 그리고 1990년대 보스니아 학살 중에 발생했다. 각각의 경우 정치인들은 그 일이 발생했을 때 학살의 규모를 전적으로 파악하지 못했고 이를 막을 수도 없었다고 말했다. 이제 같은 비극이 다르푸르에서 발생하고 있다.

셋째 과제는 피해자를 위해 적절한 공적 기념식을 조직하는 것이다. 이러한 기념식에는 기념일에 하는 국가 기념식, 주요 도시에서의 공적 기념식, 전쟁 박물관, 그리고 역사적 사실의 공적 발표가 포함된다. 이러한 기념행사는 생존자들의 전후 치유를 돕고 반대 세력의 과거를 잊고 미래만을 바라보려는 지역사회의 경향에 도움을 준다. 특히 인간성에 반하여 범죄가 행해지고 이를 덮으려는 정부 일각의 노력이 있었을 때에는 어떤 일이 있었는지에 대한 공적 발표는 크게 증가한다.

예를 들면, 반세기 이상 정보가 조직적으로 감추어진 구소련 공산주의에서는 공산주의 시대에 저질러진 다양한 범죄 기록 보관소와 문서를 공개하려는 노력이 현재 진행 중이다. 기념식 조직 내에는 박물관, 문서 보관소, 그리고 구소련에서의 정치적 박해의 사회적 기억을 유지하려고 노력하는 많은 전문 사서들이 있다.

하지만 러시아인이 불편한 정보를 숨긴 유일한 사람들은 아니었다. 미국인들도 마찬가지로 여러 해 동안 나가사키에 투하한 원자폭탄의 끔찍한 영향을 일반 대중에게 공개하는 것을 꺼려 왔다. 시카고 데일리 뉴스 기자였던 조지 월너는 끔찍한 황폐를 사진으로 찍었는데 이 사진들은 오랜 세월 동안 출판되지 않고 있다. 일본인 역시 제2차 세계대전 중에 이웃 국가들에게 행한 잔학 행위를 포장하려고 시도한다. 그 결과 2005년 1만 명 이상의 중국 학생들이 베이징에서 일본이 전시의 역사적 공격성을 적절히 처리하는 데 실패했다고 주장하며 시위를 했다.

남아프리카공화국의 진실 및 화해 임무에서는 다른 접근 방식을 선택했다. 만델라는 집단 상처를 치유하기 위해 국민이 반드시 진실을 들어야 한다는 것을 이해한 소수의 정치 지도자 중 하나였다. 모든 공적 기념행사는 이런 전후 치유와 화해 과정을 제공한다. 전쟁 생존자들은 세상이 기억한다고 느낄 때 기다릴 수 있고 잊기 시작할 수 있다. 역설적인 방식으로 사회가 사람들에게 합의적인 공동체 노력을 장려하면 이들은 또 잊기 시작할 것이다.

정치인들의 공적 사과는 이런 상황에서 특별한 치유 효과를 자연적으로 가지며 지역 및 국제적 화해를 촉진하는 데 매우 중요할 수 있다.

이러한 지역사회 화해의 요소가 화해를 위해 필요한 사전 조치지만 전후 트라우마의 완전한 해결에는 대개 충분하지 못하다. 공정한 평화 정착이 이루어지고 전범들이 재판을 받게 되며 사회가 적절하게 피해자들을 기념하더라도 생존자들은 여전히 자신만의 고통에 남겨진다.

어떤 공적 제스처도 가족을 다시 살리지 못한다. 그 결과 전후 트라우마 해결 작업을 완성할 수 있게 해 주는 일종의 상징적인 평화협정 의식이 여전히 필요하다.

평화협정 의식

이런 의식은 소시오드라마의 종합적인 부분이고 참여자에게 심오하고 놀라운 영향을 준다. 공동체 화해를 위한 소시오드라마에서 집단은 모의 평화협정을 꾸미고 가해자들을 모의로 재판하며 상징적인 기념식을 구성할 수도 있다. 생존자들은 아마도 이러한 화해 의식이 현실에서 실현되며 공개적으로 수행하는 것을 선호하겠지만 이러한 회기들은 여전히 자신의 상황이 마침내 인정된다고 느끼는 개별적인 참가들에게 큰 차이를 만들 수 있다. 또한 이런 상징적인 연기는 대중의 의견과 정책 입안자들의 태도에 영향을 주기 위한 고의적인 노력을 포함하는 말을 퍼트려 효과를 극대화할 수도 있다.

소시오드라마는 전후 화해 과정에서 중요한 마지막 단계로 평화 촉진 의식을 훌륭하게 사용할 수 있다. 사이코드라마에 대한 내 이전의 책에서 이미 설명했듯이 역할극과 '만약 ~라면'에 기초한 다양한 치유 의식의 잠재력은 엄청나다(Kellermann 1992). "상상은 잠시라도 희망을 주며 드라마는 우리 삶에 다시 들어온다"(p. 109). 모든 종교와 다양한 문화에서 이루어졌듯이 같은 힘이 전쟁 후 화해를 위해 이용될 수 있다. 예를 들면, 이러한 의식은 기독교, 퀘이커교, 불교, 이슬람교, 미국 인디언, 아프리카, 또는 간디의 원칙에 기초할 수 있으며 정신적 화해를 얻는 데 고유한 기회를 제공한다.

의식은 사람들이 집단 트라우마 이후의 치유를 돕고 또 다른 차원의 집단 간 균형으로 넘어가도록 돕는다. 의식은 행동을 안내하고 과거에 대한 의미와 종결을 제안한다. 의식은 개인과 사회 집단 그리고 크게는 문화와의 연결을 강화한다(Durkheim 1961; Turner 1967). 의식은 세상에서 자신의 의미를 잃고 다른 사람으로부터 자신을 고립시키는 트라우마를 겪은 사람들에게 특별히 중요한 역할을 한다. 의식은 사람들을 다시 함께 결합시키며 자신들이 넘을 수 없는 문제를 이겨 낼 수 있다는 새로운 희망을 준다.

따라서 다양한 평화협정 의식이 화해와 전후 치유를 촉진하기 위해 동양과 서양 모두에서 사용되어 왔다. 미국 원주민의 평화 파이프 피우기가 아마도 가장 익숙한 기념식일 것이다. 평화 파이프를 공유함으로써 영적 단합의 공동 결속이 형성된다. 하와이 사람의 호-오-포노-포노(곧은 설정) 의식은 지역 공동체의 갈등 해결 실행에 기초한 또 다른 치유와 갈등 해결 절차이다. 우간다에서 아촐리 족 사람들은 한 종족 구성원이 다른 종족 구성원을 죽였을 때 전통적인 화해 의식에서 생달걀, 가지, 그리고 가축을 이용한다. 바리사(기도 나무)는 시베리아/몽고 샤머니즘에서 중요한 예배 장소이다. 르완다에서는 가카카라고 부르는 마을 장로들의 전통 공동체 법정은 분쟁을 해결하는 데 사용된다. 마지막으로 미국 인디언 퇴역 군인은 '적의 길'이라고 하는 나바호 의식에 참여하여 자신의 사회로 돌아오는 것을 지원받는데 7일 동안 지속되며 가족과 문중 그리고 공동체 구성원들이 조화와 균형 그리고 트라우마를 겪은 나바호 퇴역 군인과의 연결을 회복하는 의식에 참여한다(Parson 1985; 1990).

갈등 당사자의 문화에 따라 화해 소시오드라마는 이러한 의식을 이용할 수 있는데 이는 참여자에게 내재된 의미를 가지고 있기 때문이다. 대부분의 이런 회기에서 소시오드라마란 단어는 언급되지 않는다.

화해 소시오드라마는 전반적인 평화 건설과 전후 정상화를 제공하는 대안적인 개입 전략이다. 이런 집단들은 다양한 전후 조정 과정 단계에서 주도될 수 있다. 하지만 이런 집단에 영향을 미치는 것으로 가정되는 변수를 포함하여 화해 소시오드라마의 많은 측면이 아직 분명하지 않다. 이런 집단에 대한 확실한 문서화가 아직 없었고 축적된 경험에서 배운 것이 거의 없기 때문에 이런 실행의 개발을 위해서는 많은 일이 이루어져야 한다. 확실한 것은 어떤 화해 과정도 단순하지 않다는 것이다. 전쟁이 잔인할수록 고통이 더 심하며 상처가 깊을수록 치유 과정은 더 길어진다.

회고 및 전망

소시오드라마는 오르막과 내리막이 있어 왔다. 더 애매한 시기도 있었고 잊힌 때도 있었다. 나는 이제 다시 관심이 높아지고 있다고 믿는데 소시오드라마의 실행이 그 어느 때보다 더 연관성을 갖게 되었고 전 세계의 국가에서 사용되고 있기 때문이다. 전망은 아주 밝아 보인다. 소시오드라마가 시작된 후 반세기 만에 드디어 발전을 하고 있다. 마침내 우리는 우리의 작업을 문서화하려고 노력하고 훈련과 실행에 대한 표준을 정하여 자신을 진지하게 받아들이고 있다.

왜 이렇게 오래 걸렸는가? 지금까지의 성과에서 이제는 어디로 가야 하는가? 소시오드라마의 미래는 무엇이고 다가오는 새 천년의 발전으로서 세계에 어떤 기여를 예상할 수 있는가? 한쪽 눈은 미래에 초점을 맞추고 다른 한쪽 눈은 과거를 돌아보아야 소시오드라마의 새로운 방향을 예측할 수 있다.

재난과 대량 학살 그리고 전쟁이 빈번하고 비참한 심리적 결과를 더 인식하게 된 요즈음에 소시오드라마의 필요성은 높아지고 있다. 전쟁 재판과 공동체의 치유를 위한 진실 위원회의 중요성에 대한 일반 여론 또한 소시오드라마에 대한 높은 관심에 기여했다.

하지만 분명한 것은 소시오드라마가 교회의 절제에 더 익숙한 사람이나 법정의 적극적인 행동에 더 익숙한 많은 사람에게 다소 너무 극적일 수 있다는 것이다. 또한 소시오드라마는 기본적으로 심리학적이고 다양한 정치적 및 역사적 실체를 가볍게 탐구하는 접근 방식으로 많은 문제되는 사건을 다루려고 시도하기 때문에 너무 야심 차게 보일 수도 있다. 그럼에도 소시오드라마는 대개 긴급한 공동체의 필요에 반응하고 있으며 인간으로서 처한 상황의 불행과 비참함을 이해할 수 있도록 도우려는 심오한 열망에 기초하고 있다. 세계화로 세상이 훨씬 더 작아졌기 때문에 사람들은 사물이 어떻게 연결되었는지를 조사하고 다양한 정치적 결정이 현재와 미래에 '우리'와 '그들'에게 어떻게 영향을 미치는지에 점점 더 관심을 가지게 되었다. 개인들이 한 나라에서 다른 나라로 계속 이동하는 현재의 세계 공동체에서 소시오드라마는 새로 오는 사람을 통합하고 난민과 이민자가 새로운 환경에 적응하도록 돕는 일에 크게 기여할 수 있다. 게다가 우리 사회의 방대한 문화적 변화로 인해 새로운 사회적 문제가 만들어지고 있어서 소시오드라마와 같은 적극적이고 강력한 접근 방식이 요구된다. 우리는 현재 세계의 몇몇 사회적 도전에 대해 도시들을 더 조화롭게 하고 범죄율을 낮추며 복지를 개선하고 인종차별을 극복하며 일반 시민의 책임감을 높이도록 할 필요가 있다.

하지만 우리는 원하는 것과 가능한 것 그리고 필요한 것과 이용할 수 있는 것 사이의 간격을 연결하기에는 아직 먼 길을 가야 하는 것이 확실하다. 세계 공동체의 엄청난 필요를 채우기에는 소시오드라마 전문가의 수가 너무 적다. 인간관계와 집단 간 갈등 분야에서 일하는 여러 소시오드라마 전문가들이 있지만 아주 소수만이 실제적인 사회정치 문제에 개입할 수 있다. 따라서 추가적인 전문가를 위한 집중적이고 고품질의 소시오드라마 훈련을 주도하고 이 책 전반에서 설명한 다양한 적용에 더 전문적일 실행과 적절한 감독을 제공하는 것이 중요하다.

이런 전문적인 훈련과 함께 소시오드라마 전문가가 중요한 기여를 할 수 있는 상황이 많이 있으며 기관 자문에서 영적 및 종교적인 화해, 혁신적인 교육 프로젝트, 집단 무의식의 창의적인 표현에 이르기까지 아직 충분히 개발되지 않은 적용도 많이 있다. 예를 들면, 고등교육에서 강력한 도구로서의 소시오드라마에 대한 최근 논문에서 블래트너 (2006)는 학습을 더 효과적이게 하는 이 적극적인 접근 방식의 잉여 가치를 강조했다. 한 교수의 직접적인 강의와 비교할 때 비록 짧더라도 소시오드라마적인 역할 연습은 훨씬 더 풍성하고 깊은 후속 논의를 할 수 있게 해 주며 전체 학습경험은 훨씬 더 감동적이다.

하지만 이런 새로운 실행 방법 중 일부는 필여적으로 우리의 기능 (집단 치료사, 임상의, 극작가, 그리고/또는 교육가로서)을 다시 정의할 필요가 있을 것이며 우리의 목표와 더 유연할 필요가 있다. 세상이 바뀜에 따라 소시오드라마 역시 변화하고 성숙해질 것이다. 이 모든 것이 우리를 어디로 인도할지는 아무도 모르지만 언제나 더 복잡하고 놀라운 새로운 상황에 우리는 계속 적응해야 한다. 아마도 소시오드라마는 하나가 아닌 많은 장소로 갈 것이다. 이는 환영할 만한 발전이 될 것이다. 대부분의 이런 방법과 마찬가지로 소시오드라마는 썰물과 함께 이동하고 군중의 관심으로 흘러갈 것이다. 따라서 엘리자베스 시대의 셰익스피어나 모레노의 일생처럼 미래에도 반복될 것이다. 그 사이에 우리는 계속 창조적인 혁신가가 되어야 하며 그 길을 가며 우리 자신의 목표를 정할 수밖에 없다.

소시오드라마의 느린 발전에 대한 또 다른 이유는 실행이 어렵다는 점이다. 다른 사람과 집단적인 고통을 나누는 것도 어렵고 감정적으로 압도적인 경험도 어려우며 인류의 비극을 목격하는 것 역시 대리적인 트라우마를 야기할 수 있다. 아무리 못해도 많은 사람의 공감과 슬픔을 자아낼 것이다. 한 전문가는 다음과 같이 말했다.

> 저는 아주 특별한 방식으로 이 사람들을 알게 되었습니다. 먼저 저는 이 사람들이 어디에서 왔는지 들었습니다. 저는 이 집단의 정말 다양한 문화적 기원에 놀랐습니다. 그들은 인도, 러시아, 이집트, 터키, 이탈리아, 독일, 아일랜드, 미국, 남미, 호주 등 많은 나라에서 왔습니다. 그들을 통하여 저는 사람들의 역사에 대해서, 특히 지난 세기 그들의 여러 불행에 대해서 들었습니다. 지진, 전쟁, 대량 학살, 그리고 기근이 전 세계적으로 정말 많이 발생한 것으로 보였습니다. 모든 슬픈 이야기를 들으면서 저희 모두는 울었습니다. 정말 많은 사람이 죽었습니다. 그다음에 저희는 자연재해에 대해 들었고 감당할 수 없을 때까지 방해 없이 계속되었습니다. 정말 많은 고통과 질병, 고문, 공포, 광기, 절망이 있었습니다. 저희 모두는 계속 흐느꼈습니다.

우리는 전 세계적으로 이런 일들이 여전히 일어나고 있다는 것을 신문과 뉴스로 보기 때문에 이 모든 것은 훨씬 더 힘들다. 사람들은 계속 죽이기도 하고 죽기도 한다. 오늘은 20명이, 내일은 200명이, 다음 주에는 2,000명이, 다음 달에는 20만 명이, 내년에는 200만 명이 죽을 것이다. 아마 다음번에는 우리가 지워질 수도 있을 것이다.

절망감으로 우리는 비극이 우리의 공통적인 상태라는 것을 깨닫는다. 우리의 보편성은 우리가 인간이라는 점으로 비극이 우리의 정신에 색을 칠하고 우리 자신의 삶과 사람들의 삶을 넘어선다. 비극은 멸망하지 않으며 우리가 지구를 떠난 후에도 계속 있을 것이다. 비극은 언제나 조용하고 자연적으로 발생한다. 비극을 인지하고 비극이 가져오는 감정을 표현하는 것은 언제나 모든 소시오드라마 집단에서 공유하는 것의 일부가 될 것이다. 이런 집단에서 우리는 사소한 문제를 다루지 않으며 대개는 행복한 결말이 아니다. 이런 집단은 다른 사람과 더 나은 세상을 위해 침묵으로 함께 기도하는 종교적인 예배와 비슷하다. 하지만 공동이고 영적인 모임과 비교할 때 우리는 예배하기 위해서가 아니라 종종 우리의 분노를 표현하기 위해 전능자를 원한다. 우리는 인류 역사의 악몽에 대해 그분을 비난하기 원한다. 하지만 그렇게 비난하더라도 대답할 사람은 없으며 우리는 침묵만을 만날 뿐이다. 소파 뒤에 있는 정신분석 전문의처럼 하나님은 우리의 비탄에 직접 응답하시지 않을 것이며 우리 목소리의 메아리만 남게 될 것이다. 결과적으로 우리 자신의 염려에 대한 책임을 지는 수밖에 없다.

따라서 나쁜 일이 일어나면 압도되고 무기력하며 초초해져서 그냥 기도하고 최선을 바라며 우리의 신뢰를 하나님의 손에 둘 수 없다. 이런 어려운 시기에는 더 자기 의존적이고 적극적이 될 필요가 있으며 삶에 영향을 줄 수 있는 무엇인가를 우리 스스로 할 수 있다는 것을 깨달아야 한다. 우리의 미래와 인간 문명의 미래가 달려 있기 때문에 심지어 커다란 사건을 경험한 후에도 우리는 자신의 운명을 결정할 수 있도록 염원해야 한다. 모든 것을 잃어버린 것처럼 보이고 포기를 고려할 때도 단순히 어쩔 수 없는 '불가항력'이 아니라 우리 자신의 선택의 결과로 쓰이는 펼쳐진 책처럼 더 밝은 미래를 볼 필요가 있다(10분 후일지 100년 후일지 알 수 없지만). 우리는 이 지구와 우리의 삶에서 우리가 하는 일에 종합적인 책임이 있다는 것을 반드시 깨달아야 한다. 우주의 공동 창조자와 같은 태도로 우리는 최소한 하나님 자신처럼 인류의 운명에 책임을 질 수 있다.

세계적 공동체로서 우리는 새로운 비참한 상황에 적절하게 '응답할' 필요가 있으며 옛 재앙에 새로운 방식으로 반응할 수 있다. 줄여 말하면 우리는 더 자발적이 될 필요가 있다. 이것이 J. L. 모레노의 철학의 핵심이며 소시오드라마의 궁극적인 목적이다.

생존

다윈은 사람들이 생존을 위해 환경에 반드시 적응해야 한다고 강조했다. 하지만 모든 인간의 삶은 본질적으로 사회적이고 외적인 어려움에 적응하려는 자신의 능력뿐만 아니라 집단으로 다른 사람과 공존하기 위한 능력 때문에 사람들이 생존한다는 점은 자주 잊혀진다. 이것이 모레노(1953)가 자신의 책 *who shall survice?*에서 강조한 원칙인 적자생존이자 계열(affiliate)생존의 원칙이다.

이를 설명하기 위해 독일 출신으로 모레노의 제자이며 선두적인 국제 소시오드라마 전문가인 그레테 루츠(1991)는 다음과 같은 모레노의 이야기를 전했다. 저녁 회기를 마치고 뉴욕에서 비콘으로 돌아오던 중에 모레노가 루츠에게 이렇게 말했다고 한다. "거리를 걷는 이 모든 사람들을 보게. 모두 개별적인 사람으로 보이지만 모든 사람은 사회적 네트워크의 일부라네. 이들은 자신을 걱정해 주는 중요한 다른 사람과 관계를 가지고 있지. 이런 관계가 이들을 슬프게 하거나 행복하게 하고, 걱정하거나 편안하게 하며 화가 나게 하거나 열정적이 되게 해 주지. 이런 사람 중 몇몇은 살아야 할 이유를 주고 어떤 사람에게는 죽을 이유를 준다네. 이들의 관계가 삶과 죽음을 결정한다는 사실에도 불구하고 과학계에서는 이것을 조사해야 할 중요한 변수로 고려하지 않는다네. 심지어 대개는 가장 중요한 것인데도 말일세."

원칙은 단순하지만 실행은 거의 불가능하다. 우리의 생존에 필수적인 대인관계는 많은 문제도 만들어 낸다. 제2장에서 설명했듯이 인간의 가장 큰 위험은 다른 인간이며 생존은 명백하지 않다.

"누가 생존할 것인가?"에 대한 모레노의 대답은 "모든 사람이 생존해야 한다."였다(1953, p. 607). 하지만 이것이 어떻게 가능한가?

간단히 말하면 모레노는 인류의 생존은 인간 공존에 대한 소수의 단순한 원칙에 달려 있다고 주장했다. 생전에 그는 전체 이론과 대인관계 집단화와 선호 기술인 사회측정학을 개발했다. 사회측정학은 사람들이 고립보다는 군집이니 집단화(가족, 소집단, 큰 종교, 지리적 그리고/또는 인종 공동체, 그리고 사회와 같은)로 다른 사람과 함께 사는 것을 좋아하는 사회적 존재라는 것에 기초했다. 이런 실체가 어떻게 형성되는지에 따라 개별적인 구성원의 삶과 개선되거나 방해를 받게 된다. 인간은 자신과 같은 부류의 사람에게 매력을 느끼고 다른 사람은 거부하는 경향이 있으므로 모레노는 조화로운 사회적인 조정은 어떤 집단에 속하고 싶은지 선택할 수 있는 자유에 근거해야 한다고 생각했다.

아마도 모든 사람은 사회측정학적으로 균형 잡힌 사회에서 살기 원할 것이다. 이런 이상적인 공존 시스템에서 사람들은 서로 긍정적인 대인관계 또는 모레노가 즐겨 말했던 '사회적 원자 에너지'로 서로 지원한다. 이런 관계에서 계승된 위대한 힘은 고립과 소외뿐만 아니라 갈등과 집단 간 긴장의 위협에 대한 일종의 대항 세력이 된다. 각 대형 사회에는 이런 무수한 밀접한 관계 또는 사회적 네트워크가 있을 수 있으며 이런 위협의 반작용이 되고 각각의 작은(개별적인) 네트워크나 '사회적 원자' 내에는 스트레스와 재난 시대 생존에 필수적인 지원을 제공하기에 충분하게 서로 돌보는 사람들이 있을 수 있다. 요컨대 이러한 강한 결속력은 자신의 표시를 영원히 남길 수 있고 우리가 트라우마나 '사악한' 힘을 견딜 수 있도록 돕는다.

하지만 불행히도 인류에 대한 다양한 위협을 견딜 수 있도록 이용할 수 있는 사회적 원자 에너지는 아직도 충분하지 않다. 따라서 강력한 대인관계 지원 네트워크를 건설하기 위해 소시오드라마와 같은 적극적인 공동체 접근 방식의 필요성은 여전히 방대하다.

나는 이 책이 모레노가 마음에 그렸던 인간관계 해결을 향한 또 다른 발걸음이 되도록 도움을 주기를 희망한다. 아마도 그렇게 함으로써 우리는 서로 다른 인류의 집단이 충동할 때 야기되는 많은 감정적 고통을 조금이라도 덜 수 있을 것이다.

마치는 말

마르시아 카프(2000)와의 인터뷰에서 젤카 모레노는 모레노에 대해 다음과 같이 말했다.

> 모레노가 죽기 약 4년 전 어느 순간 모레노는 더 큰 세계에 도달하려는 자신의 능력에 어느 정도 환멸을 느꼈습니다. 모레노는 사회측정학적 혁신인 인간관계의 혁신을 만들기 정말 원했습니다. 하지만 죽음이 다가오자 모레노는 더 현실적이 되었죠. 그는 자신이 성취한 것에 만족한다고 하셨기 때문에 저는 울지 않으려고 애쓰며 침대 곁에 앉았습니다. 모레노의 철학처럼 '그렇다'가 대답이라고 생각합니다. 그것은 모든 종류의 가능성을 가졌습니다. 그의 유산은 아직 관심받기 시작하지도 않았고 사람들은 많은 각기 다른 분야에서 이 접근 방식의 엄청난 유연성에 충분히 감사하지도 않는다고 생각합니다. 그분은 자기 시대보다 수년 아마도 한 세기는 앞섰습니다. (p. 28)

이 책의 일부를 읽고 난 후 젤카 모레노는 2006년 7월에 다음의 글을 보내 왔다.

> 2000년 9월 11일에 리가에서 넘어지는 바람에 둔부 뼈가 부서져 5번의 수술과 합병증을 겪은 제 병력을 고려하면 저는 89세의 나이에도

잘 지내고 있습니다….

당신의 책 몇 장을 읽어 보니 2000년의 예루살렘 회기가 갑자기 생각났습니다. 불행하게도 현재의 북이스라엘과 레바논에서의 사건은 끔찍한 방식으로 최악의 문제를 다시 한 번 강조하고 있습니다. 용기 있는 방식에도 불구하고 갈등은 테레사와 마르시아에 의해 제시되었고 우리가 가졌던 의미와 우리가 보고 싶어 했던 소망은 소시오드라마에서 취급되었으며 더 큰 범위에서 발생해 왔습니다.

그럼에도 불구하고 저는 당신의 관점을 고맙게 생각하고 책을 써 주셔서 감사합니다. 요즈음에는 희망을 가진다는 것이 매우 힘듭니다. 하지만 어떤 다른 선택이 있을 수 있을까요?

제 저술의 요약서는 루틀리지(Moreno 2006)에서 막 출판되었습니다. 아이러니하게도 1944년의 제 첫 논문은 개인적인 측면에서 민간인과 군인 사이의 갈등을 다룬 것이었습니다. 더는 관련이 없어서 얼마나 다행인지 모르겠습니다. 모레노가 더 큰 범위에서 자신의 관점을 증명할 기회가 있었다면 우리 세상은 어떻게 되었을까요? 우리가 지금 목격하는 전쟁과 불행을 피할 수 있었을 거라고 말하면 너무 무리한 가정일까요? 어떤 사건에서도 우리는 할 수 있는 한 많은 사람에게 계속 그분의 사상을 전파해야 합니다.

소시오드라마는 많은 위협을 받는 세계 시민들에게 창조성과 자발성이 다시 돌아오게 수행해야 할 중요한 역할이 있습니다.

여러분 모두를 사랑합니다.

젤카

참고문헌

Abu-Nimer, M. (1999) *Dialogue, conflict resolution, and change: Arab–Jewish encounters in Israel.* Albany, NY: State University of New York Press.

Adams, D. (1989) "The Seville statement on violence and why it is important." *Journal of Humanistic Psychology 29,* 328–337.

Agazarian, Y. and Carter, F. (1993) "Discussions on the large group." *Group 17,* 210–234.

Agazarian, Y. and Peters, R. (1981) *The visible and invisible group.* London: Routledge and Kegan Paul.

Agger, I. and Jensen, S.B. (1996) *Trauma and healing under state terrorism.* London: Zed Books.

Aguiar, M. (1998) *Teatro espontaneo e Psicodrama [Psychodrama and spontaneous theatre].* Sao Paulo: Agora.

American Psychiatric Association (1994) *Diagnostic and statistical manual of mental disorders: DSM-IV,* 4th edn. Washington, DC: American Psychiatric Association.

Amir, Y. (1976) "The role of intergroup contact in change of prejudice and ethnic relations." In P.A. Katz (ed.) *Toward the elimination of racism.* New York: Pergamon.

Argyle, M. (1991) *Cooperation: the basis of sociability.* London: Routledge.

Ascher, I. and Shokol, A. (1976) "Maxwell Jones as facilitator in a therapeutic community." *Group Process 6,* 149–162.

Assefa, H. (2001) "Reconciliation." In L. Reychler and T. Paffenholz (eds) *Peace building: a field guide.* Boulder, CO: Lynne Rienner Publishers.

Athanase, H. (2001) "After genocide in Rwanda: social and psychological consequences." New York: Institute for the Study of Genocide. Available at: http://www.isg-iags.org/oldsite/newsletters/25/athanse.html.

Audergon, A. (2005) *The war hotel: psychological dynamics in violent conflict.* London: Whurr.

Axelrod, R. (1984) *The evolution of cooperation.* New York: Basic Books.

Ayoub, C. (2002) "In the aftermath of collective tragedy: why ending trauma's cycle starts here." *Harvard Graduate School of Education News,* 1 June. Cambridge, MA: Harvard University. Available at: http://www.gse.harvard.edu/news/features/ayoub06012002.html.

Bach, G. (1974) "Fight with me in group therapy." In L.R. Wolberg and M.L. Aronson (eds) *Group therapy 1974: an overview.* New York: Stratton.

Bach, G. and Goldberg, H. (1974) *Creative aggression.* New York: Avon.

Bales, R.F. (1970) *Personality and interpersonal behavior.* New York: Holt, Rinehart and Winston.

Bateson, G. (1979) *Mind and nature: a necessary unity.* New York: Dutton.

Bandura, A. (1973) *Aggression: a social learning analysis.* Englewood Cliffs, NJ: Prentice-Hall.

Bandura, A. and Walters, R.H. (1965) *Social learning and personality development.* New York: Holt, Rinehart and Winston.

Bauer, Y. (2001) *Rethinking the Holocaust.* New Haven, CT: Yale University Press.

Baytos, L.M. (1995) *Designing and implementing successful diversity programs.* Englewood Cliffs, NJ: Prentice-Hall.

Beck, A. (1999) *Prisoners of hate: the cognitive basis of anger, hostility, and violence.* New York: HarperCollins.

Berkowitz, L. (1989) "Frustration–aggression hypothesis: examination and reformulation." *Psychological Bulletin 106,* 59–73.

Bion, W.R. (1961) *Experience in groups and other papers.* London: Tavistock.

Bisno, H. (1988) *Managing conflict.* London: Sage.

Blatner, A. (2006) "Enacting the new academy: sociodrama as a powerful tool in higher education." *ReVision: A Journal of Consciousness and Transformation 29,* 3, 30–35.

Blood, R.O. (1960) "Resolving family conflicts." *Journal of Conflict Resolution 4,* 209–219.

Bloomfield, L. and Leiss, A.C. (1969) *Controlling small wars: a strategy for the 1970s.* New York: Knopf.

Bloomfield, L. and Moulton, A. (1997) *Managing international conflict: from theory to policy.* New York: St. Martin's Press/Worth Publishers.

Boal, A. (1979) *Theatre of the oppressed.* New York: Urizen.

Boal, A. (1992) *Games for actors and non-actors.* London: Routledge.

Borneman, J. (1997) *Settling accounts: violence, justice, and accountability in post-socialist Europe.* Princeton, NJ: Princeton University Press.

Boszormenyi-Nagy, I. and Spark, G.M. (1973) *Invisible loyalties: reciprocity in intergenerational family therapy.* Hagerstown, MD: Harper and Row.

Boutros-Ghali, B. (1992) *An agenda for peace: preventive diplomacy, peacemaking and peacekeeping.* New York: United Nations.

Bradshaw-Tauvon, K. (2001) "Spanning social chasms: inner and outer sociodramas." *The British Journal of Psychodrama and Sociodrama 16,* 23–28.

Brain, P.F. (1979) "Hormones and aggression." Annual Research Reviews. *Hormones and Aggression 2.* Montreal: Eden Press.

Brecht, B. (1963) *Schriften zum Theater.* Frankfurt: Suhrkamp.

Buer, F. (1991) "Editorial." *Jahrbuch für psychodrama, psychosoziale praxis and gesellschaftspolitik.* Opladen: Leske and Budrich.

Burge, M. (2000) "Psychodrama with Vietnam veterans and their families: both victims of traumatic stress." In P.F. Kellermann and K. Hudgins (eds) *Psychodrama with trauma survivors: acting out your pain.* London: Jessica Kingsley Publishers.

Burton, J. (1986) *International conflict resolution: theory and practice.* Sussex, England: Wheasheaf Books.

Bustos, D. (1990) "Wenn das Land in der Krise ist, kann man nicht in der Praxis sitzen bleiben." ["When the country is in crisis one cannot remain seated in clinical practice."] *Psychodrama 3,* 30–48.

Bustos, D. (1994) "Locus, matrix, status nascendi and the concept of clusters: wings and roots." In P. Holmes, M. Karp and M. Watson (eds) *Psychodrama since Moreno.* London: Routledge.

Byrne, D. and Clore, G.L. (1970) "A reinforcement model of evaluative responses." *Personality: An International Journal 1,* 103–128.

Carlson-Sabelli, L. (1989) "Role reversal: a concept analysis and reinterpretation of the research literature." *Journal of Group Psychotherapy, Psychodrama and Sociometry 42,* 139–152.

Carson, R.C. (1969) *Interaction concepts of personality.* Chicago, IL: Aldine.

Cartwright, D. and Zander, A. (eds) (1968) *Group dynamics: research and theory,* 2nd edn. New York: Row, Peterson and Co.

Carvalho, E.R and Otero, H.E. (1994) "Sociodrama as a social diagnostic tool: our experience in Paraguay." *Journal of Group Psychotherapy, Psychodrama and Sociometry 46,* 143–149.

Cloke, K. (1993) "Revenge, forgiveness and the magic of mediation." *Mediation Quarterly 11,* 67–78.

Cornelius, H. and Faire, S. (1989) *Everyone can win: how to resolve conflict.* Melbourne: Simon and Schuster.

Covington, C., Williams, P., Arundale, J. and Knox J. (2002) *Terrorism and war: unconscious dynamics of political violence.* London: Karnac.

Cowger, C.G. (1979) "Conflict and conflict management in working with groups." *Social Work with Groups 2,* 309–320.

Crum, T.A. (1976) *The magic of conflict.* New York: Hart.

Cukier, R. (2000) "The psychodrama of mankind: is it really utopian?" *Forum,* 30 October 2002. Available at: http://www.rosacukier.com.br/ingles/artigos1.htm.

Curle A. (1971) *Making peace.* London: Tavistock Publications.

Cushman, P. (1989) "Iron fists–velvet gloves: a study of a mass marathon psychology training." *Psychotherapy 26,* 23–39.

Dajani, K. and Carel, R. (2002) "Neighbors and enemies: lessons to be learned from the Palestinian–Israeli conflict regarding cooperation in public health." *Croatian Medical Journal 43,* 138–140.

Dasberg, H., Davidson, S., Gurlachu, G.L., Filet, B.C. and de Wind, E. (eds) (1987) *Society and trauma of war.* Assen/Maastrich: Van Gorcum.

Davenport, D.S. (1991) "The functions of anger and forgiveness: guidelines for psychotherapy with victims." *Psychotherapy 28,* 140–144.

De Maré, R., Piper, R. and Thompson, S. (1991) *Koinonia: from hate, through dialogue to culture in the large group.* London: Karnac.

deMause, L. (2002) *The emotional life of nations.* New York: Karnac.

Deutsch, M. (1973) *The resolution of conflict: constructive and destructive processes.* New Haven, CT: Yale University Press.

deVries, M.W. (1996) "Trauma in cultural perspective." In B.A. van der Kolk, A.C. McFarlane and L. Weisaeth (eds) *Traumatic stress.* New York: The Guilford Press.

de Young, M. (1998) "Collective trauma: insights from a research errand." New York: The American Academy of Experts in Traumatic Stress, Inc. Available at: http://www.aaets.org/ article55.htm.

Djuric, Z., Ilić, Z. and Veljkovic, J. (2004) *Psihodrama: Uasopis za grupnu psihoterapiju.* Beograd: Kosmos 1.

Dollard, J., Doob, L., Miller, N., Mowrer, O. and Sears, R. (1939) *Frustration and aggression.* New Haven, CT: Yale University Press.

Donahue, W.A. and Kolt, R. (1993) *Managing interpersonal conflict.* London: Sage.

Doob, L. (1985) "Conflict resolution." In A. Kuper and J. Kuper (eds) *The social science encyclopedia.* London: Routledge and Kegan Paul.

Durkheim, E. (1961) *The elementary forms of the religious life.* London: Barrie and Jenkins.

Durkin, H.E. (1972) "Analytic group therapy and general systems theory." In C.J. Sager and H.S. Kaplan (eds) *Progress in group and family therapy.* New York: Brunner Mazel.

Enright, R.D. and The Human Development Study Group (1996) "Counseling within the forgiveness triad: on forgiving, receiving forgiveness, and self-forgiveness." *Counseling and Values 40*, 107–126.

Erickson, K. (1994) *A new species of trouble: the human experience of modern disasters.* New York: Norton.

Eyerman, R. (2002) *Cultural trauma: slavery and the formation of African-American identity.* Cambridge: Cambridge University Press.

Eysenck, H.I. (1954) *The psychology of politics.* London: Routledge and Kegan Paul.

Ezriel, H. (1973) "Psychoanalytic group therapy." In L.R. Wolberg and E.K. Schwartz (eds) *Group therapy 1973: an overview.* New York: Intercontinental Medical Book Corp.

Fay, M.T., Morrissey, M. and Smyth, M. (1999) *Northern Ireland's troubles: the human costs.* London: Pluto Press.

Feldhendler, D. (1992) *Psychodrama und Theater der Unterdrückten.* Frankfurt: Wilfried Nold.

Feldhendler, D. (1994) "Augusto Boal and Jacob Moreno: theatre and therapy." In M. Schutzman and J. Cohen-Cruz (eds) *Playing Boal.* London and New York: Routledge.

Festinger, L. (1954) "A theory of social comparison processes." *Human Relations 7*, 117–140.

Figley, C.R. (1993) "Introduction." In J.P. Wilson and B. Raphael (eds) *International handbook of traumatic stress syndromes.* New York: Plenum Press.

Figusch, Z. (ed.) (2006) *Sambadrama: the arena of Brazilian psychodrama.* London: Jessica Kingsley Publishers.

Filley, A.C. (1975) *Interpersonal conflict resolution.* Glenview, IL: Scott Foresman.

Fisher, R.J. (1983) "Third party consultation as a method of intergroup conflict resolution: a review of studies." *Journal of Conflict Resolution 27*, 302–334.

Fisher, R.J. and Brown, S. (1988) *Getting together: building a relationship that gets to YES.* Boston, MA: Houghton Mifflin.

Fisher, R.J. and Ury, W. (1981) *Getting to Yes: negotiating agreement without giving in.* Boston, MA: Houghton Mifflin.

Fitzgibbons, R.P. (1986) "The cognitive and emotional uses of forgiveness in the treatment of anger." *Psychotherapy 23*, 629–633.

Fitzgibbons, R. (1998) "Anger and the healing power of forgiveness: a psychiatrist's view." In R. Enright and J. North (eds) *Exploring forgiveness.* Madison, WI: University of Wisconsin Press.

Flugel, J.C. (1945) *Man, morals and society: a psycho-analytical study.* London: Duckworth.

Foa, E.B., Zinbarg, R. and Rothbaum, B.O. (1992) "Uncontrollability and unpredictability in post-traumatic stress disorder: an animal model." *Psychological Bulletin 112*, 218–238.

Folberg, J. and Taylor, A. (1984) *Mediation: a comprehensive guide to resolving conflicts without litigation.* San Francisco, CA: Jossey-Bass.

Foulkes, S.H. (1964) *Therapeutic group analysis.* London: George Allen. Reprinted London: Karnac, 1984.

Fox J. (1994) *Acts of service: spontaneity, commitment, tradition in the nonscripted theatre.* New York: Tusitala Publishing.

Frangsmy, T. (ed.) (1991) *Les Prix Nobel: The Nobel Prizes 1990.* Stockholm: Nobel Foundation.

Frank, J.D. (1967) *Sanity and survival: psychological aspects of war and peace.* New York: Random House.

Freire, P. (1999) *Pedagogy of the oppressed.* New York: The Continuum Publishing Company.

Freud, S. (1930) *Civilization and its discontents. S.E., Vol. 21.* London: Hogarth Press.

Fromm, E. (1962) *Sigmund Freud's mission: an analysis of his personality and influence.* New York: Shimon and Shuster.

Fromm, E. (1973) *The anatomy of human destructiveness.* New York: Holt, Rinehart and Winston.

Galtung, J. (1996) *Peace by peaceful means: peace and conflict, development and civilization.* London: Sage.

Galtung, J. (1998) *Tras la violencia, 3R: reconstruccion, resolucion, reconciliacion.* [*After Violence: 3R, reconstruction, reconciliation, resolution: coping with visible and invisible effects of war and violence.*] Bilbao: Bakeaz/Gernika Gogoratuz. Available at: http://www.transcend.org/ TRRECBAS.HTM.

Gampel, Y. (1996) "The interminable uncanny." In L. Rangel and R. Moses-Hrushovski (eds) *Psychoanalysis at the political border.* Madison, CT: International Universities Press.

Gampel, Y. (2000) "Reflections on the prevalence of the uncanny in social violence." In A.C.G.M. Robben and M.M. Suarez-Orozo (eds) *Cultures under siege: collective violence and trauma.* Cambridge: Cambridge University Press.

Gans, J.S. (1989) "Hostility in group psychotherapy." *International Journal of Group Psychotherapy 39,* 499–516.

Gardenswartz, L. and Rowe, A. (1998) *Managing diversity: a complete desk reference and planning guide.* Revised edn. New York: McGraw-Hill.

Geisler, F. (2005) "Wider den egozentrischen Individualismus unserer Tage." ["The egocentric individualism of our time."] In T. Wittinger (ed.) *Handbuch Soziodrama: Die ganze Welt auf der Bühne.* Wiesbaden: VS Verlag für Sozialwissenschaften.

Goffman, E. (1963) *Stigma: notes on the management of spoiled identity.* Englewood Cliffs, NJ: Prentice-Hall.

Gong, S. (2004) *Yi Shu: the art of living with change. Integrating traditional Chinese medicine, psychodrama and the creative arts.* St Louis, MO: Robbins and Sons Press.

Gray, J. (1992) *Men are from Mars, women are from Venus: a practical guide for improving communication and getting what you want in your relationships.* New York: HarperCollins.

Gray, P. and Oliver, K. (eds) (2004) *How shall we remember a trauma? The memory of catastrophe.* Manchester: Manchester University Press.

Haas, R.B. (1948) *Psychodrama and sociodrama in American education.* New York: Beacon House.

Halaby, R. and Sonnenschein, N. (2004) "The Jewish–Palestinian encounter in time of crisis." *Journal of Social Issues 60,* 373–389.

Halaby, R., Sonnenschein, N. and Friedman, A. (2000) "University courses on the Jewish–Arab conflict." In R. Halaby (ed.) *Identities in dialogue: Arab–Jewish encounters in Wahat al-Salam/Neve Shalom.* Tel Aviv: Kibbutz Hameuchad (Hebrew).

Halasz, G. and Kellerman, N. (2005). "Unconditional hate (part 1). "*Mifgashim 5,* 5. [*Also in G. Zygier (ed.) ADC Special Report: a periodic publication of the B'nai B'rith Anti-Defamation Commission Inc.* No. 30, November]

Halling, S. (1994) "Shame and forgiveness." *The Humanistic Psychologist 22,* 74–87.

Hamer, N. (1990) "Group-analytic psychodrama." *Group Analysis 23,* 245–254.

Haney, C.A., Leimer, C. and Lowery, J. (1997) "Spontaneous memorialization: violent death and emerging mourning rituals." *Omega: Journal of Death and Dying 35,* 159–171.

Hare, A.P. (1976) *Handbook of small group research.* 2nd edn New York: Free Press.

Harty, M. and Modell, J. (1991) "The first conflict resolution movement, 1956–1971." *Journal of Conflict Resolution 35,* 720–759.

Haskell, M.R. (1962) "Socioanalysis and psychoanalysis." *Group Psychotherapy 15*, 105–113.

Hayles, R. and Mendez-Russel, A. (1997) *The diversity directive.* Chicago, IL: Irwin Professional Publishing.

Hearst, L. (1993) "Our historical and cultural cargo and its vicissitudes in group analysis." *Group Analysis 26*, 389–405.

Heider, F. (1958) *The psychology of interpersonal relations.* New York: Wiley.

Heitler, S. (1987) "Conflict resolution: a framework for integration." *Journal of Integrative and Eclectic Psychotherapy 6*, 334–350.

Hellinger, B. (2002) *Insights.* Heidelberg: Carl-Auer-Systeme Verlag.

Helmes, J.Y. (1990) *Black and white racial identity: theory, research, and practice.* London: Greenwood Press.

Hess, M. (2004) "Psychodrama und sein Kontext: Gaza April 2004." ["Psychodrama and its context."] *Medico International Schweiz, Bulletin*, 7–8.

Hewstone, M. (1996) "Contact and categorization: social psychological interventions to change intergroup relations." In C.N. Macrae, C. Stangor and M. Hewstone (eds) *Stereotypes and stereotyping.* New York: Guilford.

Hoffman, C. (2002) "The question of evil." August 27 2002. Available at: http://milkriver.blogspot.com/2002_08_01_milkriver_archive.html

Holmgren, M.R. (1993) "Forgiveness and the intrinsic value of persons." *American Philosophical Quarterly 30*, 341–352.

Homans, G.C. (1961) *Social behavior: its elementary forms.* New York: Harcourt, Brace and World.

Hopper, E. (2002) *The social unconscious: selected papers.* London: Jessica Kingsley Publishers.

Hopper, E. (2003) *Traumatic experience in the unconscious life of groups. The fourth basic assumption: incohesion: aggregation/massification or (ba) I:A/M.* London: Jessica Kingsley Publishers.

Horowitz, M.J. (1976) *Stress response syndromes.* New York: Jason Aronson.

Hudgins, M.K. and Drucker, K. (1998) "The containing double as part of the therapeutic spiral model for treating trauma survivors." *The International Journal of Action Methods 51*, 2, 63–74.

Ilic, Z. (2004) "Notes on workshop 'The war in Yugoslavia: searing for answers'." In Z. Djuric, Z. Ilic and J. Veljkovic (eds) *Psihodrama: Casopis za grupnu psihoterapiju.* Beograd: Kosmos.

Janis, I.L. (1972) *Victims of groupthink: a psychological study of foreign-policy decisions and fiascoes.* Boston, MA: Houghton Mifflin.

Janoff-Bulman, R. (1992) *Shattered assumptions: toward a new psychology of trauma.* New York: Free Press.

Johnson, D.R., Feldman, S.C., Lubin, H. and Soutwick, S.M. (1995) "The therapeutic use of ritual and ceremony in the treatment of post-traumatic stress disorder." *Journal of Traumatic Stress 8*, 2, 283–291.

Johnson, D.W. and Dustin, R. (1970) "The initiation of cooperation through role reversal." *Journal of Social Psychology 82*, 193–203.

Johnson, J.T. (1981) *The just war tradition and the restraint of war.* Princeton, NJ: Princeton University Press.

Johnson, J.T. (1987) *The quest for peace.* Princeton, NJ: Princeton University Press.

Jung, C.G. (1953) *Collected works.* New York: Pantheon Books.

Kalayjian, A., Shahinian, S.P., Gergerian, E.L. and Saraydarian, L. (1996) "Coping with Ottoman Turkish genocide: exploration of the experience of Armenian survivors." *Journal of Traumatic Stress 9*, 87–97.

Karp, M. (2000) "Zerka Moreno: an interview." *The International Forum of Group Psychotherapy 8*, 27–32.

Kaufman, E. (1996) *Innovative problem solving: a model program/workshop.* University of Maryland, Monograph No.7. Center for International Development and Conflict Management.

Kaul, T.J. and Bednar, R.I. (1986) "Experiential group research." In S. Garfield and A. Bergin (eds) *Handbook of psychotherapy and behavior change*, 3rd edn. New York: Wiley.

Kayat, C. (1981) *Mohammed Cohen.* Paris: Editions du Seuil.

Kellermann, P.F. (1992) *Focus on psychodrama.* London: Jessica Kingsley Publishers.

Kellermann, P.F. (1996) "Interpersonal conflict management in group psychotherapy: an integrative perspective." *Group Analysis 29*, 257–275.

Kellermann, P.F. (1998) "Sociodrama." *Group Analysis 31*, 179–195. Portuguese Translation: *Revista Brasileira de Psicodrama 6*, 2, 1998, 51–68. Swedish Translation: Berglind, H. (ed.) *Skapande Ögonblick.* Stockholm: Cura, 1998, 40–53. Russian Translation: *Psychodrama and modern psychotherapy.* Ukraine 4, 2004, 7–21. German Translation: Wittinger, T. (2005) (ed.) *Handbuch Soziodrama: Die ganze Welt auf der Bühne.* Wiesbaden: VS Verlag für Sozialwissenschaften.

Kellermann, P.F. (2000) "The therapeutic aspects of psychodrama with traumatized people." In P.F. Kellermann and K. Hudgins (eds) *Psychodrama with trauma survivors: acting out your pain.* London: Jessica Kingsley Publishers.

Kellermann, N.P.F. (2001a) "The long-term psychological effects and treatment of Holocaust trauma." *Journal of Loss and Trauma 6*, 197–218.

Kellermann, N.P.F. (2001b) "Transmission of Holocaust trauma: an integrative view." *Psychiatry: Interpersonal and Biological Processes 64*, 3, 256–267.

Kellermann, N.P.F. (2001c) "Psychopathology in children of Holocaust survivors: a review of the research literature." *Israel Journal of Psychiatry 38*, 36–46.

Kellermann, N.P.F. (2001d) "Perceived parental rearing behavior in children of Holocaust survivors." *Israel Journal of Psychiatry 38*, 58–68.

Kellermann, N.P.F. (2004) *Zur Auseinandersetzung mit dem Nationalsozialismus in Österreich.* [*Facing the Holocaust in Austria*]. Unpublished manuscript.

Kellermann, N.P.F. (2005) "Unconditional hate: anti-Semitism in the contemporary world." *The Jewish Magazine 91*, June 2005. Available at: http://www.jewishmag.com/91mag/antisemitism/antisemitism.htm.

Kellermann, P.F. and Hudgins, K. (eds) (2000) *Psychodrama with trauma survivors: acting out your pain.* London: Jessica Kingsley Publishers.

Kester, J.D. (2001) "From eyewitness testimony to health care to post-genocide healing successes and surprises in the application of psychological science." *APS Observer Online 14*, 6 (July/August). Washington, DC: Association for Pychological Science. Available at: http://www.psychologicalscience.org/observer/ 0701/pressymp.html.

Kibel, H. and Stein, A. (1981) "The group-as-a-whole approach: an appraisal." *International Journal of Group Psychotherapy 31*, 409–427.

King Jr, M.L. (1967) *Massey Lecture no. 5: A Christmas Sermon on Peace.* Atlanta, GA: MWC. Sound cassette: analog. 671224–000.

Klain, E. (1992) "Experiences and perspectives of an individual in the war in Croatia (1991/1992)." *Croatian Medical Journal 33*, 4, 3–13.

Klain, E. (1998) "Intergenerational aspects of the conflict in the former Yugoslavia." In Y. Danieli (ed.) *International handbook of multigenerational legacies of trauma*. New York: Plenum Press.

Klein, E.B. (1993) "Large groups in treatment and training settings." *Group 17*, 198–209.

Knepler, A.E. (1970) "Sociodrama in public affairs." *Group Psychotherapy and Psychodrama 13*, 127–134.

Kreeger, L. (ed.) (1975) *The large group: dynamics and therapy*. Itasca, IL: Peacock.

Kressel, N.J. (1993) *Political psychology: classic and contemporary readings*. New York: Paragon House.

Leary, T. (1957) *Interpersonal diagnosis of personality*. New York: Roland.

LeBon, G. (1896) *The crowd: a study of the popular mind*. New York: The Macmillan Co. Available at: http://etext.virginia.edu/toc/modeng/public/BonCrow.html.

Lemert, E. (1951) *Social pathology*. New York: McGraw-Hill.

Lensky, G. (1966) *Power and privilege*. New York: McGraw-Hill.

Lewin, K. (1948) *Resolving social conflicts: selected papers on group dynamics*. New York: Harper.

Lewin, K. (1951) *Field theory in social science: selected theoretical papers by Kurt Lewin*. New York: Atarper.

Leutz, G. (1991) "Moreno 'in Fahrt'." [Moreno on the way.] *Psychodrama 4*, 2, 169–172.

Lindner, E.G. (2001) "Humiliation – trauma that has been overlooked: an analysis based on fieldwork in Germany, Rwanda/Burundi, and Somalia." *Traumatology 7*, 1, 51–79.

Lindner, E.G. (2002) "Healing the cycles of humiliation: how to attend to the emotional aspects of 'unsolvable' conflicts and the use of 'humiliation entrepreneurship'." *Peace and Conflict: Journal of Peace Psychology 8*, 2, 125–139.

Lobeck, G. (1990) "Psychodrama-ausbildung in der DDR: Erlebnisbericht über eine deutsch–deutsch begegnung" ["Psychodrama in the German Democratic Republic: Some experiences of a German–German encounter"]. *Psychodrama 3*, 23–29.

Luce, R.D. and Raiffa, H. (1957) *Games and decisions*. New York: Wiley.

Mackay, C. (1841) *Extraordinary popular delusions and the madness of crowds*. New Edition: New York: Random House (1980).

Macrae, C.N., Stangor, C. and Hewstone, M. (eds) (1996) *Stereotypes and stereotyping*. New York: Guilford.

Main, T. (1975) "Some psychodynamics of large groups." In L. Kreeger (ed.) *The large group: dynamics and therapy*. Itasca, IL: Peacock.

Manson, S., Beals, J., O'Nell, T., Piasecki, J. *et al.* (1996) "Wounded spirits, ailing hearts: PTSD and related disorders among American Indians." In A.K. Marsella, M.J. Friedman, E.T. Gerrity and R.S. Scurfield (eds) *Ethnocultural aspects of post-traumatic stress disorder*. Washington, DC: American Psychological Association Press.

Marineau, R.F. (1989) *Jacob Levy Moreno 1889–1974*. International Library of Group Psychotherapy and Group Process. London and New York: Tavistock/Routledge.

Maslow, A.H. (1977) "Politics 3." *Journal of Humanistic Psychology 17*, 5–20.

McCann, I.L. and Pearlman, L.A. (1990) *Psychological trauma and the adult survivor: theory, therapy and transformation*. New York: Brunner/Mazel.

McCullough, M.E., Pargament, K.I. and Thoresen, C.E. (eds) (2000) *Forgiveness: theory, research and practice*. New York: Guilford Press.

McDougall, W. (1920) *The group mind.* New York: Putnam.

Merton, R.K. (1968) *Social theory and social structure.* New York: The Free Press.

Milgram, S. and Toch, H. (1969) "Collective behavior: crowds and social movements." In *The handbook of social psychology* 2nd edn, Vol. 4. Reading, MA: Addison-Wesley.

Miller, E.J. and Rice, A.K. (1967) *Systems of organization.* London: Tavistock.

Mindell, A. (1995) *Sitting in the fire: large group transformation using conflict and diversity.* Portland, OR: Lao Tse Press.

Mitchell J. (1983) "When disaster strikes: the critical incident stress debriefing process." *Journal of Emergency Medical Services 8,* 36–39.

Mitchell, J. and Everly, G.S. (2001) *Critical incident stress debriefing: an operations manual.* 3rd edn. Ellicott City, MD: Chevron Publishing Corporation.

Moore, B.E. and Fine, B.D. (eds) (1990) *Psychoanalytic terms and concepts.* New Haven, CT: Yale University Press.

Moreno, J.L. (1943/1972) "The concept of sociodrama: a new approach to the problem of inter-cultural relations." *Sociometry 6,* 434–449. (Also in J.L. Moreno (1972) *Psychodrama, Vol. 1.* New York: Beacon House).

Moreno, J.L. (1953) *Who shall survive?* New York: Beacon House.

Moreno, J.L. (1972) *Psychodrama, Vol. 1.* New York: Beacon House.

Moreno, J.L. and Moreno, Z.T. (1969) *Psychodrama, Vol. 3.* New York: Beacon House.

Moreno, Z.T. (2006) The quintessential Zerka: writings by Zerka Toeman Moreno on pychodrama, sociometry and group pychotherapy. London: Routledge.

Morris, D. (1969) *In the human zoo.* London: McGraw-Hill.

Moyer, K.E. (1968) "Kinds of aggression and their physiological basis." *Communications in Behavioral Biology 2,* 65–87.

Netherlands Medical Society (1939) *Committee on war 'prophylaxis'.* Amsterdam: Elsevier.

Nisbett, R. and Ross, L. (1980) *Human inference: strategies and shortcomings of social judgment.* Englewood Cliffs, NJ: Prentice-Hall.

North, J. (1987) "Wrongdoing and forgiveness." *Philosophy 62,* 499 508.

O'Byrne, M. (2005) "A review of cross-cultural training in mental health." Montreal, Quebec: McGill. Available at: http://www.mcgill.ca/ccs/report/appendices/review.

Ochberg, F.M. (1988) *Post-traumatic therapy and victims of violence.* New York: Brunner/Mazel.

O'Connor, T. (1989) "Therapy for a dying planet: we are the cause. We are the cure." Reprinted in *The evolving therapist: the family therapy network.* Washington and New York: Guilford.

Okey, J.L. (1992) "Human aggression: the etiology of individual differences." *Humanistic Psychology 32,* 51–64.

Orlick, T. (1982) *The second co-operative sports and games handbook.* New York: Pantheon.

Ormont, L.R. (1984) "The leader's role in dealing with aggression in groups." *International Journal of Group Psychotherapy 34,* 553–572.

Parson, E. (1985) "Ethnicity and traumatic stress." In C.R. Figley (ed.) *Trauma and its wake.* New York: Brunner/Mazel.

Parson, E. (1990) "Post-traumatic psychocultural therapy (PTpsyCT): integration of trauma and shattering social labels of the self." *Journal of Contemporary Psychotherapy 20,* 237–258.

Parsons, T. (1967) *Sociological theory and modern society.* New York: Free Press.

Perry, B.D. (1999) "Memories of fear: transgenerational memory of culture and society." In J. Goodwin and R. Attias (eds) *Splintered reflections: images of the body in trauma*. New York: Basic Books. Available at: http://www.childtrauma.org/ctamaterials/memories.asp.

Petzold, G.H. and Mathias, U. (1982) *Rollenentwicklung und Identitet [Role development identity]*. Paderborn: Junfermann.

Pines, M. (1988) "Mediation papers: a group-analytic response." *Group Analysis 21*, 57–59.

Powell, A. (1986) "A conference success: psychodrama and group analysis are compatible." *Group Analysis 19*, 63–65.

Powell, A. (1989) "The nature of the matrix." *Group Analysis 22*, 271–281.

Powell, A. (1994) "Toward a unifying concept of the group matrix." In D. Brown and L. Linkin (eds) *The psyche and the social world*. London: Routledge.

Pruitt, D. and Rubin, J. (1986) *Social conflict: escalation, stalemate and settlement*. New York: Random House.

Public Papers of the Presidents of the United States. (1997) *Book 2: William J. Clinton: July 1–December 31*. Washington, DC: United States Government Printing.

Pyszczynski, T., Solomon, S. and Greenberg, J. (2003) *In the wake of 9/11: the psychology of terror*. Washington, DC: American Psychological Association Press.

Rapoport, R.N. (1988) "Mediation and group analysis: creating an interface." *Group Analysis 21*, 3–8.

Rice, A.K. (1965) *Learning for leadership*. London: Tavistock.

Robins, R.S. and Post, J.M. (1997) *Political paranoia: the psychopolitics of hatred*. New Haven and London: Yale University Press.

Rogers, C.R. (1965) "Dealing with psychological tensions." *Journal of Applied Behavioral Science 1*, 6–29.

Rose, M. (1998) *Fighting for peace*. London: Harvill Press.

Rosenberg, M. (2000). *Nonviolent communication: a language of compassion*. Encihitas, CA: Puddle Dancer Press.

Rothman, J. (1992) *From confrontation to cooperation: resolving ethnic and regional conflict*. Newbury Park, CA: Sage.

Rubin, J.Z. (1980) "Experimental research on third-party interventions in conflict: toward some generalizations." *Psychological Bulletin 87*, 379–381.

Rubin, T.I. (1969) *The angry book*. London: Collier-Macmillan.

Rummel, R.J. (1975–1981) *Understanding conflict and war*. Beverly Hills, CA: Sage.

Rummel R.J. (1997) "Is collective violence correlated with social pluralism?" *Journal of Peace Research 34*, 163–175.

Rutan, J.S., Alonso, A. and Groves, J.E. (1988) "Understanding defenses in group psychotherapy." *International Journal of Group Psychotherapy 38*, 459–472.

Sabelli, H. (1990) *Process theory of peace*. Chicago, IL: Society for the Advancement of Clinical Philosophy.

Scheff, T.J. (1994) *Bloody revenge: emotion, nationalism and war*. Boulder, CO: Westview Press (2nd edn by iUniverse, 2000).

Scheff, T.J. (2004) "Comments on Blind Trust by Vamik Volkan." *PsychCritique*. Available at: http://www.humiliationstudies.org/news/archives/000168.html.

Schermer, V.L. and Pines, M. (eds) (1994) *Ring of fire: primitive affect and object relations in group psychotherapy*. London: Routledge.

Schneider, S. and Weinberg, H. (eds) (2003) *The large-group revisited: the herd, primal horde, crowds and masses.* London: Jessica Kingsley Publishers.

Schutz, W. (1973) *Elements of encounter.* Big Sur, CA: Joy Press.

Schützenberger, A. (2000) "Health and death: hidden links through the family tree." In P.F. Kellermann and M.K. Hudgins (eds) *Psychodrama with trauma survivors.* London: Jessica Kingsley Publishers.

Scobie, E.D. and Scobie, G.E.W. (1998) "Damaging events: the perceived need for forgiveness." *Journal for the Theory of Social Behaviour 28,* 373–401.

Scurfield, R.M. (1985) "Post-trauma stress assessment and treatment: overview and formulations." In C.R. Figley (ed.) *Trauma and its wake, Vol. 1.* New York: Brunner/Mazel.

Seel, R. (2001) "Anxiety and incompetence in the large group: a psychodynamic perspective." *Journal of Organizational Change Management 14,* 5, 493–504.

Sharp, G. (1973) *The politics of nonviolent action.* Manchester, NH: Extending Horizons Books.

Sharp, G. (2005) *Waging nonviolent struggle: 20th century practice and 21st century potential.* Manchester, NH: Extending Horizons Books.

Shaw, M.E. (1976) *Group dynamics: the psychology of small group behavior.* New York: McGraw-Hill

Shay, J. (1994) *Achilles in Vietnam: combat trauma and the undoing of character.* London: Touchstone Books.

Sherif, M. and Sherif, C. (1969) *Social psychology.* New York: Harper.

Sholevar, G.P. (1981) *The handbook of marriage and marital therapy.* New York: Medical and Scientific Books.

Simmel, E.C., Hahn, M.E. and Walters, J.K. (1983) *Aggressive behavior: a genetic and neural approach.* Hillsdale, NJ: Erlbaum.

Simon Jr., W.E. (2005) *On becoming American: reasserting citizenship in the immigration debate.* Heritage Lecture No. 890, July 21. Available at: http://heritage.org/research/politicalphilosophy/h1890.cfm.

Slaikeu, K.A. (1996) *When push comes to shove: a practical guide to mediating disputes.* San Francisco, CA: Jossey-Bass

Smedes, L.B. (1984) *Forgive and forget: healing the hurts we don't deserve.* New York: Harper and Row.

Smith, T.W. (1992) "Hostility and health: current status of a psychosomatic hypothesis." *Health Psychology 11,* 139–150.

Sobel, J. (1983) *Everybody wins: 393 noncompetitive games.* New York: Walker and Co.

Solotowitzki, R. (2004) "Social drama and sociodrama." *Psychodrama and modern psychotherapy 4,* 4–6: The Kiev Psychodrama Association (Russian).

Sprague, K. (1998) "Permission to interact: a who, how and why of sociodrama." In M. Karp, P. Holmes and K. Bradshaw Tauvon (eds) *The handbook of psychodrama.* London: Routledge.

Staub, E. (1989) *The roots of evil: the origins of genocide and other group violence.* New York: Cambridge University Press.

Staub, E. and Pearlman, L.A. (2001) "Healing, reconciliation and forgiving after genocide and other collective violence." In G.Raymond, S.J. Helmick and R.L Petersen (eds) *Forgiveness and reconciliation: religion, public policy, and conflict transformation.* Philadelphia: Templeton Foundation Press.

Stein, S.A., Ingersoll, R.E. and Treadwell, T.W. (1995) "Sociodrama and professional/ethical conflicts." *Journal of Group Psychotherapy, Psychodrama and Sociometry 48*, 31–41.

Sternberg, P. and Garcia, A. (1989) *Sociodrama: who's in your shoes?* New York: Praeger (2nd edn, 2000).

Stossel, S. (2001) "Terror TV." *The American prospect online 12*, 18, October 22 2001. Available at: http://prospect.org/print/V12/18/stossel-s.html.

Suedfeld, P. (1997) "Reactions to societal trauma: distress and/or stress." *Political Psychology 18*, 849–861.

Sunstein, C.R. (1999) "The law of group polarization." University of Chicago Law School. *John M. Olin Law and Economics Working Paper 91.* Available at: http://ssrn.com/abstract=199668.

Tajfel, H. (1981) *Human groups and social categories.* Cambridge: Cambridge University Press.

Tajfel, H. and Turner, J. (1986) "An integrative theory of inter-group conflict." In W.G. Austen and S. Worchel (eds) *Psychology of inter-group relations.* Monterey, CA: Brooks Cole.

Tauber, C.D. (2004) "Recent developments in the Balkans and the coalition for work with pschodrama and peace." *Nonviolent Change Journal 18*, 2. Available at: http://circlepoint.org/ncarticle0601.html.

Tavris, C. (1983) "Anger defused." *Psychology Today 16*, 25–35.

Taylor, D.M. and Moghaddam, F.M. (1987) *Theories of intergroup relations: international social psychological perspectives.* New York: Praeger.

Triandis, H., Brislin, R. and Hui C.H. (1988) "Cross cultural training across the individualism–collectivism divide." *International Journal of Intercultural Relations 12*, 269–289.

Turner, V. (1967) *The forest of symbols.* Ithaca, New York: Cornell.

Tutu, D. (2000) *On the Truth and Reconciliation Commission.* Johannesburg: University of the Witswatersrand. Available at: http://www.wits.ac.za/histp/tutu_quotes_by.htm#trc.

Van den Bout, J., Havenaar, J.M. and Meijler-Iljina, L.I. (1995) "Health problems in areas contaminated by the Chernobyl disaster." In R.J. Kleber, C.R. Figley and B.P.R. Gersons (eds) *Beyond trauma: cultural and societal dynamics.* New York: Plenum.

van Tongeren, P., Brenk, M., Hellema, M. and Verhoeven, J. (2005) *People building peace II.* Boulder, CO: Lynne Rienner Publishers.

Verzberger, Y. (1990) *The world in their minds: information processing, cognition and perception in foreign policy decision-making.* Stanford, CA: Stanford University Press.

Verzberger, Y. (1997) "The antinomies of collective political trauma: a pre-theory." *Political Psychology 18*, 4, 863–876.

Volkan, V. (1988) *The need to have enemies and allies: from clinical practice to international relationships.* Northvale, NJ: Jason Aronson.

Volkan, V. (1991) "On chosen trauma." *Mind and Human Interaction 3*, 13.

Volkan, V. (1992) "Ethnonationalistic rituals: an introduction." *Mind and Human Interaction 4*, 3–19.

Volkan, V. (1997) *Bloodlines: from ethnic pride to ethnic terrorism.* New York: Farrar, Straus and Giroux.

Volkan, V. (1999) "The tree model: a comprehensive psychopolitical approach to unofficial diplomacy and the reduction of ethnic tension." *Mind and Human Interaction 10*, 142–210.

Volkan, V. (2001) "September 11 and societal regression." *Mind and Human Interaction 12*, 196–216.

Volkan, V. (2002) "Large-group identity: border psychology and related societal processes." *Keynote address at the German Psychoanalytic Association annual meeting May 10 2002, in Leipzig, Germany.* Charlottesville, VA: University of Virginia. Available at: http://www.healthsystem.virginia.edu/internet/csmhi/vol13volkan.cfm

Volkan, V. (2004) *Blind trust: large groups and their leaders in times of crises and terror.* Charlottesville, VA: Pitchstone Publishing.

Volkan, V. and Itzkowitz, N. (1994) *Turks and Greeks: neighbors in conflict.* Cambridgeshire, England: Eothen Press.

Volkas, A. (2002) "Healing the wounds of history." *Keynote speech delivered to the National Association for Drama Therapy, November 9, in Albuquerque, New Mexico.* San Francisco: The Center for the Living Arts. Available at: http://www.livingartscenter.org.

Walters, R.P. (1981) *Anger: yours, mine and what to do about it.* Grand Rapids, MI: Zondervan.

Walton, R.E. (1969) *Interpersonal peacemaking: confrontations and third party consultation.* Reading, MA: Addison-Wesley.

Wessells, M.G. and Monteiro, C. (2000) "Healing wounds of war in Angola: a community-based approach." In D. Donald, A. Dawes and J. Louw (eds) *Addressing childhood adversity.* Cape Town: David Philip.

Whitaker, D.M. and Lieberman, M.A. (1964) *Psychotherapy through the group process.* New York: Atherton Press.

Wiener, R. (1997) *Creative training: sociodrama and team building.* London: Jessica Kingsley Publishers.

Wiener, R. (2001) "Changing the world: or at least a little bit." *The British Journal of Psychodrama and Sociodrama 16,* 115–118.

Williams, D. (2001) *Power or peace? Trauma, change and psychoanalogical climate in national and international affairs – 2001.* Woking, Surrey: Eos Life Work. Available at: http://www.eoslifework.co.uk/pop1.html.

Wittinger, T. (ed.) (2005) *Handbuch Soziodrama: Die ganze Welt auf der Bühne.* [*Handbook sociodrama: the whole world on the stage*]. Wiesbaden: VS Verlag für Sozialwissenschaften.

Wolpert, S. (1991) *India.* Los Angeles, CA: University of California Press.

Woodhouse, T. (ed.) (1991) *Peacemaking in a troubled world.* New York: St. Martins Press.

Yalom, I.D. (1975) *The theory and practice of group psychotherapy.* 2nd revised edn. New York: Basic Books.

Zichy, L. (1990) "Psychodrama in der Perestroika: Ungarn im Wandel." ["Psychodrama in the perestroika: Hungary in change"] *Psychodrama 3,* 3–21.

Zuretti, M. (1994) "The Co-Unconscious." In P. Holmes, M. Karp and M. Watson (eds) *Psychodrama since Moreno.* London: Routledge.

Zuretti, M. (2001) "Sociopsychodrama." *The British Journal of Psychodrama and Sociodrama 16,1,* 111–114.

Zuretti, M. (2005) *Personal Communication.*

찾아보기

박우진 박사
소개 및 연출경력

학력

- 한남대학교 사회복지학과 1회 졸업
- 숭실대학교 일반대학원 사회복지학과 석사 및 사회복지학 박사
- 제1기 정신보건사회복지사수련과정 수료(성안드레아신경정신병원)

경력

- 성안드레아신경정신병원, 강북정신보건센터, 오정신과의원, 연강병원 근무
- 마음과마음 심리극회 회장(2000)
- 한국사이코드라마 · 소시오드라마학회 진흥이사(2002~2004)
- 한국사이코드라마 · 소시오드라마학회 정신건강이사(2006~2007)
- 한국정신보건사회사업학회 총무분과 위원(1999~2002)
- 사회복지계간지 복지사회2000에 심리극 사회극에 관한 글 연재(2001~2003)
- 심리극 사회극 전문가 과정 현재까지 1,700시간 이상 이수
- 한국자살예방협회 상담위원, 미국사이코드라마학회 정회원

현

- 영동대학교 사회복지학과 조교수
- 참만남사회심리극연구소장
- 참만남 심리상담치료 및 정신건강센터장
- 개인상담, 집단 상담, 가족상담, 심리극 및 사회극 15년, 1,700회 이상 연출

- 단국대, 극동대 특수대학원 상담심리치료학과 심리극(사이코드라마) 출강
- 숭실대, 단국대, 인덕대 사회복지 관련 과목 출강
- SBS, MBC, EBS, MBN, TVN, 채널A 등 방송 출연

자격증
- 사이코드라마 1급 전문가(한국사이코드라마 · 소시오드라마 학회, CP)
- 사회복지사 1급(보건복지부)
- 정신보건사회복지사 1급(보건복지부)
- 중독전문사회복지사 1급(한국정신보건사회복지학회)

주요 논문 "알코올중독자를 위한 심리극 프로그램의 효과", "대학생들의 사회문제에 관한 소시오드라마의 경험 연구", "수련정신사회복지사의 사이코드라마 경험 연구", "문화적응 어려움을 겪는 중국유학생의 소시오드라마 경험" 등

저서 및 역서 사례관리(공저, 2008), 소시오드라마와 드라마치료를 활용한 집단 트라우마 치유(박우진 외 공역, 2015)

사이코드라마 지도자 과정 교육 과정 수료
- 마음과마음 심리극회 dream drama 대학로 공연[지도자 : 김준기(정신과전문의), 1999~2001]
- 사이코드라마 초 · 중 · 고급, 심화과정, 특별교육 과정[지도자 : 최헌진(정신과전문의), 2001~2004]
- Ann. E. Hale(전 미국사이코드라마 학회장) 워크숍 수료
- Antonina Garcia 국제워크숍(소시오드라마의 대가) 수료
- Bjorn Krondorfer 박사 비블리오드라마 워크숍 교육 수료
- 현재 사이코드라마 · 소시오드라마 전문가 1급, 1,500시간 이상 이수(한국사이코드라마 소시오드라마 학회)

1995년
사이코드라마 면목사회복지관 청소년 약물 프로그램 심리극 자원봉사

1996~1998년 10월
성안드레아신경정신병원 사이코드라마 보조자와 치료자 교육

1999년
3.~6. 강북정신보건센터 회원 심리극 연출(격주, 2회)
7   사회복지대학생 정보화캠프 대학생 집단 심리극 연출
10   희망의 집 노숙자 집단 심리극 연출
12   숭실대 정신보건 워크숍 대학원생 집단 심리극 연출
12.14~2000.2.22 매주 일반인 대상 대학로소극장 드림 드라마 공연

2000년
1   보건사회연구원 사회복지사 과정 집단 심리극 연출
5   서울 보호관찰소 약물남용 집단 사회극 연출
11. 2 한남대 사회복지학과 학술제 대학생 집단 심리극 연출
12. 15 숭실대 정신보건 워크숍 대학원생 집단 심리극 연출

2001년
1. 12 제주사회복지사협회 주최 사회복지사 대상 심리극 연출
12. 3 남부 보호관찰소 약물 청소년 집단 심리극 연출
3~2003. 2 오신경정신과의원 주 1회, 이규동신경정신과 월 1회 입원병동 및
           낮병동 환자 대상 심리극 연출

2002년
2   제8차 사회복지대학생 정예화캠프 대학생 집단 소시오드라마 연출
4. 3   군포정신보건센터 정신건강의 날 사회심리극 연출
4. 4   청주대 사회복지학과 소시오드라마 연출
4. 6   사회심리극 아카데미 소시오드라마 연출
4. 16 오신경정신과의원 입원병동 환우 및 낮병동 회원 대상 사이코드라마
       연출
4. 23 오정신과 입원병동 사이코드라마 연출
4. 25 청소년 약물 오 · 남용예방 소시오드라마 연출
4. 30 오신경정신과의원 입원병동 환우 및 낮병동 회원 대상 사이코드라마
       연출
5. 12 사이코드라마 워크숍

10. 12　대학생 리더 소시오드라마 교육 및 연출

11. 2　치매 가족 심리극 연출

11. 7　동국대 소시오드라마 연출

11. 21~28　오신경정신과 사이코드라마 연출

11. 26　청소년 사회심리극 연출(군포 시민회관)

12. 3　녹색여성모임 소시오드라마 연출

12. 5, 12, 26　오정신과 심리극 연출

12. 17　전북 사회복지시설종사자 소시오드라마 연출

12. 21　소시오드라마 워크숍

2003년

5. 1　서울여대 소시오드라마 연출,

5. 7　원광보건대 심리극 특강 및 연출

5. 30　서초노인종합사회복지관 소시오드라마 연출

6. 8　숭실대 심리극 실연

6. 30　제5차 복지순례단 소시오드라마 연출

7. 2, 16, 23, 30　오정신과 심리극 연출

7. 15　고등학생 소시오드라마 연출

8. 6, 13, 20, 27　오정신과 심리극 연출

8. 14　제5차 복자순례단 소시오드라마 연출

8. 21　숭실대 소시오드라마팀 소시오드라마 연출

8. 26~10. 14　알콜중독자 심리극 연출

9. 3, 17, 24　오정신과 9월 심리극 연출

9. 20　중1대상 장애체험-소시오드라마 연출

9. 25　학교폭력문제 여고생 소시오드라마 연출

10.3~4　심리극, 사회극 워크숍

10. 1, 8, 15, 22, 29　오정신과 10월 심리극 연출

11. 15　초등학생 소시오드라마 연출

11. 5, 12, 19, 26　오정신과 11월 심리극 연출

11. 21　제11회 사회복지사 대회 사회심리극 연출

2004년

1. 17　소시오드라마 워크숍

2. 10 제9차 정예화 캠프 소시오드라마 연출

3. 26 실로암시각장애인복지관 소시오드라마 연출

3.~5. 송파노인종합복지관 어르신을 위한 소시오드라마 연출

4. 10 소시오드라마 워크숍

4. 14 서울신학대학교 소시오드라마 연출

5. 17 꽃동네현도사회복지대학교 소시오드라마 연출

8. 20, 21 제6차 복지순례단 소시오드라마 · 사이코드라마 연출

9. 16, 23, 30 다사랑중앙병원 알콜중독자 사이코드라마 연출

10. 5 서울보호관찰소 수강명령 여성 사이코드라마 연출

10. 7, 14, 21, 28 다사랑중앙병원 알콜중독자 소시오드라마 연출

10. 27 안동 가톨릭상지대학 대학생 소시오드라마 연출

11. 1, 2, 8, 9, 15, 16, 22, 23 다사랑병원 알콜중독자 소시오드라마 연출

11. 24, 12. 1 홍성군 청소년상담실 고3 수험생 소시오드라마 연출

11. 30, 12. 7 국립평창청소년수련원 청소년지도사 사이코드라마 연출

12. 11 인천광역시 자원봉사센터 소시오드라마 연출

12. 14 성북정신건강센터 중학생 소시오드라마 연출

2005년

2. 16~17 제10차 사회복지대학생정예화캠프 사이코드라마 소시오드라마
연출

3. 23 숭실대학교 소시오드라마 팀 소시오드라마 연출

4. 30 소시오드라마 워크숍

5. 25 성매매 청소년 소시오드라마 연출

5. 28 공주대 사회복지학과 워크숍 소시오드라마 연출

6. 15 미혼모 소시오드라마 연출

6. 22 가출 청소년 소시오드라마 연출

7. 7, 14 정신장애인 심리극 연출

7. 27 가출 · 성매매 청소년 소시오드라마 연출

8. 11, 18 정신장애인 심리극 연출

8. 23 숭실대 소시오드라마 팀 소시오드라마 연출

9. 7 자립생활시설 소시오드라마 연출

9. 9 탈성매매 청소년 소시오드라마 연출

9. 23   정신장애인 가족 소시오드라마 연출

10. 6, 27   정신장애인 심리극 연출

10. 13   정신장애인 심리극 연출

10. 13   청소년 소시오드라마 연출

11. 1   연대 기독학생연합회 소시오드라마 연출

11. 2   한남대 사회복지학과 심리극 연출

11. 3   화성시 정신보건센터 초등학생 소시오드라마 연출

11. 3, 10   정신장애인 심리극 연출

11. 11   서울보호관찰소 성구매자 소시오드라마 연출

11. 18   학교사회사업 중학생 가족 심리극 연출

11. 19   충북 영동사회복지협의회 심리극 연출

12. 5   전북대 소시오드라마 팀 소시오드라마 연출 및 슈퍼비전

12. 19   생명의 종합사회복지관 고등학생 소시오드라마 연출

12. 15   정신장애인 가족 소시오드라마 연출

2006년

3. 25   충남대 사회복지대학생정예화캠프설명회 70명 대상 소시오드라마
연출

5. 20   남양주건강지원센터 아버지 대상 가족역할극 연출

5. 24   숭실대 소시오드라마 팀 소시오드라마 연출

6. 6   숭실대 소시오드라마 워크숍

6. 23   성매매 여성 사이코드라마 연출

6. 28   제11차 전국사회복지대학생정예화캠프 광주대 60명 대상 소시오드라
마 연출

7. 14   정예화캠프 단기순례 팀 소시오드라마 · 사이코드라마

8. 15   포레스트 소시오드라마 · 사이코드라마 연출

9. 30   소시오드라마 워크숍 숭실대

10. 21   안동 가톨릭대 사회복지과 학생 100명 대상 소시오드라마 연출

10. 27   전북익산 북중학교 중학생 인권 소시오드라마 연출(전북사회복지연구
소 주관)

11. 3   전북익산 북중학교 중학생 인권 소시오드라마 연출(전북사회복지연구
소 주관)

11. 11 학교폭력 예방 소시오드라마 보조 연출

11. 17 전북익산 북중학교 중학생 인권 소시오드라마 연출(전북사회복지연구소 주관)

11. 24 숭실대 석 · 박사 과정(정신보건사회복지론) 사이코드라마 연출

12. 15 용두암청소년수련관 중학생 청소년 10명 대상 소시오드라마 연출

12. 22 인천노인학대예방센터 2주년 기념행사 소시오드라마 연출(주제 : 세월이 남긴 상처)

2007년

1. 22 제9차 복지순례단 소시오드라마 연출

5. 24 숭실대 소시오드라마 워크숍

6. 6 제주 연강병원 소시오드라마 워크숍

6. 22 한국사회복지사협회 윤리경영세미나 소시오드라마 연출

7. 12 MBC 생방송 오늘 아침 '위기의 부부, 화해의 기술' 코너 부부심리극 연출(7월 13일 방영)

11. 10 강릉장애인복지관 장애아동형제 사이코드라마 연출

11. 11 서울 디지털대학교 상담심리학부 한국문화의 집 사이코드라마 연출

11. 29 MBC 생방송 오늘 아침 '위기의 부부, 화해의 기술' 코너 심리극 연출(11월 30일 방영)

2008년

1. 14 아산노인종합복지관 '어르신-중학생 세대별 이해하기' 소시오드라마 연출

1. 27 MBC 생방송 오늘 아침 '자녀와의 전쟁, 사랑의 기술' 코너 심리극 연출(1월 28일 방영)

4. 14 중곡종합사회복지관 '학생-교사 관계 증진' 소시오드라마 연출

4. 21 SBS 희망다큐 무지개 심리극 연출(5월 7일 방영)

5. 23 금강원 부랑인시설 알콜중독자 캠프 사이코드라마 연출

6. 23 사회복귀시설 푸른초장 정신장애인 사이코드라마 연출

6. 30 아동복지시설연합회 직원 연수 역할극 연출

6. 5, 12 연강병원 정신과 환자 사이코드라마 연출

6. 23, 24 연강병원 알코올중독자 사이코드라마 연출

7. 26	SBS 우리아이가 달라졌어요 부모 대상 심리극 연출(8월 26일 방영)
8. 11	꿈자람터 장애인주간보호센터 장애아동·부모 캠프 부모 대상 사이코 드라마 연출
8. 23	서천군자원봉사센터 자원봉사자 가족 대상 소시오드라마 연출
10. 3	제주 연강병원소시오드라마 워크숍
10. 16	안동 가톨릭상지대 사회복지과 대학생 약 100명 대상 소시오드라마 연출
10. 1, 8, 15, 22	제주 연강병원 정신과 환자 사이코드라마 연출
10. 27	동중학교 1학년생 소시오드라마 연출
10. 31	경북대 사회복지학과 정신보건 팀 소시오드라마 연출
11. 3	동중학교 1학년생 집단따돌림 소시오드라마
11. 10	서울시아동복지협회 직원 교육 70명 대상 소시오드라마 연출
11. 14	홍성장애인복지관 장애가족 심리극 연출(1회기)
11. 21	동중학교 중학생 1학년 소시오드라마 연출
11. 17	경북대 사회복지학과 학술제 소시오드라마 연출
11. 28	홍성장애인복지관 장애가족 심리극 연출(2회기)
12. 1	동화 초등학교 학생 소시오드라마 연출
12. 5	홍성장애인복지관 장애가족 심리극 연출(3회기)
12. 12	홍성장애인복지관 장애가족 심리극 연출(4회기)
12. 12	반포종합사회복지관 우리가족 행복한 여행 자원봉사자 교육 및 소시 오드라마 연출
12. 13	반포종합사회복지관 우리가족 행복한 여행 가족 40명 소시오드라마 연출

2009년

5. 12	SBS 우리 아이가 달라졌어요 부모 역할극 연출
5. 16	아란야대안학교 중학생 대상 심리극(워밍업) 연출(1회기)
6. 23	SBS 우리 아이가 달라졌어요 부모 자녀 심리극 연출
6. 20	아란야대안학교 중학생 대상 심리극 연출(2회기)
8. 29	워크숍
9. 12	'알코올중독자를 위한 심리극 프로그램의 효과성' 특강
9. 26	한울청소년수련원 가족캠프 소시오드라마 연출

10. 10 한국일보 성공TV '모녀간의 의사소통' 역할극 연출

10. 29 숭실대대학원 정신보건사회복지연구회(초심) 사회복지와 심리극 특강

10. 30 인덕대학 사회복지과 학술제 사회복지과 학생 약 80명 대상 소시오드라마 실연

11. 5 단국대학교 사회복지학과(천안캠퍼스) 학술제 자아정체감과 사회복지 특강 및 실연

11. 18 대전시청-대전사회복지사협회 한마음의 날 행사 '사회복지사의 행복 찾기' 사회복지사 약 100명 대상 소시오드라마 실연

11. 20 동대문종합사회복지관 동대문실버데이케어센터 치매가족 자조모임 가족 대상 역할극 연출

11. 29 광명시 청소년 문화의집 광명시 참여위원회 청소년 대상 학교폭력 역할극 연출

12. 2 계양공고 고등학생 16명 대상 심리극 실연

12. 30 참만남사회심리극연구소 소시오드라마 특강 및 송년모임(주제 : 만남과 소통)

2010년

3. 24 정신장애인과 가족 대상 심리극 연출

5. 7 실로암 시각장애인복지관 소시오드라마 연출

5. 15 목원대 사회복지학과 대상 사이코드라마와 소시오드라마 실연

6. 2 광운대 대학생 대상 사이코드라마 실연

6. 9 강북영유아통합지원센터 부모 대상 사이코드라마 실연

9.~12. 단국대학교 특수대학원 심리치료학과 사회심리극 과목 출강

9. 3 국립춘천병원 정신보건수련간호사 대상 사이코드라마 연출

10. 29, 11. 5 전남 곡성지역아동센터 부모교육 소시오드라마 실연

2011년

6. 15 서천장애인복지관 장애인활동보조선생님 대상 심리극 실연

6. 28 A구치소 마약중독자(마약사범) 대상 심리극 연출

6. 28 꽃동네현도사회복지대학교 비블리오드라마 연출(13차 정보화캠프 중 자유제안 활동)

7. 16 참만남사회심리극연구소 사이코드라마·소시오드라마 워크숍

7. 16 워크숍 워밍업·사이코드라마 및 기법 실습(역할교대, 빈의자, 거울기

법 등) 연출

7. 20   금연지도자 과정 간호사 34명 대상 소시오드라마 및 기법 연습

7. 21   S센터 정신장애인 가족 대상 심리극 연출

7. 26   경주교육문화회관 초 · 중학생 교사 대상 심리극 및 기법 훈련

7. 28   서울청소년회관 적성체험 초 · 중학생 대상 심리극 연출

8. 2   서울청소년회관 직업적성체험 중학생 대상 사회심리극 연출

8. 4   서울청소년수련관 직업적성체험 중 · 고등학생 대상 사회심리극 연출

8. 24   K복지관 한부모 가정 대상 심리극 연출

9. 15, 20, 27, 29   부천 A복지관 장애아동 어머니 대상 심리극 연출(4회기)

9. 16, 20, 27, 10. 11   일산 A고등학교 학생(우울성향 집단) 대상 심리극 연출

12. 1, 6, 8, 13   A초등학교 (40명 내외) 대상 사회심리극 연출(4회기)

12. 15   마약퇴치본부 마약사범 대상 심리극 연출

12. 17, 20   남녀 1:1 심리극 연출

2012년

1. 4   채널A 그 남자 그 여자 부부심리극 연출(1월 20~21일 방영)

1. 10, 11   분당의 한 중학교 소시오드라마 연출

5. 11   S대학교 소시오드라마 동아리 대상 소시오드라마 연출(1~3회기)

5. 21   A가족상담연구소 심리극 연출(6월 8일 방영)

5. 30   EBS 우리가족이 달라졌어요 부부 대상 심리극 연출

6. 9   알콜의존자가족캠프 소시오드라마 연출(신경애 선생님과 공동 연출)

6. 27, 7. 11   충북 오송보건복지인력개발원 리더십 과정 공무원 대상 소시오
               드라마 연출

8. 10   청소년캠프 자살유가족 청소년 대상 심리극 연출

9. 18   심리극개론, 대인관계심리학 수업 중 심리극 연출

10. 6   MBC 생방송 오늘 아침, 부부심리극 연출

10. 22   독산동 초등학교 학생 대상 심리극 연출

10. 27, 11. 10, 11. 17, 11. 24   분당 고등학생 대상 심리극 연출(4회기)

10. 28   숭실대 정신보건사회복지사 및 수련생 16명 대상 심리극 연출

11. 17   숭실대 개인 심리극 연출

12. 10   여성플라자 농촌 목회자 사모님 대상 심리극 연출

12. 13   부천 삼정초등학교 400명 대상 심리극 연출

2013년

4. 4　S대학교 개인 심리극 연출

4. 4　TV조선 가족 두 개의 문 촬영(4월 8일 방영)

4. 18, 5. 2, 5. 16　S대학교 지적장애인 대상 개인 심리극 연출

4. 30　인덕대학교 가족복지론 수업 중 소시오드라마 연출

5. 1　사당동 공연 연습실 정신과적인 문제를 가진 내담자를 위한 개인 심리극 연출

5. 4　숭실대 사이코드라마 · 소시오드라마 워크숍 연출

6. 15, 6. 22　서울 S동, B동 공연 대여 연습실 정신적인 문제를 가진 내담자의 개인 심리극 연출

6. 17　충남 S보건소 정신장애인 대상 소시오드라마 연출(리빙 뉴스페이퍼)

7. 3　경기 Y교도소 성폭력가해자 대상 소시오드라마와 사이코드라마 연출

7. 8　충남 S보건소 정신장애인 대상 소시오드라마 연출(주제 : 스트레스)

7. 19　충남 S보건소 정신장애인 대상 소시오드라마 연출(주제 : 데이트)

7. 20　대학생, 정신보건사회복지사, 사회복지사, 일반인 15명 대상 사이코드라마 · 소시오드라마 워크숍(일부분은 독립영화로 활용)

7. 26　어르신 15명 대상 서울 S노인복지관 소시오드라마 연출(주제 : 성)

7. 27　사당동 B 공연 연습실 정신과적인 문제를 가진 내담자를 위한 개인 심리극 연출

8. 3　먹골역 C 공연 연습실 정신과적인 문제를 가진 내담자를 위한 개인 심리극 연출

8. 8　연세대학교 TVN 대학토론 배틀 프로그램 소시오드라마 촬영(주제 : 학교폭력으로 자살한 학생을 지켜본 동료 학생(방관자)은 제2의 가해자인가?)(8월 25일 방영)

8. 23, 28　충남 S보건소 정신장애인 대상 소시오드라마 연출

8. 24　MBN 님과 남사이 가족갈등 프로그램 소시오드라마 촬영

9.~12.　극동대학교 특수대학원 상담심리치료학과 드라마치료(사이코드라마) 출강

9. 12　K대학 대학원생 대상 역할극 연출(주제 : 청소년 자살)

9. 26　K대학 대학원생 대상 소시오드라마 연출(주제 : 학업 스트레스)

10. 4　또래상담가 중학생 8명 대상 소시오드라마 연출(주제 : 자살 예방)

10. 17　대학원생 14명과 비블리오드라마 연출(소재 : 선녀와 나무꾼)

10. 18　제주 위미중학교 중학생 37명과 학부모 27명 대상 역할극 연출(주제 : 중학생과 부모와의 소통문제)

10. 23, 10. 30　국립서울병원(중곡동) 아동 청소년 정신건강 실무자 대상 역량강화를 위한 소시오드라마의 강의와 실습

12. 13, 17, 20, 24　강원도 인제교육청 Wee센터 영월중학교 청소년(중 · 고등학생) 대상 소시오드라마 연출

2014년

1. 10, 13, 17, 20, 24　일반인 및 중국 유학생 6명 대상 소시오드라마 연출

1. 11, 21　S대학교 중국유학생 3명 대상 연출

2. 8　정신장애인 개인 드라마 연출

4. 15　D초등학교 4학년 120명 대상 소시오드라마 연출(주제 : 인터넷 중독 예방)

4. 17　S대 사회복지대학원생 대상 정신보건사회복지론 수업 중 심리극 연출

4. 28　정신보건사회복지론 수업 중 소시오드라마 연출(주제 : 여자 대학생의 왕따)

5. 16　SBS 스페셜 트라우마 생존자 2명을 위한 심리극 연출(주제 : 대구 지하철 참사)(6월 1일 방영)

5. 22　여주교도소 사회심리극 연출

6. 5　계명대학교 소시오드라마 동아리 〈날개〉 대학생 20명 대상 소시오드라마 강의와 연출

6. 9　MBC 스페셜 burn out 증후군 대상 직업재활시설 위드유 심리극 연출

7. 10　여주교도소 사회심리극 연출

7. 30　서울 동북권한부모가정지원센터 초등학생 15명 대상 소시오드라마

8. 5, 7, 12, 14, 16　의정부 청소년쉼터 소시오드라마 연출(5회기)

9. 27　수련정신보건사회복지사, 정신보건사회복지사 대상 직업재활시설 위드유 워크숍

9. 30　S중소기업 사내커플 30명 대상 소시오드라마 연출

10. 22　K도박중독치유센터 힐링캠프 단도박회원 가족 40여명 대상 심리극 연출

10. 31　K정신건강증진센터 가족모임 알코올중독 가족 약 30명 대상 심리극

연출

11. 16, 26　대인관계가 어렵고 자존감 낮은 중학생 15명 대상 소시오드라마
연출

11. 19, 26　S복지관 자존감향상을 위한 여성(주부) 심리극 연출

12. 6, 13　친족 성폭력 피해 청소년 8명 대상 심리극 연출

12. 20　친족 성폭력 피해 청소년 8명 대상 심리극 연출

12. 18　여고생 12명 대상 사이코드라마 연출

2015년

1. 19, 20, 24, 31　쉼터 청소년 대상 소시오드라마와 사이코드라마 연출(5회기)

3. 23　대학생 30명 대상 소시오드라마 실연(주제 : 일탈–교수와 학생의 야외
수업 갈등 장면)

4. 15　대학생 30명 대상 소시오드라마 실연(주제 : 도박 중독)

4. 9　대방동 서울여성플라자 월드비전 강사 200명 대상 소시오드라마 실연
(주제 : 강사 수업 시 아이들이 떠들거나 무응답 반응, 잠자기 등에 관
한 어려움)

6. 25　서울도심권이모작센터 주얼리중소상인 대표 20명 대상 소시오드라마
연출

6. 30, 7. 3　경기 경안중학교 중학생 10명 대상 심리극 연출

7. 14　노부부 대상 1:1 심리극 연출

7. 28~29　'몸으로 세상을 만나다' 청소년집단 소시오드라마 워크숍

8. 29　참만남사회심리극연구소 '2015년 8. 심리극 · 사회극 워크숍' 실시

9. 19　옥수종합사회복지관 심리극 연출(주제 : 부모–자녀 의사소통 개선)